KB203016

성도의 삶

성도의 삶

2019년 11월 30일   제1판 1쇄 발행
지 은 이   김 만 홍
펴 낸 이   노 경 호
펴 낸 곳   도서출판 예지

인천광역시 계양구 계양문화로 168, 319-304호
전 화   010-2393-9191
등 록   2005. 5. 12. 제387-2005-00010호

정가 15,000원
ISBN 978-89-93387-42-1 03230

공급처 : 하늘유통 031) 947-7777

성도의 삶

노경호

예지

| CONTENTS |

목 차

들어가는 말

* * *

　내가 저술한 이 책은 내가 한 교회에서 사십 년 동안 담임 목회를 하면서 또한 그 이후 하나님의 뜻에 따라 나의 작은 도움이 필요하게 여겨 갖게 된 크고 작은 성경 공부 모임들과 교제들 가운데서 정리하게 된 경험의 결과로 나오게 되었다. 먼저 길을 가본 선배가 하나님의 말씀을 깨닫고 정리한 결과로 보아주면 족하다.

　인간의 그 어떤 이론과 정리도 하나님의 말씀을 대체하지는 못한다. 이를 깨닫지 못하는 것을 나는 교만이라 부른다. 나 역시 신실하게 하나님의 말씀과 인도하심에 귀를 기울여 왔지만, 하나님 앞에서 본서의 내용만 맞고 나머지는 틀렸다는 주장은 할 수 없을 것이다. 단지 본서를 통하여 하나님을 몰랐던 사람이 하나님을 알게 되고 하나님을 이미 알고 있지만, 이리저리 방황하던 사람이 하나님께 더 가까이 나아갈 수 있게 되길 간절히 바랄 뿐이다.

　본서는 어려운 가운데서도 내 사역을 신실하게 돕고 있는 한 부부의 후원으로 출판되었다. 신실하신 나의 하나님께서 그들에게 복 주시기를 바란다.

안양성서침례교회 원로 목사 노경호

1장 무딘 연장을 갈라

"철 연장이 무디어졌는데도 날을 갈지 아니하면 힘이 더디느니라 오직 지혜는 성공하기에 유익하니라"(전 10:10)

도끼가 무딘데도 그 날을 갈지 않고 쓰면 힘이 들 수밖에 없다. 그러나 지혜는 사람을 성공하도록 돕는다. 따라서 무딘 도끼는 날을 갈아야 힘이 덜 들고 일이 쉬워진다.

1. 무딘 연장은 날을 갈아서 사용하라.

농부가 사용하는 연장을 생각해보라. 지혜로운 농부는 연장이 무디어 있으면 갈아서 사용한다. 따라서 낫이나 호미나 곡괭이와 도끼도 마찬가지다. 요리사가 사용하는 칼을 생각해 보라. 지혜로운 요리사는 칼날이 무디어 있으면 갈아서 사용한다. 목수가 사용하는 연장을 생각해 보라. 지혜로운 목수는 연장에 날을 세워 사용한다. 따라서 톱이나 대패나 깎기 등을 갈아서 사용한다.

과거에 검을 들고 전쟁터에 나가 싸웠던 용사들도 마찬가지다. 지혜로운 용사는 싸움에 나가기 전에 먼저 칼날을 점검한다. 용사는 적과 싸우기 전에 무딘 검으로 맞서지 않는다.

따라서 성도가 사용하는 말씀의 검도 마찬가지다. 성도가 신앙생활을 하는 데 힘이 들고 능률이 오르지 않고 진전이 없다면 여러 가지 이유가 있을 것이다. 올바른 신앙생활을 하지 못하는 이유가 있는 것이다. 그중에 성령의 검 곧 하나님의 말씀이 무디어 있으면 신앙생활이 어려워진다. 그러므로 성경은 하나님의 말씀을 검으로 비유하여 설명한다.

"구원의 투구와 성령의 검 곧 하나님의 말씀을 가지라"(엡 6:17)
"하나님의 말씀은 살아 있고 활력이 있어 좌우에 날선 어떤 검보다도 예리하여 혼과 영과 및 관절과 골수를 찔러 쪼개기까지 하며 또 마음의 생각과 뜻을 판단하나니"(히 4:12)

그렇다면 당신이 가지고 있는 하나님의 말씀의 날이 무디어 있는지 점검해 보고, 무디어 있다면 날을 갈아서 사용하라.

2. 성령의 검 곧 하나님의 말씀의 날을 세우는 방법은 무엇일까?

1) 하나님의 말씀을 전문적으로 잘 아는 지도자를 통하여 배워야 한다.

◆ 우리 예수님께서도 제자들을 부르시고 3년씩이나 가르치셨다.

"예수께서 온 갈릴리에 두루 다니사 그들의 회당에서 가르치시며 천국 복음을 전파하시며 백성 중의 모든 병과 모든 약한 것을 고치시니"(마 4:23)

"예수께서 낮에는 성전에서 가르치시고 밤에는 나가 감람원이라 하는 산에서 쉬시니 모든 백성이 그 말씀을 들으려고 이른 아침에 성전에 나아가더라"(눅 21:37-38)

◆ 예수님의 제자였던 사도들도 구원받고 침례 받은 성도들을 가르쳤다.

"그 말을 받은 사람들은 세례를 받으매 이 날에 신도의 수가 삼천이나 더하더라 그들이 사도의 가르침을 받아 서로 교제하고 떡을 떼며 오로지 기도하기를 힘쓰니라"(행 2:41-42)

"사도들은 그 이름을 위하여 능욕 받는 일에 합당한 자로 여기심을 기뻐하면서 공회 앞을 떠나니라 그들이 날마다 성전에 있든지 집에 있든지 예수는 그리스도라고 가르치기와 전도하기를 그치지 아니하니라"(행 5:41-42)

◆ 바울과 바나바가 안디옥에서 하나님의 말씀을 1년 동안이나 가르쳤다.

"만나매 안디옥에 데리고 와서 둘이 교회에 일 년간 모여 있어 큰 무리를 가르쳤고 제자들이 안디옥에서 비로소 그리스도인이라 일컬음을 받게 되었더라"(행 11:26)

◆ 바울이 데살로니가에서 하나님의 말씀을 가르쳤다.

"그들이 암비볼리와 아볼로니아로 다녀가 데살로니가에 이르니 거기 유대인의 회당이 있는지라 바울이 자기의 관례대로 그들에게로 들어가서 세 안식일에 성경을 가지고 강론하며 뜻을 풀어 그리스도가 해를 받고 죽은 자 가운데서 다시 살아나야 할 것을 증언하고 이르되 내가 너희에게 전하는 이 예수가 곧 그리스도라 하니"(행 17:1-3)

◆ 바울이 고린도에서 하나님의 말씀을 가르쳤다.

"일 년 육 개월을 머물며 그들 가운데서 하나님의 말씀을 가르치니라"(행 18:11)

◆ 바울이 에베소에서 하나님의 말씀을 가르쳤다.

"그러므로 여러분이 일깨어 내가 삼 년이나 밤낮 쉬지 않고 눈물로 각 사람을 훈계하던 것을 기억하라 지금 내가 여러분을 주와 및 그 은혜의 말씀에 부탁하노니 그 말씀이 여러분을 능히 든든히 세우사 거룩하게 하심을 입은 모든 자 가운데 기업이 있게 하시리라"(행 20:31-32)

◆ 바울은 로마에서도 하나님의 말씀을 가르쳤다.

"바울이 온 이태를 자기 셋집에 머물면서 자기에게 오는 사람을 다 영접하고 하나님의 나라를 전파하며 주 예수 그리스도에 관한 모든 것을 담대하게 거침없이 가르치더라"(행 28:30-31)

◆ 예수님께서는 지상명령에서 "말씀을 가르쳐 지키게 하라"고 명령하셨다.

"그러므로 너희는 가서 모든 민족을 제자로 삼아 아버지와 아들과 성령의 이름으로 침례를 베풀고 내가 너희에게 분부한 모든 것을 가르쳐 지키게 하라 볼지어다 내가 세상 끝날까지 너희와 항상 함께 있으리라 하시니라"(마 28:19-20)

2) 우리는 본인 스스로 성령의 검 곧 하나님의 말씀의 날을 세워야 한다. 우리는 다섯 가지 방법으로 하나님의 말씀의 검의 날을 세울 수 있다.

◆ 읽기(눅 4:16, 느 8:1-6)
◆ 듣기(롬 10:17)
◆ 공부(스 7:10)
◆ 암송(시 37:31, 골 3:16)
◆ 묵상(시 1:1-3)

3) 성령의 검 곧 하나님의 말씀의 날이 잘 세워져 있을 때 다양한 유익이 있다.

◆ 신앙생활이 쉬워진다(전 10:10)
◆ 마귀를 시험을 이기는 자가 된다(마 4:1-11)
◆ 죄를 이기는 자가 된다(시 119:9, 11, 133, 요일 3:9)

◆ 기도응답에 큰 도움이 된다(요 15:7)

◆ 마음에 큰 평화가 찾아온다(시 119:165)

◆ 말씀에 순종하고 행할 때 복이 임한다(약 1:25, 신 28:1-14, 수 1:8)

◆ 지혜로운 자로 살아가게 한다(마 7:24-25)

사실 우리의 연장의 날을 세우는 것은 결코 쉬운 작업이 아닐 것이다. 하지만 불가능한 일이 아니다. 연장의 날을 가는 것은 시간이 걸리고 힘이 들겠지만, 날을 갈아야 일이 쉬워진다. 따라서 반드시 무딘 연장은 갈아서 사용하라.

* * *

2장 선한 목자와 양

우리 예수님은 선한 목자가 되시고 성도는 그가 기르시는 양이다.

"나는 선한 목자라 선한 목자는 양들을 위하여 목숨을 버리거니와 삯
꾼은 목자가 아니요 양도 제 양이 아니라 이리가 오는 것을 보면 양을 버
리고 달아나나니 이리가 양을 물어 가고 또 헤치느니라 달아나는 것은
그가 삯꾼인 까닭에 양을 돌보지 아니함이나 나는 선한 목자라 나는 내
양을 알고 양도 나를 아는 것이 아버지께서 나를 아시고 내가 아버지를
아는 것 같으니 나는 양을 위하여 목숨을 버리노라"(요 10:11-15)

성경에서 예수님과 성도와의 관계를 다양하게 표현하고 있다.
예수님과 성도들의 관계는 임금과 신하(눅 19:11-27), 스승과 제자(
요 13:14), 신랑과 신부(마 25:1-10), 주인과 종(롬 1:1), 대장과 군병(딤
후 2:3-4), 맏형과 아우(롬 8:29), 목자와 양(요 10:11), 참 포도나무와 가
지(요 15:5), 친구 사이(요 15:14) 등으로 표현하고 있다.

1. 예수님이 선한 목자라면 성도는 누구일까?

　"나는 선한 목자라 선한 목자는 양들을 위하여 목숨을 버리거니와, 나는 선한 목자라 나는 내 양을 알고 양도 나를 아는 것이"(요 10:11, 14)

2. 요한복음 10장 11절에서 선한 목자의 표가 되는 것은 무엇인가?

　"나는 선한 목자라 선한 목자는 양들을 위하여 목숨을 버리거니와"(요 10:11)

3. 양에게 가장 필요한 것은 당연히 선한 목자다.

4. 양은 어떤 동물일까?

　양은 방향감각이 둔하고 시력이 나빠 멀리 보지 못한다. 양은 겁이 많고 소심해서 작은 것에도 놀라고, 고집이 세고 더럽다. 양은 자주 넘어지면서도 자기 힘으로 잘 일어나지 못한다. 양은 무리를 지어 살기 때문에 무리에서 이탈하면 맹수의 표적이 된다. 양은 방어할 무기가 없기 때문에 목자의 도움이 절대적으로 필요하다.

5. 선한 목자가 양들을 위하여 하시는 일은 무엇일까?

선한 목자는 양들을 위하여 목숨을 버리기까지 한다(요 10:11). 그러므로 시편 23편은 선한 목자가 양들을 위하여 하는 일들을 자세히 설명하고 있다.

"여호와는 나의 목자시니 내게 부족함이 없으리로다 그가 나를 푸른 풀밭에 누이시며 쉴 만한 물 가로 인도하시는도다 내 영혼을 소생시키시고 자기 이름을 위하여 의의 길로 인도하시는도다 내가 사망의 음침한 골짜기로 다닐지라도 해를 두려워하지 않을 것은 주께서 나와 함께 하심이라 주의 지팡이와 막대기가 나를 안위하시나이다 주께서 내 원수의 목전에서 내게 상을 차려 주시고 기름을 내 머리에 부으셨으니 내 잔이 넘치나이다 내 평생에 선하심과 인자하심이 반드시 나를 따르리니 내가 여호와의 집에 영원히 살리로다"(시 23:1-6)

선한 목자는
1) 양들의 필요를 위해 푸른 초장과 잔잔한 물가로 인도한다(시 23:2)
2) 양들을 인도한다(시 23:2, 3)
3) 양들의 영혼을 소생시킨다(시 23:3)
4) 항상 양들과 함께한다(시 23:4)
5) 양들이 위험한 곳에 있을 때 지팡이와 막대기로 안위한다(시 23:4)
6) 원수의 목전에서도 양들에게 잔칫상을 차려준다(시 23:5)
7) 양들의 잔이 넘치도록 채워 준다(시 23:5)

8) 양들이 목자의 선하심과 인자하심을 경험하도록 도와준다(시 23:6)

6. 하나님과 성도와의 관계를 생각하며 감사하자.

하나님이 목자라면 성도는 그의 양이다.

"온 땅이여 여호와께 즐거운 찬송을 부를지어다 기쁨으로 여호와를 섬기며 노래하면서 그의 앞에 나아갈지어다 여호와가 우리 하나님이신 줄 너희는 알지어다 그는 우리를 지으신 이요 우리는 그의 것이니 그의 백성이요 그의 기르시는 양이로다 감사함으로 그의 문에 들어가며 찬송함으로 그의 궁정에 들어가서 그에게 감사하며 그의 이름을 송축할지어다 여호와는 선하시니 그의 인자하심이 영원하고 그의 성실하심이 대대에 이르리로다"(시 100:1-5)

선한 목자가 양들의 필요를 알고 채워주기 때문에 양으로서 우리는 부족함이 없다고 고백할 수 있어야 한다.

"여호와는 나의 목자시니 내게 부족함이 없으리로다"(시 23:1)

7. 목자의 돌봄을 받은 양은 목자에게 무엇을 제공하는가?

젖을 제공하고, 새끼를 번식하고, 털을 제공하고 모든 것을 제공해야 한다.

3장 선택의 중요성

하나님은 인간이 선택하며 살아가도록 지으셨다. 우리의 인생에서 선택은 참으로 중요하다. 우리의 선택에 따라 우리는 꽃길을 걸을 수도 있고, 가시밭길을 걸을 수 있는 것이다.

다음에 등장하는 두 아들의 선택을 살펴보자.

"또 이르시되 어떤 사람에게 두 아들이 있는데 그 둘째가 아버지에게 말하되 아버지여 재산 중에서 내게 돌아올 분깃을 내게 주소서 하는지라 아버지가 그 살림을 각각 나눠 주었더니 그 후 며칠이 안 되어 둘째 아들이 재물을 다 모아 가지고 먼 나라에 가 거기서 허랑방탕하여 그 재산을 낭비하더니 다 없앤 후 그 나라에 크게 흉년이 들어 그가 비로소 궁핍한지라 가서 그 나라 백성 중 한 사람에게 붙여 사니 그가 그를 들로 보내어 돼지를 치게 하였는데 그가 돼지 먹는 쥐엄 열매로 배를 채우고자 하되 주는 자가 없는지라 이에 스스로 돌이켜 이르되 내 아버지에게는 양식이 풍족한 품꾼이 얼마나 많은가 나는 여기서 주려 죽는구나 내가 일어나 아버지께 가서 이르기를 아버지 내가 하늘과 아버지께 죄를 지었사오니 지금부터는 아버지의 아들이라 일컬음을 감당하지 못하겠나이다 나를 품꾼의 하나로 보소서 하리라 하고 이에 일어나서 아버지께로 돌아가니라 아직도 거리가 먼데 아버지가 그를 보고 측은히 여겨 달려가 목을 안고 입을 맞추니 아들이 이르되 아버지 내가 하늘과 아버지께 죄를 지었사오니 지금부터는 아버지의 아들이라 일컬음을 감당하지 못하겠나이다 하나 아버지는 종들에게 이르되 제일 좋은 옷을 내어다가 입히고 손에 가락지를 끼우고 발에 신을 신기라 그리고 살진 송아지를 끌어다가 잡으라 우리가 먹고 즐기자 이 내 아들은 죽었다가 다시 살아났으며 내가 잃었다가 다시 얻었노라 하니 그들이 즐거워하더라"(눅 15:11-24)

    사람은 태어나면서부터 끊임없는 선택을 한다. 하나님께서 사람을 로봇으로 창조하지 않으셨다. 하나님이 사람을 지으실 때 자유의지 곧 선택할 수 있는 존재로 지으셨다.

    인간은 선택을 잘하면 미래가 있고, 잘못하면 미래가 어둡게 된다. 사실 인류의 비극은 아담의 잘못된 선택에서 비롯되었다. 따라서 하나님께서 아담에게 금하신 열매가 있었다.

    "여호와 하나님이 그 사람에게 명하여 이르시되 동산 각종 나무의 열매는 네가 임의로 먹되 선악을 알게 하는 나무의 열매는 먹지 말라 네가 먹는 날에는 반드시 죽으리라 하시니라"(창 2:16-17)

    그런데 아담과 하와는 하나님의 말씀을 놓아버리고(창 2:16-17), 사탄의 거짓말을 붙잡고 사탄이 말하는 대로 행동하였다(창 3:1-6). 결국 잘못된 선택을 한 결과 아담과 하와는 하나님의 모양과 하나님의 형상(창 1:26-27)을 잃어버리게 되었다. 아담의 범죄로 인하여 아담은 자기 형상 곧 자기의 모양과 형상을 닮은 아들 셋을 낳은 것이다.

"아담은 백삼십 세에 자기의 모양 곧 자기의 형상과 같은 아들을 낳아 이름을 셋이라 하였고"(창 5:3)

이 세상에 많은 언어가 존재하는 이유가 무엇일까? 인간이 잘못된 선택을 하였기 때문이다. 노아와 그의 후손들은 하나님의 말씀대로 "생육하고 번성하여 땅에 충만하라"는 하나님의 말씀을 어겼다.

"하나님이 노아와 그 아들들에게 복을 주시며 그들에게 이르시되 생육하고 번성하여 땅에 충만하라"(창 9:1)

노아의 후손들은 서로 흩어짐을 면하자고 하면서 하나님의 이름을 내는 대신에 자기들의 이름을 내려고 바벨탑을 쌓았고, 그 결과 언어의 혼잡이 찾아왔다.

"온 땅의 언어가 하나요 말이 하나였더라 이에 그들이 동방으로 옮기다가 시날 평지를 만나 거기 거류하며 서로 말하되 자, 벽돌을 만들어 견고히 굽자 하고 이에 벽돌로 돌을 대신하며 역청으로 진흙을 대신하고 또 말하되 자, 성읍과 탑을 건설하여 그 탑 꼭대기를 하늘에 닿게 하여 우리 이름을 내고 온 지면에 흩어짐을 면하자 하였더니 여호와께서 사람들이 건설하는 그 성읍과 탑을 보려고 내려오셨더라 여호와께서 이르시되 이 무리가 한 족속이요 언어도 하나이므로 이같이 시작하였으니 이 후로는 그 하고자 하는 일을 막을 수 없으리로다 자, 우리가 내려가서 거기서 그들의 언어를 혼잡하게 하여 그들이 서로 알아듣지 못하

게 하자 하시고 여호와께서 거기서 그들을 온 지면에 흩으셨으므로 그
들이 그 도시를 건설하기를 그쳤더라 그러므로 그 이름을 바벨이라 하
니 이는 여호와께서 거기서 온 땅의 언어를 혼잡하게 하셨음이니라 여
호와께서 거기서 그들을 온 지면에 흩으셨더라"(창 11:1-9)

따라서 우리는 선택이 얼마나 중요한지 알아야 한다.
창세기 13장에서는 아브라함과 그의 조카 롯의 선택에 관한 기록이
등장한다. 롯이 아브라함과 갈라설 때, 눈에 보이는 대로 선택했고, 육
신의 정욕대로 선택하였다. 미래를 생각하지 않고 죄인들이 살고 있는
소돔과 고모라의 비옥한 땅을 선택하여 소돔으로 이사를 갔던 것이다.
이 일로 인하여 롯은 전쟁의 포로가 되기도 했고(창 14장). 하나님의 심
판으로 소돔 성에 유황불이 내릴 때 아내와 두 사위와 많은 것들을 일순
간에 다 잃어버렸다(창 19장). 따라서 우리는 어떤 일이 동시에 진행될
때 선택을 잘해야 한다. 우리 앞에 나쁜 것과 좋은 것과 더 좋은 것과 가
장 좋은 것이 있을 때 우리는 어떤 것을 선택해야 하는가? 우리는 당연
히 가장 좋은 것을 선택해야 한다.

1. 우리의 기분에 따라 선택하지 말라.

누가복음 15장 11-14절에 등장하는 예수님의 비유에서 선택의 중요성
에 관한 많은 교훈을 배울 수 있다. 먼저 성경 말씀을 자세히 관찰해 보자.

1) 어떤 사람에게 아들이 몇 명 있었는가? (11절)

2) 둘째 아들이 아버지에게 무엇을 요구하였는가? (12절)

3) 아버지는 둘째 아들의 요구를 들어주었는가? (12절)

4) 둘째 아들은 어떠한 선택을 하기로 생각했으며, 자기의 생각을 행동에 옮겼는가? (13절)

5) 둘째 아들은 누구를 떠났는가? (13절)

6) 둘째 아들은 아버지를 떠나 먼 나라로 가서 어떠한 삶을 살았는가? (13절)

7) 둘째 아들은 지금 어떠한 위치에 있게 되었는가? (14절)

8) 둘째 아들은 어떤 환경을 만났는가? (14절)

9) 둘째 아들은 모든 것을 다 잃어버린 후에 어떠한 직업을 갖게 되었는가? (15절)

10) 둘째 아들은 그가 가진 직업을 통하여 수입을 얻을 수 있었는가? (16절)

11) 둘째 아들은 모든 것을 다 잃어버리고 거지가 되었을 때 누구를 생각하게 되었는가? (17절)

2. 우리는 신중하게 선택해야 한다.

1) 둘째 아들은 타향에서 모든 것을 다 잃어버린 후에 누구의 집을 생각하였는가? (17절)

2) 둘째 아들은 아버지를 떠나 잘못 살아온 과거를 후회하고 회개하였는가? (18절)

3) 둘째 아들은 어떠한 생각과 어떠한 결단을 하였는가? (19절)

4) 둘째 아들은 자기의 생각을 행동으로 옮겼는가? (20절)

5) 둘째 아들이 모든 것을 다 잃어버리고 돌아왔을 때 아버지는 어떤 반응을 보였는가? (20절)

6) 둘째 아들이 돌아와 아버지를 만난 후에 어떠한 고백을 하였는가? (21절)

7) 둘째 아들의 고백을 들은 아버지는 돌아온 아들에 대해 어떻게 반응하였는가? (22-24절)

아버지는 아들의 모든 필요를 채워주고 즐거워했다. 종들은 아버지의 명령에 따라 움직였다. 종들은 둘째 아들을 위해 제일 좋은 옷을 내어다가 입히고, 손에 가락지를 끼우고, 발에 신을 신겨주었다. 살진 송아지를 잡아 잔치하였을 때 춤과 노래도 있었다(25). 그리고 아버지는 아들의 지난날의 잘못된 과거를 묻지 않았다.

3. 예수님의 비유해석

1) 아버지 집을 떠난 둘째 아들은 누구를 비유하는가?

마귀 사탄의 거짓말에 속아 하나님의 말씀을 떠나 망가져 버린 모든 죄인을 상징한다.

"그러므로 한 사람으로 말미암아 죄가 세상에 들어오고 죄로 말미암아 사망이 들어왔나니 이와 같이 모든 사람이 죄를 지었으므로 사망이 모든 사람에게 이르렀느니라"(롬 5:12)

2) 자기의 죄를 뉘우치고 아버지께 돌아온 아들은 죄를 회개하고 예수님을 믿고 구원받은 모든 성도를 상징한다.

3) 돌아온 아들의 과거를 묻지 않는 아버지의 모습에서 사랑과 용서의 하나님을 만날 수 있다.

4. 인생에서 최고의 선택은 죄를 회개하고 예수님을 믿는 것이다.

모든 사람에게 예수님이 절대적으로 필요하다. 그리고 우리가 예수님을 믿으면 영생을 얻는다. "하나님이 세상을 이처럼 사랑하사 독생자를 주셨으니 이는 그를 믿는 자마다 멸망하지 않고 영생을 얻게 하려 하심이라"(요 3:16) 죄인이 예수님을 믿고 구원을 받으면 잃었던 모든 것들을 회복하고, 풍성한 삶이 약속되어 있다.

"도둑이 오는 것은 도둑질하고 죽이고 멸망시키려는 것뿐이요 내가 온 것은 양으로 생명을 얻게 하고 더 풍성히 얻게 하려는 것이라"(요 10:10)

4장 믿음은 행함으로 증명한다

"내 형제들아 만일 사람이 믿음이 있노라 하고 행함이 없으면 무슨 유익이 있으리요 그 믿음이 능히 자기를 구원하겠느냐 만일 형제나 자매가 헐벗고 일용할 양식이 없는데 너희 중에 누구든지 그에게 이르되 평안히 가라, 덥게 하라, 배부르게 하라 하며 그 몸에 쓸 것을 주지 아니하면 무슨 유익이 있으리요 이와 같이 행함이 없는 믿음은 그 자체가 죽은 것이라, 영혼 없는 몸이 죽은 것 같이 행함이 없는 믿음은 죽은 것이니라"(약 2:14-17, 26)

1. 믿음은 무엇으로 증명되는가? (약 2:17, 26)

2. 어떠한 믿음이 살아 있는 믿음이며, 어떤 것이 죽은 믿음인가? (약 2:14-17)

　살아 있는 믿음은 하나님의 말씀을 듣고 행하는 믿음이다.
　"자유롭게 하는 온전한 율법을 들여다보고 있는 자는 듣고 잊어버리

는 자가 아니요 실천하는 자니 이 사람은 그 행하는 일에 복을 받으리라"(약 1:25)

죽은 믿음은 하나님의 말씀을 듣고도 행하지 않는 믿음이다(약 2:14-17, 26).

3. 성경에는 살아 있는 믿음을 소유한 사람들이 등장한다.

성경에는 어떤 상황에서도 믿음으로 살려고 애쓰는 사람들이 등장한다. 특히 우리는 믿음의 장으로 알려진 히브리서 11장에서 살아 있는 믿음을 가진 사람들을 만나게 된다.

1) 노아의 믿음 : 노아는 하나님의 말씀에 조건 없는 순종으로 120년 동안 방주를 지었다.

"하나님이 노아에게 이르시되 모든 혈육 있는 자의 포악함이 땅에 가득하므로 그 끝 날이 내 앞에 이르렀으니 내가 그들을 땅과 함께 멸하리라 너는 고페르 나무로 너를 위하여 방주를 만들되 그 안에 칸들을 막고 역청을 그 안팎에 칠하라 네가 만들 방주는 이러하니 그 길이는 삼백 규빗, 너비는 오십 규빗, 높이는 삼십 규빗이라 거기에 창을 내되 위에서부터 한 규빗에 내고 그 문은 옆으로 내고 상 중 하 삼층으로 할지니라 내가 홍수를 땅에 일으켜 무릇 생명의 기운이 있는 모든 육체를 천하에서 멸절하리니 땅에 있는 것들이 다 죽으리라 그러나 너와는 내가 내 언약을 세우리니 너는 네 아들들과 네 아내와 네 며느리들과 함께 그 방주로 들어가고 혈육 있는 모든 생물을 너는 각기 암수 한 쌍씩 방주로 이끌어들여 너와 함께 생명을 보존하게 하되 새가 그 종류대로, 가축이 그 종류대로, 땅에 기는 모든 것이 그 종류대로 각기 둘씩 네게로 나아오리니 그 생명을 보존하게 하라 너는 먹을 모든 양식을 네게로 가져다가 저축하라 이것이 너와 그들의 먹을 것이 되리라 노아가 그와 같이 하여 하나님이 자기에게 명하신 대로 다 준행하였더라"(창 6:13-22)

히브리 기자는 노아의 믿음에 대하여 이렇게 기록하였다.

"믿음으로 노아는 아직 보이지 않는 일에 경고하심을 받아 경외함으로 방주를 준비하여 그 집을 구원하였으니 이로 말미암아 세상을 정죄하고 믿음을 따르는 의의 상속자가 되었느니라"(히 11:7)

노아는 살아 있는 믿음을 가진 자로서 하나님의 말씀에 순종하여 방주를 예비하였다. 이 일로 인하여 노아는 홍수 심판 때에 그의 가족을 구원으로 인도했고, 믿음을 따르는 의의 상속자가 되었다.

2) 아브라함의 믿음 : 아브라함은 하나님의 말씀에 무조건 순종했다.

"여호와께서 아브람에게 이르시되 너는 너의 고향과 친척과 아버지의 집을 떠나 내가 네게 보여 줄 땅으로 가라 내가 너로 큰 민족을 이루고 네게 복을 주어 네 이름을 창대하게 하리니 너는 복이 될지라 너를 축복하는 자에게는 내가 복을 내리고 너를 저주하는 자에게는 내가 저주하리니 땅의 모든 족속이 너로 말미암아 복을 얻을 것이라 하신지라 이에 아브람이 여호와의 말씀을 따라갔고 롯도 그와 함께 갔으며 아브람이 하란을 떠날 때에 칠십오 세였더라"(창 12:1-4)

아브라함은 자신의 아들 이삭을 제물로 바치라는 하나님의 명령에 무조건 순종하였다.

"그 일 후에 하나님이 아브라함을 시험하시려고 그를 부르시되 아브라함아 하시니 그가 이르되 내가 여기 있나이다 여호와께서 이르시되 네 아들 네 사랑하는 독자 이삭을 데리고 모리아 땅으로 가서 내가 네게 일러 준 한 산 거기서 그를 번제로 드리라 아브라함이 아침에 일찍이 일어나 나귀에 안장을 지우고 두 종과 그의 아들 이삭을 데리고 번제에 쓸 나무를 쪼개어 가지고 떠나 하나님이 자기에게 일러 주신 곳으로 가더니 제삼일에 아브라함이 눈을 들어 그 곳을 멀리 바라본지라 이에 아브라함이 종들에게 이르되 너희는 나귀와 함께 여기서 기다리라 내가 아이와 함께 저기 가서 예배하고 우리가 너희에게로 돌아오리라 하고 아브라함이 이에 번제 나무를 가져다가 그의 아들 이삭에게 지우고 자기는 불과 칼을 손에 들고 두 사람이 동행하더니 이삭이 그 아버지 아브라함에게 말하여 이르되 내 아버지여 하니 그가 이르되 내 아들아 내가 여기 있노라 이삭이 이르되 불과 나무는 있거니와 번제할 어린 양은 어디 있나이까 아브라함이 이르되 내 아들아 번제할 어린 양은 하나님이 자기를 위하여 친히 준비하시리라 하고 두 사람이 함께 나아가서 하나님이 그에게 일러 주신 곳에 이른지라 이에 아브라함이 그 곳에 제단을 쌓고 나무를 벌여 놓고 그의 아들 이삭을 결박하여 제단 나무 위에 놓고 손을 내밀어 칼을 잡고 그 아들을 잡으려 하니 여호와의 사자가 하늘에서부터 그를 불러 이르시되 아브라함아 아브라함아 하시는지라 아브라함이 이르되 내가 여기 있나이다 하매 사자가 이르시되 그 아이에게 네 손을 대지 말라 그에게 아무 일도 하지 말라 네가 네 아들 네 독자까지도 내게 아끼지 아니하였으니 내가 이제야 네가 하나님을 경외하는 줄을 아노라" (창 22:1-12)

아브라함은 믿음의 행함으로 그의 믿음을 증명하였기 때문에 믿음의 조상이 되었고(롬 4:11, 12, 16), 하나님을 경외하는 자라는 평가를 받았으며(창 22:12), 마침내 복의 통로가 되었다(창 12:1-4).

3) 행동하는 믿음을 가진 자는 말씀에 순종하여 자신이 하나님을 사랑하는 자라는 증거를 보였다.
하나님을 사랑하는 자는 하나님의 말씀을 믿음으로 행한다.
"너희가 나를 사랑하면 나의 계명을 지키리라"(요 14:15)
"나의 계명을 지키는 자라야 나를 사랑하는 자니 나를 사랑하는 자는 내 아버지께 사랑을 받을 것이요 나도 그를 사랑하여 그에게 나를 나타내리라"(요 14:21)

"나를 사랑하지 아니하는 자는 내 말을 지키지 아니하나니 너희가 듣는 말은 내 말이 아니요 나를 보내신 아버지의 말씀이니라"(요 14:24)

"하나님을 사랑하는 것은 이것이니 우리가 그의 계명들을 지키는 것이라 그의 계명들은 무거운 것이 아니로다"(요일 5:3)

4) 성도는 하나님의 말씀을 행할 수 있다.

"내가 오늘 네게 명령한 이 명령은 네게 어려운 것도 아니요 먼 것도 아니라 하늘에 있는 것이 아니니 네가 이르기를 누가 우리를 위하여 하늘에 올라가 그의 명령을 우리에게로 가지고 와서 우리에게 들려 행하게 하랴 할 것이 아니요 이것이 바다 밖에 있는 것이 아니니 네가 이르기를 누가 우리를 위하여 바다를 건너가서 그의 명령을 우리에게로 가지고 와서 우리에게 들려 행하게 하랴 할 것도 아니라 오직 그 말씀이 네게 매우 가까워서 네 입에 있으며 네 마음에 있은즉 네가 이를 행할 수 있느니라"(신 30:11-14)

4. 하나님의 말씀을 믿음으로 행하는 자들은 반드시 보상을 받는다.

"네가 네 하나님 여호와의 말씀을 삼가 듣고 내가 오늘 네게 명령하는 그의 모든 명령을 지켜 행하면 네 하나님 여호와께서 너를 세계 모든 민족 위에 뛰어나게 하실 것이라 네가 네 하나님 여호와의 말씀을 청종하면 이 모든 복이 네게 임하며 네게 이르리니 성읍에서도 복을 받고 들에서도 복을 받을 것이며 네 몸의 자녀와 네 토지의 소산과 네 짐승의 새끼와 소와 양의 새끼가 복을 받을 것이며 네 광주리와 떡 반죽 그릇이 복을 받을 것이며 네가 들어와도 복을 받고 나가도 복을 받을 것이니라 여호와께서 너를 대적하기 위해 일어난 적군들을 네 앞에서 패하게 하시리라 그들이 한 길로 너를 치러 들어왔으나 네 앞에서 일곱 길로 도망하리라 여호와께서 명령하사 네 창고와 네 손으로 하는 모든 일에 복을 내리시고 네 하나님 여호와께서 네게 주시는 땅에서 네게 복을 주실 것이며 여호와께서 네게 맹세하신 대로 너를 세워 자기의 성민이 되게 하시리니 이는 네가 네 하나님 여호와의 명령을 지켜 그 길로 행할 것임이니라 땅의 모든 백성이 여호와의 이름이 너를 위하여 불리는 것을 보고 너를 두려워하리라 여호와께서 네게 주리라고 네 조상들에게 맹세하신 땅에서 네게 복을 주사 네 몸의 소생과 가축의 새끼와 토지의 소산을 많게 하시며 여호와께서 너를 위하여 하늘의 아름다운 보고를 여시사 네 땅에 때를 따라 비를 내리시고 네 손으로 하는 모든 일에 복을 주시리니 네가 많은 민족에게 꾸어줄지라도 너는 꾸지 아니할 것이요 여호와께서 너를 머리가 되고 꼬리가 되지 않게 하시며 위에만 있고 아래에 있지 않게 하시리니 오직 너는 내가 오늘 네게 명령하는 네 하나님 여호와의 명령을 듣고 지켜 행하며 내가 오늘 너희에게 명령하는 그 말씀을 떠나 좌로나 우로나 치우치지 아니하고 다른 신을 따라 섬기지 아니하면 이와 같으리라"(신 28:1-14)

"그러므로 누구든지 나의 이 말을 듣고 행하는 자는 그 집을 반석 위에 지은 지혜로운 사람 같으리니 비가 내리고 창수가 나고 바람이 불어

그 집에 부딪치되 무너지지 아니하나니 이는 주추를 반석 위에 놓은 까닭이요"(마 7:24-25)

"이 율법책을 네 입에서 떠나지 말게 하며 주야로 그것을 묵상하여 그 안에 기록된 대로 다 지켜 행하라 그리하면 네 길이 평탄하게 될 것이며 네가 형통하리라"(수 1:8)

5장 온 천하가 하나님을 알도록 하라

하나님께서는 온 천하가 하나님의 존재를 알기를 원하신다. 하나님은 영이시다. 영이신 하나님은 우리들의 육안으로 볼 수 없다. 우리들의 육안으로 볼 수 없는 하나님은 스스로 존재하신 분이시다(출 3:14). 스스로 존재하신 하나님은 다양한 방법으로 온 천하가 자신의 존재와 능력을 알기 원하신다.

1. 하나님께서 만드신 만물을 통해서 자신의 존재를 알리신다.

"창세로부터 그의 보이지 아니하는 것들 곧 그의 영원하신 능력과 신성이 그가 만드신 만물에 분명히 보여 알려졌나니 그러므로 그들이 핑계하지 못할지니라"(롬 1:20)

1) 하나님은 하나님의 존재를 부인하는 사람을 어리석은 자라 하셨다.
"어리석은 자는 그의 마음에 이르기를 하나님이 없다 하는도다 그들은 부패하고 그 행실이 가증하니 선을 행하는 자가 없도다"(시 14:1)

2) 성경에 그 모든 사상에 하나님이 없다고 하는 자는 악인이라고 하셨다.

"악인은 그의 교만한 얼굴로 말하기를 여호와께서 이를 감찰하지 아니하신다 하며 그의 모든 사상에 하나님이 없다 하나이다"(시 10:4)

2. 하나님은 모든 사건을 통해서 온 천하에 자신의 존재를 알리신다.

1) 하나님은 바로를 세우시고 그의 생애를 통하여 자신의 존재를 알리셨다.

"내가 너를 세웠음은 나의 능력을 네게 보이고 내 이름이 온 천하에 전파되게 하려 하였음이니라"(출 9:16)

"성경이 바로에게 이르시되 내가 이 일을 위하여 너를 세웠으니 곧 너로 말미암아 내 능력을 보이고 내 이름이 온 땅에 전파되게 하려 함이라 하셨으니"(롬 9:17)

2) 출애굽 당시 하나님께서 애굽의 바로 왕을 세우시고 애굽에 많은 이적을 행하셔서 온 천하에 하나님의 능력을 보이시고 온 땅에 하나님의 이름이 전파되기를 원하셨다.

3) 하나님은 애굽에 내리신 열 가지 재앙을 통해 자신의 존재를 알리셨다.

첫째 재앙 - 물이 피가 되다.

둘째 재앙 - 개구리가 나일강에서 올라온다.

셋째 재앙 - 티끌이 이가 되다. 넷째 재앙 - 파리가 가득하다.

다섯째 재앙 - 돌림병으로 가축이 죽는다.

여섯째 재앙 - 악성 종기가 생기다.

일곱째 재앙 - 우박이 내리다. 여덟째 재앙 - 메뚜기가 땅을 덮는다.

아홉째 재앙 - 흑암이 땅에 있다. 열 번째 재앙 - 장자의 재앙

3. 하나님은 택하신 종들의 사역을 통해서 하나님의 존재를 알리신다.

1) 다윗을 통하여

"블레셋 사람이 방패 든 사람을 앞세우고 다윗에게로 점점 가까이 나아가니라 그 블레셋 사람이 둘러보다가 다윗을 보고 업신여기니 이는 그가 젊고 붉고 용모가 아름다움이라 블레셋 사람이 다윗에게 이르되 네가 나를 개로 여기고 막대기를 가지고 내게 나아왔느냐 하고 그의 신들의 이름으로 다윗을 저주하고 그 블레셋 사람이 또 다윗에게 이르되 내게로 오라 내가 네 살을 공중의 새들과 들짐승들에게 주리라 하는지라 다윗이 블레셋 사람에게 이르되 너는 칼과 창과 단창으로 내게 나아

오거니와 나는 만군의 여호와의 이름 곧 네가 모욕하는 이스라엘 군대의 하나님의 이름으로 네게 나아가노라 오늘 여호와께서 너를 내 손에 넘기시리니 내가 너를 쳐서 네 목을 베고 블레셋 군대의 시체를 오늘 공중의 새와 땅의 들짐승에게 주어 온 땅으로 이스라엘에 하나님이 계신 줄 알게 하겠고 또 여호와의 구원하심이 칼과 창에 있지 아니함을 이 무리에게 알게 하리라 전쟁은 여호와께 속한 것인즉 그가 너희를 우리 손에 넘기시리라 블레셋 사람이 일어나 다윗에게로 마주 가까이 올 때에 다윗이 블레셋 사람을 향하여 빨리 달리며 손을 주머니에 넣어 돌을 가지고 물매로 던져 블레셋 사람의 이마를 치매 돌이 그의 이마에 박히니 땅에 엎드러지니라"(삼상 17:41-49)

2) 엘리야를 통하여

엘리야와 바알 선지자들의 영적 싸움에서 하나님은 하나님의 존재를 알리셨다.

"야곱의 아들들의 지파의 수효를 따라 엘리야가 돌 열두 개를 취하니 이 야곱은 옛적에 여호와의 말씀이 임하여 이르시기를 네 이름을 이스라엘이라 하리라 하신 자더라 그가 여호와의 이름을 의지하여 그 돌로 제단을 쌓고 제단을 돌아가며 곡식 종자 두 세아를 둘 만한 도랑을 만들고 또 나무를 벌이고 송아지의 각을 떠서 나무 위에 놓고 이르되 통 넷에 물을 채워다가 번제물과 나무 위에 부으라 하고 또 이르되 다시 그리하라 하여 다시 그리하니 또 이르되 세 번째로 그리하라 하여 세 번째로 그리하니 물이 제단으로 두루 흐르고 도랑에도 물이 가득 찼더라 저녁 소제 드릴 때에 이르러 선지자 엘리야가 나아가서 말하되 아브라함과 이삭과 이스라엘의 하나님 여호와여 주께서 이스라엘 중에서 하나님이신 것과 내가 주의 종인 것과 내가 주의 말씀대로 이 모든 일을 행하는 것을 오늘 알게 하옵소서 여호와여 내게 응답하옵소서 내게 응답하옵소서 이 백성에게 주 여호와는 하나님이신 것과 주는 그들의 마음을 되돌이키심을 알게 하옵소서 하매 이에 여호와의 불이 내려서 번제물과 나무와 돌과 흙을 태우고 또 도랑의 물을 핥은지라 모든 백성이 보고 엎드려 말하되 여호와 그는 하나님이시로다 여호와 그는 하나님이시로다 하니 엘리야가 그들에게 이르되 바알의 선지자를 잡되 그들 중 하나도 도망하지 못하게 하라 하매 곧 잡은지라 엘리야가 그들을 기손 시내로 내려다가 거기서 죽이니라"(왕상 18:31-40)

4. 하나님은 히스기야의 생애를 통해서 온 땅에 하나님의 존재를 알리기를 원하셨다.

"히스기야가 그 사자들의 손에서 글을 받아 보고 여호와의 전에 올라가서 그 글을 여호와 앞에 펴 놓고 여호와께 기도하여 이르되 그룹 사이에 계신 이스라엘 하나님 만군의 여호와여 주는 천하 만국에 유일하신 하나님이시라 주께서 천지를 만드셨나이다 여호와여 귀를 기울여 들으시옵소서 여호와여 눈을 뜨고 보시옵소서 산혜립이 사람을 보내어 살아계시는 하나님을 훼방한 모든 말을 들으시옵소서 여호와여 앗수르 왕들

이 과연 열국과 그들의 땅을 황폐하게 하였고 그들의 신들을 불에 던졌
사오나 그들은 신이 아니라 사람의 손으로 만든 것일 뿐이요 나무와 돌
이라 그러므로 멸망을 당하였나이다 우리 하나님 여호와여 이제 우리
를 그의 손에서 구원하사 천하 만국이 주만이 여호와이신 줄을 알게 하
옵소서 하니라"(사 37:14-20)

5. 하나님은 다니엘과 세 친구를 통해 온 세상에 하나님의 존재와 능력을 알리기를 원하셨다.

1) 다니엘의 세 친구 사드락과 메삭과 아베느고는 신앙의 지조를 지
키다가 극렬히 타는 풀무불 가운데에 떨어졌으나 죽지 않았다.

"느부갓네살이 분이 가득하여 사드락과 메삭과 아벳느고를 향하여
얼굴빛을 바꾸고 명령하여 이르되 그 풀무불을 뜨겁게 하기를 평소보다
칠 배나 뜨겁게 하라 하고 군대 중 용사 몇 사람에게 명령하여 사드락과
메삭과 아벳느고를 결박하여 극렬히 타는 풀무불 가운데에 던지라 하
니라 그러자 그 사람들을 겉옷과 속옷과 모자와 다른 옷을 입은 채 결박
하여 맹렬히 타는 풀무불 가운데에 던졌더라 왕의 명령이 엄하고 풀무
불이 심히 뜨거우므로 불꽃이 사드락과 메삭과 아벳느고를 붙든 사람을
태워 죽였고 이 세 사람 사드락과 메삭과 아벳느고는 결박된 채 맹렬히
타는 풀무불 가운데에 떨어졌더라 그 때에 느부갓네살 왕이 놀라 급히
일어나서 모사들에게 물어 이르되 우리가 결박하여 불 가운데에 던진

자는 세 사람이 아니었느냐 하니 그들이 왕에게 대답하여 이르되 왕이여 옳소이다 하더라 왕이 또 말하여 이르되 내가 보니 결박되지 아니한 네 사람이 불 가운데로 다니는데 상하지도 아니하였고 그 넷째의 모양은 신들의 아들과 같도다 하고 느부갓네살이 맹렬히 타는 풀무불 아귀 가까이 가서 불러 이르되 지극히 높으신 하나님의 종 사드락, 메삭, 아벳느고야 나와서 이리로 오라 하매 사드락과 메삭과 아벳느고가 불 가운데에서 나온지라 총독과 지사와 행정관과 왕의 모사들이 모여 이 사람들을 본즉 불이 능히 그들의 몸을 해하지 못하였고 머리털도 그을리지 아니하였고 겉옷 빛도 변하지 아니하였고 불 탄 냄새도 없었더라 느부갓네살이 말하여 이르되 사드락과 메삭과 아벳느고의 하나님을 찬송할지로다 그가 그의 천사를 보내사 자기를 의뢰하고 그들의 몸을 바쳐 왕의 명령을 거역하고 그 하나님 밖에는 다른 신을 섬기지 아니하며 그에게 절하지 아니한 종들을 구원하셨도다 그러므로 내가 이제 조서를 내리노니 각 백성과 각 나라와 각 언어를 말하는 자가 모두 사드락과 메삭과 아벳느고의 하나님께 경솔히 말하거든 그 몸을 쪼개고 그 집을 거름터로 삼을지니 이는 이같이 사람을 구원할 다른 신이 없음이니라 하더라 왕이 드디어 사드락과 메삭과 아벳느고를 바벨론 지방에서 더욱 높이니라"(단 3:19-30)

2) 하나님은 다니엘을 사자 굴에서 건져주셨다.

"이에 왕이 명령하매 다니엘을 끌어다가 사자 굴에 던져 넣는지라 왕이 다니엘에게 이르되 네가 항상 섬기는 너의 하나님이 너를 구원하시리라 하니라 이에 돌을 굴려다가 굴 어귀를 막으매 왕이 그의 도장과 귀족들의 도장으로 봉하였으니 이는 다니엘에 대한 조치를 고치지 못하게 하려 함이었더라 왕이 궁에 돌아가서는 밤이 새도록 금식하고 그 앞에 오락을 그치고 잠자기를 마다하니라 이튿날에 왕이 새벽에 일어나 급히 사자 굴로 가서 다니엘이 든 굴에 가까이 이르러서 슬피 소리 질러 다니엘에게 묻되 살아 계시는 하나님의 종 다니엘아 네가 항상 섬기는 네 하나님이 사자들에게서 능히 너를 구원하셨느냐 하니라 다니엘이 왕에게 아뢰되 왕이여 원하건대 왕은 만수무강 하옵소서 나의 하나님이 이미 그의 천사를 보내어 사자들의 입을 봉하셨으므로 사자들이 나를 상해하지 못하였사오니 이는 나의 무죄함이 그 앞에 명백함이오며 또 왕이여 나는 왕에게도 해를 끼치지 아니하였나이다 하니라 왕이 심히 기뻐서 명하여 다니엘을 굴에서 올리라 하매 그들이 다니엘을 굴에서 올린즉 그의 몸이 조금도 상하지 아니하였으니 이는 그가 자기의 하나님을 믿음이었더라 왕이 말하여 다니엘을 참소한 사람들을 끌어오게 하고 그들을 그들의 처자들과 함께 사자 굴에 던져 넣게 하였더니 그들이 굴 바닥에 닿기도 전에 사자들이 곧 그들을 움켜서 그 뼈까지도 부서뜨렸더라 이에 다리오 왕이 온 땅에 있는 모든 백성과 나라들과 언어가 다른 모든 사람들에게 조서를 내려 이르되 원하건대 너희에게 큰 평강이 있을지어다 내가 이제 조서를 내리노라 내 나라 관할 아래에 있는 사람들은 다 다니엘의 하나님 앞에서 떨며 두려워할지니 그는 살아 계시는 하나님이시요 영원히 변하지 않으실 이시며 그의 나라는 멸망하지 아니할 것이요 그의 권세는 무궁할 것이며 그는 구원도 하시며 건져내기도 하시며 하늘에서든지 땅에서든지 이적과 기사를 행하시는 이로서 다니엘을 구원하여 사자의 입에서 벗어나게 하셨음이라 하였더라"(단 6:16-27)

6. 하나님은 바울의 생애를 통해 하나님의 존재와 능력을 알리기를 원하셨다.

"주께서 이르시되 가라 이 사람은 내 이름을 이방인과 임금들과 이스라엘 자손들에게 전하기 위하여 택한 나의 그릇이라 그가 내 이름을 위하여 얼마나 고난을 받아야 할 것을 내가 그에게 보이리라 하시니"(행 9:15-16)

7. 하나님은 구원받은 우리를 통해서 자신의 존재와 능력을 온 천하에 알리기를 원하신다.

1) 구원받은 성도는 구원받기 전에 살았던 방식으로 살아서는 안 된다. 예수로 말미암아 하나님의 자녀가 되었으니 이제 세상의 소금으로(마 5:13) 살고, 세상의 빛으로(마 5:14-16) 살고, 그리스도의 향기로(고후 2:14) 살고, 그리고 그리스도의 편지로(고후 3:2-3) 살면서 하나님의 존재와 그의 능력을 세상에 알려야 한다.

2) 먹든지 마시든지 무엇을 하든지 다 하나님의 영광을 위해 살면서

영혼 구원에 힘써야 한다.

"그런즉 너희가 먹든지 마시든지 무엇을 하든지 다 하나님의 영광을 위하여 하라 유대인에게나 헬라인에게나 하나님의 교회에나 거치는 자가 되지 말고 나와 같이 모든 일에 모든 사람을 기쁘게 하여 자신의 유익을 구하지 아니하고 많은 사람의 유익을 구하여 그들로 구원을 받게 하라"(고전 10:31-33)

3) 우리의 삶을 통해 세상 사람들이 하나님을 온 땅의 지존자로 알게 해야 한다.
"여호와라 이름하신 주만 온 세계의 지존자로 알게 하소서"(시 83:18)

***

6장 정직

　우리 하나님은 정직하신 분이시기 때문에 하나님의 자녀인 우리도 정직하게 살아야 한다. 우리는 하나님 앞에서 정직하고, 다른 사람 앞에서도 정직하고, 본인 자신에 대해서도 정직해야 한다.

1. 정직함이란 무엇일까?

　정직은 거짓이나 허식이 없이 마음이 바르고 곧음을 말한다. 정직은 사상과 양심에 대해서 바르고 성실한 태도를 말한다.

2. 하나님은 정직하신 분이시다.

　"그는 반석이시니 그가 하신 일이 완전하고 그의 모든 길이 정의롭고 진실하고 거짓이 없으신 하나님이시니 공의로우시고 바르시도다"(신 32:4)
　여기서 "바르시도다"라는 의미가 정직하신 분이시다는 의미다.

"여호와는 선하시고 정직하시니 그러므로 그의 도로 죄인들을 교훈하시리로다"(시 25:8)

3. 정직과 관련하여 가르치신 성경의 교훈들이 있다.

1) 하나님은 정직한 자를 위하여 완전한 지혜를 주신다.

"그는 정직한 자를 위하여 완전한 지혜를 예비하시며 행실이 온전한 자에게 방패가 되시나니"(잠 2:7)

2) 하나님은 정직한 자를 위하여 좋은 것을 아끼지 않으신다.

"여호와 하나님은 해요 방패이시라 여호와께서 은혜와 영화를 주시며 정직하게 행하는 자에게 좋은 것을 아끼지 아니하실 것임이니이다"(시 84:11)

3) 하나님은 정직한 자를 위하여 기쁨을 주신다.

"의인을 위하여 빛을 뿌리고 마음이 정직한 자를 위하여 기쁨을 뿌리시는도다"(시 97:11)

4) 정직한 자의 후손이 땅에서 강성하고 복을 누리게 하신다.

"그의 후손이 땅에서 강성함이여 정직한 자들의 후손에게 복이 있으리로다"(시 112:2)

5) 정직한 자에게는 흑암 중에도 빛이 일어나게 하신다.

"정직한 자들에게는 흑암 중에 빛이 일어나나니 그는 자비롭고 긍휼이 많으며 의로운 이로다"(시 112:4)

6) 성읍은 정직한 자의 축원으로 인하여 진흥한다.

"성읍은 정직한 자의 축복으로 인하여 진흥하고 악한 자의 입으로 말미암아 무너지느니라"(잠 11:11)

7) 정직한 자의 장막은 흥한다.

"악한 자의 집은 망하겠고 정직한 자의 장막은 흥하리라"(잠 14:11)

8) 하나님은 정직한 자의 기도를 기뻐하신다.

"악인의 제사는 여호와께서 미워하셔도 정직한 자의 기도는 그가 기뻐하시느니라"(잠 15:8)

4. 하나님 보시기에 정직하게 행했던 사람들이 있다.

1) 다윗

"솔로몬이 이르되 주의 종 내 아버지 다윗이 성실과 공의와 정직한 마음으로 주와 함께 주 앞에서 행하므로 주께서 그에게 큰 은혜를 베푸셨고 주께서 또 그를 위하여 이 큰 은혜를 항상 주사 오늘과 같이 그의 자리에 앉을 아들을 그에게 주셨나이다, 이는 다윗이 헷 사람 우리아의 일 외에는 평생에 여호와 보시기에 정직하게 행하고 자기에게 명령하신 모든 일을 어기지 아니하였음이라"(왕상 3:6, 15:5)

2) 아사

"아사가 그의 조상 다윗 같이 여호와 보시기에 정직하게 행하여"(왕상 15:11)

3) 히스기야

"히스기야가 그의 조상 다윗의 모든 행위와 같이 여호와께서 보시기에 정직하게 행하여 그가 여러 산당들을 제거하며 주상을 깨뜨리며 아세라 목상을 찍으며 모세가 만들었던 놋뱀을 이스라엘 자손이 이때까지 향하여 분향하므로 그것을 부수고 느후스단이라 일컬었더라 히스기야가 이스라엘 하나님 여호와를 의지하였는데 그의 전후 유다 여러 왕 중에 그러한 자가 없었으니 곧 그가 여호와께 연합하여 그에게서 떠나지 아니하고 여호와께서 모세에게 명령하신 계명을 지켰더라"(왕하 18:3-6)

4) 요시야

"요시야가 여호와 보시기에 정직히 행하여 그의 조상 다윗의 모든 길로 행하고 좌우로 치우치지 아니하였더라"(왕하 22:2)

5) 욥

"우스 땅에 욥이라 불리는 사람이 있었는데 그 사람은 온전하고 정직하여 하나님을 경외하며 악에서 떠난 자더라, 여호와께서 사탄에게 이르시되 네가 내 종 욥을 주의하여 보았느냐 그와 같이 온전하고 정직하여 하나님을 경외하며 악에서 떠난 자는 세상에 없느니라, 여호와께서 사탄에게 이르시되 네가 내 종 욥을 주의하여 보았느냐 그와 같이 온전하고 정직하여 하나님을 경외하며 악에서 떠난 자가 세상에 없느니라 네가 나를 충동하여 까닭 없이 그를 치게 하였어도 그가 여전히 자기의 온전함을 굳게 지켰느니라"(욥 1:1, 8, 2:3)

5. 하나님은 정직하지 못한 거짓 입술을 미워하신다.

"여호와께서 미워하시는 것 곧 그의 마음에 싫어하시는 것이 예닐곱 가지이니 곧 교만한 눈과 거짓된 혀와 무죄한 자의 피를 흘리는 손과 악한 계교를 꾀하는 마음과 빨리 악으로 달려가는 발과 거짓을 말하는 망령된 증인과 및 형제 사이를 이간하는 자이니라"(잠 6:16-19)

6. 사탄은 정직하지 못한 거짓말쟁이다.

"너희는 너희 아비 마귀에게서 났으니 너희 아비의 욕심대로 너희도 행하고자 하느니라 그는 처음부터 살인한 자요 진리가 그 속에 없으므로 진리에 서지 못하고 거짓을 말할 때마다 제 것으로 말하나니 이는 그가 거짓말쟁이요 거짓의 아비가 되었음이라"(요 8:44)

사탄은 거짓말로 하와를 속였고, 아담과 하와는 사탄의 거짓말을 믿고 하나님이 금하신 선과 악을 알게 하는 나무의 열매를 먹고 타락하였다.

"그런데 뱀은 여호와 하나님이 지으신 들짐승 중에 가장 간교하니라 뱀이 여자에게 물어 이르되 하나님이 참으로 너희에게 동산 모든 나무의 열매를 먹지 말라 하시더냐 여자가 뱀에게 말하되 동산 나무의 열매를 우리가 먹을 수 있으나 동산 중앙에 있는 나무의 열매는 하나님의 말씀에 너희는 먹지도 말고 만지지도 말라 너희가 죽을까 하노라 하셨느니라 뱀이 여자에게 이르되 너희가 결코 죽지 아니하리라 너희가 그것을 먹는 날에는 너희 눈이 밝아져 하나님과 같이 되어 선악을 알 줄 하나님이 아심이니라 여자가 그 나무를 본즉 먹음직도 하고 보암직도 하고 지혜롭게 할 만큼 탐스럽기도 한 나무인지라 여자가 그 열매를 따먹고 자기와 함께 있는 남편에게도 주매 그도 먹은지라"(창 3:1-6)

7. 성도는 정직하게 살아야 한다.

하나님 앞에서 정직하라. 사람들 앞에서 정직하라. 그리고 자신에게 정직하라.

7장 주님이 도와주셔야 한다

신앙생활은 내 힘으로 안 된다. 내 힘과 내 열심과 내 노력으로 안 되는 것이 신앙생활이다. 하나님께서 우리를 위해서 열심을 내게 하신다.

"내가 하나님의 열심으로 너희를 위하여 열심을 내노니 내가 너희를 정결한 처녀로 한 남편인 그리스도께 드리려고 중매함이로다 그러나 나는 뱀이 그 간계로 하와를 미혹한 것 같이 너희 마음이 그리스도를 향하는 진실함과 깨끗함에서 떠나 부패할까 두려워하노라"(고후 11:2-3)

신앙생활은 하나님의 공급하시는 힘으로만 가능하다.

사도 바울의 고백을 경청할 필요가 있다.

"그러나 내가 나 된 것은 하나님의 은혜로 된 것이니 내게 주신 그의 은혜가 헛되지 아니하여 내가 모든 사도보다 더 많이 수고하였으나 내가 한 것이 아니요 오직 나와 함께 하신 하나님의 은혜로라"(고전 15:10)

1. 성경은 내 힘으로 깨달아지는 말씀이 아니다.

◆ 성경을 읽을 때 반드시 하나님의 도우심을 구해야 한다.

"이르시되 미련하고 선지자들이 말한 모든 것을 마음에 더디 믿는 자들이여 그리스도가 이런 고난을 받고 자기의 영광에 들어가야 할 것이 아니냐 하시고 이에 모세와 모든 선지자의 글로 시작하여 모든 성경에 쓴 바 자기에 관한 것을 자세히 설명하시니라 그들이 가는 마을에 가까이 가매 예수는 더 가려 하는 것 같이 하시니 그들이 강권하여 이르되 우리와 함께 유하사이다 때가 저물어가고 날이 이미 기울었나이다 하니 이에 그들과 함께 유하러 들어가시니라 그들과 함께 음식 잡수실 때에 떡을 가지사 축사하시고 떼어 그들에게 주시니 그들의 눈이 밝아져 그인 줄 알아 보더니 예수는 그들에게 보이지 아니하시는지라 그들이 서로 말하되 길에서 우리에게 말씀하시고 우리에게 성경을 풀어 주실 때에 우리 속에서 마음이 뜨겁지 아니하더냐 하고, 또 이르시되 내가 너희와 함께 있을 때에 너희에게 말한 바 곧 모세의 율법과 선지자의 글과 시편에 나를 가리켜 기록된 모든 것이 이루어져야 하리라 한 말이 이것이라 하시고 이에 그들의 마음을 열어 성경을 깨닫게 하시고"(눅 24:25-32, 44-45)

◆ 시편 기자는 성경을 깨닫게 해달라고 하나님의 도우심을 구하였다. "내 눈을 열어서 주의 율법에서 놀라운 것을 보게 하소서, 주의 말씀을 열면 빛이 비치어 우둔한 사람들을 깨닫게 하나이다"(시 119:18, 130)

◆ 성령의 도우심으로 성경을 깨달을 수 있다. "보혜사 곧 아버지께서 내 이름으로 보내실 성령 그가 너희에게 모든 것을 가르치고 내가 너희에게 말한 모든 것을 생각나게 하리라, 그러나

진리의 성령이 오시면 그가 너희를 모든 진리 가운데로 인도하시리니 그가 스스로 말하지 않고 오직 들은 것을 말하며 장래 일을 너희에게 알리시리라"(요 14:26, 16:13)

"너희는 주께 받은 바 기름 부음이 너희 안에 거하나니 아무도 너희를 가르칠 필요가 없고 오직 그의 기름 부음이 모든 것을 너희에게 가르치며 또 참되고 거짓이 없으니 너희를 가르치신 그대로 주 안에 거하라"(요일 2:27)

2. 기도도 내 힘으로 하는 것이 아니다.

1) 기도할 마음이 생겨야 기도할 수 있다.

"만군의 여호와 이스라엘의 하나님이여 주의 종의 귀를 여시고 이르시기를 내가 너를 위하여 집을 세우리라 하셨으므로 주의 종이 이 기도로 주께 간구할 마음이 생겼나이다"(삼하 7:27)

2) 성령의 도우심으로 기도가 가능하기 때문에 성령의 도우심으로 기도해야 한다.

"이와 같이 성령도 우리의 연약함을 도우시나니 우리는 마땅히 기도할 바를 알지 못하나 오직 성령이 말할 수 없는 탄식으로 우리를 위하여 친히 간구하시느니라 마음을 살피시는 이가 성령의 생각을 아시나니 이는 성령이 하나님의 뜻대로 성도를 위하여 간구하심이니라"(롬 8:26-27)

"모든 기도와 간구를 하되 항상 성령 안에서 기도하고 이를 위하여 깨어 구하기를 항상 힘쓰며 여러 성도를 위하여 구하라"(엡 6:18)

"사랑하는 자들아 너희는 너희의 지극히 거룩한 믿음 위에 자신을 세우며 성령으로 기도하며"(유 1:20)

3) 우리는 기도를 계속하기 위해서 기도에 감사함으로 깨어 있어야 한다.

"기도를 계속하고 기도에 감사함으로 깨어 있으라"(골 4:2)

4) 우리는 기도 응답의 기적을 체험하기 위해서 성령의 도우심으로 기도해야 한다.

5) 사무엘 선지자는 기도하는 것을 쉬게 될 때 그것을 죄라고 고백하였다.

"나는 너희를 위하여 기도하기를 쉬는 죄를 여호와 앞에 결단코 범하지 아니하고 선하고 의로운 길을 너희에게 가르칠 것인즉"(삼상 12:23)

3. 전도도 내 힘으로 할 수 있는 것이 아니다.

1) 바울 같은 믿음의 거장도 전도할 문을 열어달라고 기도를 요청하였다.

"또 나를 위하여 구할 것은 내게 말씀을 주사 나로 입을 열어 복음의 비밀을 담대히 알리게 하옵소서 할 것이니 이 일을 위하여 내가 쇠사슬에 매인 사신이 된 것은 나로 이 일에 당연히 할 말을 담대히 하게 하려 하심이라"(엡 6:19-20)

바울은 골로새 교회 성도들에게도 전도할 문을 열어달라고 기도를 요청하였다.

"또한 우리를 위하여 기도하되 하나님이 전도할 문을 우리에게 열어 주사 그리스도의 비밀을 말하게 하시기를 구하라 내가 이 일 때문에 매임을 당하였노라 그리하면 내가 마땅히 할 말로써 이 비밀을 나타내리라"(골 4:3-4)

2) 사람의 힘으로 전도는 불가능하다.

"형제들아 내가 너희에게 나아가 하나님의 증거를 전할 때에 말과 지혜의 아름다운 것으로 아니하였나니 내가 너희 중에서 예수 그리스도와 그가 십자가에 못 박히신 것 외에는 아무 것도 알지 아니하기로 작정하였음이라 내가 너희 가운데 거할 때에 약하고 두려워하고 심히 떨었노라 내 말과 내 전도함이 설득력 있는 지혜의 말로 하지 아니하고 다만 성령의 나타나심과 능력으로 하여 너희 믿음이 사람의 지혜에 있지 아니하고 다만 하나님의 능력에 있게 하려 하였노라"(고전 2:1-5)

3) 주께서 도와주셔야 영혼을 얻을 수 있다.

"제자들이 나가 두루 전파할새 주께서 함께 역사하사 그 따르는 표적으로 말씀을 확실히 증언하시니라"(막 16:20)

"하나님을 찬미하며 또 온 백성에게 칭송을 받으니 주께서 구원 받는 사람을 날마다 더하게 하시니라, 주의 손이 그들과 함께 하시매 수많은 사람들이 믿고 주께 돌아오더라"(행 2:47, 11:21)

"두아디라 시에 있는 자색 옷감 장사로서 하나님을 섬기는 루디아라 하는 한 여자가 말을 듣고 있을 때 주께서 그 마음을 열어 바울의 말을 따르게 하신지라 그와 그 집이 다 침례를 받고 우리에게 청하여 이르되 만일 나를 주 믿는 자로 알거든 내 집에 들어와 유하라 하고 강권하여 머물게 하니라"(행 16:14-15)

4. 연보도 내 마음대로 하는 것이 아니다. 하나님께 물질을 드리는 마음의 자세와 태도가 중요하다.

1) 할 마음이 있어야 연보를 할 수 있고, 할 마음이 없으면 연보도 할 수 없다.

"할 마음만 있으면 있는 대로 받으실 터이요 없는 것은 받지 아니하시리라"(고후 8:12)

2) 인색함으로 연보를 하지 말아야 한다.

"이것이 곧 적게 심는 자는 적게 거두고 많이 심는 자는 많이 거둔다 하는 말이로다"(고후 9:6)

3) 우리는 즐거운 마음으로, 자원하여 드려야 한다.

"형제들아 하나님께서 마게도냐 교회들에게 주신 은혜를 우리가 너희에게 알리노니 환난의 많은 시련 가운데서 그들의 넘치는 기쁨과 극심한 가난이 그들의 풍성한 연보를 넘치도록 하게 하였느니라 내가 증언하노니 그들이 힘대로 할 뿐 아니라 힘에 지나도록 자원하여"(고후 8:1-3)

4) 출애굽기 35장과 36장에서 여호와께 자원하여 드린 예물에 대하여 말씀하셨다.

출애굽기 35장 21-22절과 29절과 36장 6절에서 모세는 백성들이 너무 많이 가져오므로 백성들에게 다시 가져오지 말라고 하였다.

"모세가 브살렐과 오홀리압과 및 마음이 지혜로운 사람 곧 그 마음에 여호와께로부터 지혜를 얻고 와서 그 일을 하려고 마음에 원하는 모든 자를 부르매 그들이 이스라엘 자손의 성소의 모든 것을 만들기 위하여 가져온 예물을 모세에게서 받으니라 그러나 백성이 아침마다 자원하는 예물을 연하여 가져왔으므로 성소의 모든 일을 하는 지혜로운 자들이 각기 하는 일을 중지하고 와서 모세에게 말하여 이르되 백성이 너무 많이 가져오므로 여호와께서 명령하신 일에 쓰기에 남음이 있나이다 모세가 명령을 내리매 그들이 진중에 공포하여 이르되 남녀를 막론하고 성소에 드릴 예물을 다시 만들지 말라 하매 백성이 가져오기를 그치니 있는 재료가 모든 일을 하기에 넉넉하여 남음이 있었더라"(출 36:2-7)

5) 하나님의 약속의 말씀을 믿지 못하기 때문에 연보를 하지 못한다.

"네 재물과 네 소산물의 처음 익은 열매로 여호와를 공경하라 그리하면 네 창고가 가득히 차고 네 포도즙 틀에 새 포도즙이 넘치리라"(잠 3:9-10)

"주라 그리하면 너희에게 줄 것이니 곧 후히 되어 누르고 흔들어 넘치도록 하여 너희에게 안겨 주리라 너희가 헤아리는 그 헤아림으로 너희도 헤아림을 도로 받을 것이니라"(눅 6:38)

"내게는 모든 것이 있고 또 풍부한지라 에바브로디도 편에 너희가 준 것을 받으므로 내가 풍족하니 이는 받으실 만한 향기로운 제물이요 하나님을 기쁘시게 한 것이라 나의 하나님이 그리스도 예수 안에서 영광 가운데 그 풍성한 대로 너희 모든 쓸 것을 채우시리라"(빌 4:18-19)

"스스로 속이지 말라 하나님은 업신여김을 받지 아니하시나니 사람이 무엇으로 심든지 그대로 거두리라"(갈 6:7)

"만군의 여호와가 이르노라 너희의 온전한 십일조를 창고에 들여 나의 집에 양식이 있게 하고 그것으로 나를 시험하여 내가 하늘 문을 열고

너희에게 복을 쌓을 곳이 없도록 붓지 아니하나 보라" (말 3:10)

"범사에 여러분에게 모본을 보여준 바와 같이 수고하여 약한 사람들을 돕고 또 주 예수께서 친히 말씀하신 바 주는 것이 받는 것보다 복이 있다 하심을 기억하여야 할지니라"(행 20:35)

"가난한 자를 불쌍히 여기는 것은 여호와께 꾸어 드리는 것이니 그의 선행을 그에게 갚아 주시리라"(잠19:17)

"흩어 구제하여도 더욱 부하게 되는 일이 있나니 과도히 아껴도 가난하게 될 뿐이니라 구제를 좋아하는 자는 풍족하여질 것이요 남을 윤택하게 하는 자는 자기도 윤택하여지리라"(잠 11:24-25)

그러므로 우리가 성경을 읽을 때나 기도를 드릴 때나 전도를 할 때나 연보를 드릴 때도 하나님의 도움의 손길을 구해야 한다.

* * *
8장 양약

우리는 성경을 통해서 양약에 대한 교훈을 배울 수 있다.
그렇다면 양약이란 무엇일까? 성경을 통해서 살펴보자.

1. 여호와를 경외하며 악을 떠나는 것이 양약이다.

"스스로 지혜롭게 여기지 말지어다 여호와를 경외하며 악을 떠날지
어다 이것이 네 몸에 양약이 되어 네 골수를 윤택하게 하리라"(잠 3:7-8)

2. 지혜로운 혀가 양약이다.

"칼로 찌름 같이 함부로 말하는 자가 있거니와 지혜로운 자의 혀는 양
약과 같으니라"(잠 12:18)

3. 충성된 사신이 양약이다.

"악한 사자는 재앙에 빠져도 충성된 사신은 양약이 되느니라"(잠 13:17)

4. 선한 말이 양약이다.

"선한 말은 꿀송이 같아서 마음에 달고 뼈에 양약이 되느니라"(잠 16:24)

5. 마음의 즐거움이 양약이다.

"마음의 즐거움은 양약이라도 심령의 근심은 뼈를 마르게 하느니라"(잠 17:22)

6. 하나님의 말씀이 양약이다.

"내 아들아 내 말에 주의하며 내가 말하는 것에 네 귀를 기울이라 그것을 네 눈에서 떠나게 하지 말며 네 마음 속에 지키라 그것은 얻는 자에게 생명이 되며 그의 온 육체의 건강이 됨이니라"(잠 4:20-22)

우리 예수님께서는 말씀으로 병을 고치셨다.

"저물매 사람들이 귀신 들린 자를 많이 데리고 예수께 오거늘 예수께서 말씀으로 귀신들을 쫓아 내시고 병든 자들을 다 고치시니"(마 8:16)

7. 하나님을 경외함이 양약이다.

"내 이름을 경외하는 너희에게는 공의로운 해가 떠올라서 치료하는 광선을 비추리니 너희가 나가서 외양간에서 나온 송아지 같이 뛰리라"(말 4:2)

8. 하나님의 말씀을 순종하는 것이 양약이다.

"이르시되 너희가 너희 하나님 나 여호와의 말을 들어 순종하고 내가 보기에 의를 행하며 내 계명에 귀를 기울이며 내 모든 규례를 지키면 내가 애굽 사람에게 내린 모든 질병 중 하나도 너희에게 내리지 아니하리니 나는 너희를 치료하는 여호와임이라"(출 15:26)

9. 하나님을 섬기는 것이 양약이다.

"네 하나님 여호와를 섬기라 그리하면 여호와가 너희의 양식과 물에 복을 내리고 너희 중에서 병을 제하리니"(출 23:25)

9장 배부를 때

사람이 배가 부르면 배고플 때의 경험을 쉽게 잊어버리는 경향이 있다. 그러므로 우리는 배부를 때 하나님의 은혜를 잊지 말아야 한다. 우리는 항상 "하나님께서 베풀어 주신 은혜를 무엇으로 보답할까?"라는 마음으로 살아야 한다.

"내게 주신 모든 은혜를 내가 여호와께 무엇으로 보답할까"(시 116:12)

1. 하나님이 베풀어 주신 은택을 잊지 말아야 한다.

"내 영혼아 여호와를 송축하며 그의 모든 은택을 잊지 말지어다"(시 103:2)

하나님은 하나님의 은혜를 잊지 말라고 경고하셨다.

"내가 오늘 네게 명하는 여호와의 명령과 법도와 규례를 지키지 아니하고 네 하나님 여호와를 잊어버리지 않도록 삼갈지어다 네가 먹어서 배부르고 아름다운 집을 짓고 거주하게 되며 또 네 소와 양이 번성하며 네 은금이 증식되며 네 소유가 다 풍부하게 될 때에 네 마음이 교만하여 네 하나님 여호와를 잊어버릴까 염려하노라 여호와는 너를 애굽 땅 종 되었던 집에서 이끌어 내시고 너를 인도하여 그 광대하고 위험한 광야 곧 불뱀과 전갈이 있고 물이 없는 간조한 땅을 지나게 하셨으며 또 너를 위하여 단단한 반석에서 물을 내셨으며 네 조상들도 알지 못하던 만나를 광야에서 네게 먹이셨나니 이는 다 너를 낮추시며 너를 시험하사 마침내 네게 복을 주려 하심이었느니라 그러나 네가 마음에 이르기를 내 능력과 내 손의 힘으로 내가 이 재물을 얻었다 말할 것이라 네 하나님 여호와를 기억하라 그가 네게 재물 얻을 능력을 주셨음이라 이같이 하심은 네 조상들에게 맹세하신 언약을 오늘과 같이 이루려 하심이니라 네가 만일 네 하나님 여호와를 잊어버리고 다른 신들을 따라 그들을 섬기며 그들에게 절하면 내가 너희에게 증거하노니 너희가 반드시 멸망할 것이라 여호와께서 너희 앞에서 멸망시키신 민족들 같이 너희도 멸망하리니 이는 너희가 너희의 하나님 여호와의 소리를 청종하지 아니함이니라"(신 8:11-20)

2. 하나님은 호세아서에서 이렇게 경고하신다.

"그러나 애굽 땅에 있을 때부터 나는 네 하나님 여호와라 나 밖에 네가 다른 신을 알지 말 것이라 나 외에는 구원자가 없느니라 내가 광야 마른 땅에서 너를 알았거늘 그들이 먹여 준 대로 배가 불렀고 배가 부르

니 그들의 마음이 교만하여 이로 말미암아 나를 잊었느니라"(호 13:4-6)

3. 우리는 잠언 30장 7절부터 9절의 말씀을 기억해야 한다.

"내가 두 가지 일을 주께 구하였사오니 내가 죽기 전에 내게 거절하지 마시옵소서 곧 헛된 것과 거짓말을 내게서 멀리 하옵시며 나를 가난하게도 마옵시고 부하게도 마옵시고 오직 필요한 양식으로 나를 먹이시옵소서 혹 내가 배불러서 하나님을 모른다 여호와가 누구냐 할까 하오며 혹 내가 가난하여 도둑질하고 내 하나님의 이름을 욕되게 할까 두려워함이니이다"(잠 30:7-9)

4. 사람은 하나님의 은혜가 아니면 한순간이라도 살아갈 수 없는 연약한 존재이다.

지금의 우리가 된 것은 바울의 고백처럼 모두 하나님의 은혜로 된 것이다.

"그러나 내가 나 된 것은 하나님의 은혜로 된 것이니 내게 주신 그의 은혜가 헛되지 아니하여 내가 모든 사도보다 더 많이 수고하였으나 내가 한 것이 아니요 오직 나와 함께 하신 하나님의 은혜로라"(고전 15:10)

5. 우리가 형통할 때 기뻐하고 곤고할 때 깊이 생각해야 한다.

  "형통한 날에는 기뻐하고 곤고한 날에는 되돌아 보아라 이 두 가지를 하나님이 병행하게 하사 사람이 그의 장래 일을 능히 헤아려 알지 못하게 하셨느니라"(전 7:14)

6. 우리는 어떤 상황에서도 하나님의 은혜를 잊지 말아야 한다.

  "내 영혼아 여호와를 송축하며 그의 모든 은택을 잊지 말지어다"(시 103:2)

10장 말씀하신 대로

하나님은 거짓말을 하지 않으신다. 따라서 모든 것은 하나님의 말씀대로 이루어진다. 우리 하나님께서 말씀하시고, 그 말씀대로 실천하시는 것이 사실이다. 하나님의 말씀 성경은 하나님의 말씀대로 이루어진 사실을 증명하고 있다.

1. 하나님은 말씀하시고 이루신다.

1) 하나님은 거짓말을 하지 않으신다.

"보라 나는 오늘 온 세상이 가는 길로 가려니와 너희의 하나님 여호와께서 너희에게 대하여 말씀하신 모든 선한 말씀이 하나도 틀리지 아니하고 다 너희에게 응하여 그 중에 하나도 어김이 없음을 너희 모든 사람은 마음과 뜻으로 아는 바라"(수 23:14)

2) 하나님은 거짓말쟁이가 아니다.

"하나님은 사람이 아니시니 거짓말을 하지 않으시고 인생이 아니시니 후회가 없으시도다 어찌 그 말씀하신 바를 행하지 않으시며 하신 말

씀을 실행하지 않으시랴"(민 23:19)

"여호와께서 그가 말씀하신 대로 행하셨으니 이는 너희가 여호와께 범죄하고 그의 목소리에 순종하지 아니하였으므로 이제 이루어졌도다 이 일이 너희에게 임한 것이니라"(렘 40:3)

3) 성경 곳곳에서 하나님의 말씀은 반드시 이루어진다는 사실을 증거하고 있다.

"그러므로 너는 그들에게 이르기를 주 여호와의 말씀에 나의 말이 하나도 다시 더디지 아니할지니 내가 한 말이 이루어지리라 나 주 여호와의 말이니라 하셨다 하라"(겔 12:28)

"들의 모든 나무가 나 여호와는 높은 나무를 낮추고 낮은 나무를 높이며 푸른 나무를 말리고 마른 나무를 무성하게 하는 줄 알리라 나 여호와는 말하고 이루느니라 하라"(겔 17:24)

"그들이 네게 묻기를 네가 어찌하여 탄식하느냐 하거든 대답하기를 재앙이 다가온다는 소문 때문이니 각 마음이 녹으며 모든 손이 약하여지며 각 영이 쇠하며 모든 무릎이 물과 같이 약해지리라 보라 재앙이 오나니 반드시 이루어지리라 주 여호와의 말씀이니라 하라"(겔 21:7)

"내가 네게 보응하는 날에 네 마음이 견디겠느냐 네 손이 힘이 있겠느냐 나 여호와가 말하였으니 내가 이루리라"(겔 22:14)

"나 여호와가 말하였은즉 그 일이 이루어질지라 내가 돌이키지도 아니하고 아끼지도 아니하며 뉘우치지도 아니하고 행하리니 그들이 네 모든 행위대로 너를 재판하리라 주 여호와의 말씀이니라" (겔 24:14)

2. 우리는 하나님의 말씀대로 이루어진 사실을 성경을 통해서 알 수 있다.

다음에 등장하는 성경의 인물들은 그것이 사실이라는 것을 보여준다.

1) 아담 : 하나님께서 아담에게 말씀하신 대로 아담의 불순종으로 말미암아 죽음이 찾아왔다.

◆ 하나님께서 아담에게 하신 말씀
"여호와 하나님이 그 사람에게 명하여 이르시되 동산 각종 나무의 열매는 네가 임의로 먹되 선악을 알게 하는 나무의 열매는 먹지 말라 네가 먹는 날에는 반드시 죽으리라 하시니라"(창 2:16-17)

◆ 아담의 불순종
"그런데 뱀은 여호와 하나님이 지으신 들짐승 중에 가장 간교하니라 뱀이 여자에게 물어 이르되 하나님이 참으로 너희에게 동산 모든 나무의 열매를 먹지 말라 하시더냐 여자가 뱀에게 말하되 동산 나무의 열매를 우리가 먹을 수 있으나 동산 중앙에 있는 나무의 열매는 하나님의 말씀에 너희는 먹지도 말고 만지지도 말라 너희가 죽을까 하노라 하셨느니라 뱀이 여자에게 이르되 너희가 결코 죽지 아니하리라 너희가 그것을 먹는 날에는 너희 눈이 밝아져 하나님과 같이 되어 선악을 알 줄 하나님이 아심이니라 여자가 그 나무를 본즉 먹음직도 하고 보암직도 하고 지혜롭게 할 만큼 탐스럽기도 한 나무인지라 여자가 그 열매를 따먹고

자기와 함께 있는 남편에게도 주매 그도 먹은지라" (창 3:1-6)

◆ 아담의 불순종으로 죽음이 찾아왔다.

"그는 허물과 죄로 죽었던 너희를 살리셨도다"(엡 2:1)

"그러므로 한 사람으로 말미암아 죄가 세상에 들어오고 죄로 말미암아 사망이 들어왔나니 이와 같이 모든 사람이 죄를 지었으므로 사망이 모든 사람에게 이르렀느니라"(롬 5:12)

"네가 흙으로 돌아갈 때까지 얼굴에 땀을 흘려야 먹을 것을 먹으리니 네가 그것에서 취함을 입었음이라 너는 흙이니 흙으로 돌아갈 것이니라 하시니라"(창 3:19)

◆ 그러므로 모든 사람은 죽음을 피할 수 없다.

"한번 죽는 것은 사람에게 정해진 것이요 그 후에는 심판이 있으리니"(히 9:27)

2) 노아 : 하나님께서 노아에게 홍수 심판을 말씀하시고 말씀하신 대로 행하셨다.

"여호와께서 노아에게 이르시되 너와 네 온 집은 방주로 들어가라 이 세대에서 네가 내 앞에 의로움을 내가 보았음이니라 너는 모든 정결한 짐승은 암수 일곱씩, 부정한 것은 암수 둘씩을 네게로 데려오며 공중의 새도 암수 일곱씩을 데려와 그 씨를 온 지면에 유전하게 하라 지금부터 칠 일이면 내가 사십 주야를 땅에 비를 내려 내가 지은 모든 생물을 지면에서 쓸어버리리라 노아가 여호와께서 자기에게 명하신 대로 다 준행하였더라 홍수가 땅에 있을 때에 노아가 육백 세라 노아는 아들들과 아내와 며느리들과 함께 홍수를 피하여 방주에 들어갔고 정결한 짐승과 부정한 짐승과 새와 땅에 기는 모든 것은 하나님이 노아에게 명하신 대로 암수 둘씩 노아에게 나아와 방주로 들어갔으며 칠 일 후에 홍수가 땅에 덮이니 노아가 육백 세 되던 해 둘째 달 곧 그 달 열이렛날이라 그 날에 큰 깊음의 샘들이 터지며 하늘의 창문들이 열려 사십 주야를 비가 땅에 쏟아졌더라 곧 그 날에 노아와 그의 아들 셈, 함, 야벳과 노아의 아내와 세 며느리가 다 방주로 들어갔고 그들과 모든 들짐승이 그 종류대로, 모든 가축이 그 종류대로, 땅에 기는 모든 것이 그 종류대로, 모든 새가 그 종류대로 무릇 생명의 기운이 있는 육체가 둘씩 노아에게 나아와 방주로 들어갔으니 들어간 것들은 모든 것의 암수라 하나님이 그에게 명하신 대로 들어가매 여호와께서 그를 들여보내고 문을 닫으시니라" (창 7:1-16)

3) 아브라함 : 하나님께서 아브라함에게 자식을 약속하셨다.

◆ 하나님께서 아브라함에게 자식을 주시겠다고 약속하셨다.

"여호와께서 아브람에게 이르시되 너는 너의 고향과 친척과 아버지의 집을 떠나 내가 네게 보여 줄 땅으로 가라 내가 너로 큰 민족을 이루고 네게 복을 주어 네 이름을 창대하게 하리니 너는 복이 될지라 너를 축복하는 자에게는 내가 복을 내리고 너를 저주하는 자에게는 내가 저주하리니 땅의 모든 족속이 너로 말미암아 복을 얻을 것이라 하신지라 이에 아브람이 여호와의 말씀을 따라갔고 롯도 그와 함께 갔으며 아브람이 하란을 떠날 때에 칠십오 세였더라"(창 12:1-4)

"그가 이르시되 내년 이맘때 내가 반드시 네게로 돌아오리니 네 아내 사라에게 아들이 있으리라 하시니 사라가 그 뒤 장막 문에서 들었더라 아브라함과 사라는 나이가 많아 늙었고 사라에게는 여성의 생리가 끊어졌는지라 사라가 속으로 웃고 이르되 내가 노쇠하였고 내 주인도 늙었으니 내게 무슨 즐거움이 있으리요 여호와께서 아브라함에게 이르시되 사라가 왜 웃으며 이르기를 내가 늙었거늘 어떻게 아들을 낳으리요 하느냐 여호와께 능하지 못한 일이 있겠느냐 기한이 이를 때에 내가 네게로 돌아오리니 사라에게 아들이 있으리라"(창 18:10-14)

◆ 하나님께서 아브라함에게 약속하신 대로 그 약속을 이루셨다.

"여호와께서 말씀하신 대로 사라를 돌보셨고 여호와께서 말씀하신 대로 사라에게 행하셨으므로 사라가 임신하고 하나님이 말씀하신 시기가 되어 노년의 아브라함에게 아들을 낳으니 아브라함이 그에게 태어난 아들 곧 사라가 자기에게 낳은 아들을 이름하여 이삭이라 하였고 그 아들 이삭이 난 지 팔 일 만에 그가 하나님이 명령하신 대로 할례를 행하였더라 아브라함이 그의 아들 이삭이 그에게 태어날 때에 백 세라"(창 21:1-5)

4) 엘리야 : 하나님께서 엘리야에게 까마귀를 통해서 필요를 공급하시겠다고 약속하셨고, 그 약속을 지키셨다.

"길르앗에 우거하는 자 중에 디셉 사람 엘리야가 아합에게 말하되 내가 섬기는 이스라엘의 하나님 여호와께서 살아 계심을 두고 맹세하노니 내 말이 없으면 수 년 동안 비도 이슬도 있지 아니하리라 하니라 여호와의 말씀이 엘리야에게 임하여 이르시되 너는 여기서 떠나 동쪽으로 가서 요단 앞 그릿 시냇가에 숨고 그 시냇물을 마시라 내가 까마귀들에게 명령하여 거기서 너를 먹이게 하리라 그가 여호와의 말씀과 같이 하여 곧 가서 요단 앞 그릿 시냇가에 머물매 까마귀들이 아침에도 떡과 고기를, 저녁에도 떡과 고기를 가져왔고 그가 시냇물을 마셨으나 땅에 비가 내리지 아니하므로 얼마 후에 그 시내가 마르니라"(왕상 17:1-7)

5) 예수님 : 우리 예수님은 십자가에서 죽으시고 사흘 만에 다시 살아나실 것을 약속하셨고, 그 약속이 이루어졌다.

◆ 십자가에 못 박혀 죽으신 예수님
"이 때로부터 예수 그리스도께서 자기가 예루살렘에 올라가 장로들과 대제사장들과 서기관들에게 많은 고난을 받고 죽임을 당하고 제삼일에 살아나야 할 것을 제자들에게 비로소 나타내시니"(마 16:21)

◆ 죽은 자 가운데서 부활하신 예수님

"안식일이 다 지나고 안식 후 첫날이 되려는 새벽에 막달라 마리아와 다른 마리아가 무덤을 보려고 갔더니 큰 지진이 나며 주의 천사가 하늘로부터 내려와 돌을 굴려 내고 그 위에 앉았는데 그 형상이 번개 같고 그 옷은 눈 같이 희거늘 지키던 자들이 그를 무서워하여 떨며 죽은 사람과 같이 되었더라 천사가 여자들에게 말하여 이르되 너희는 무서워하지 말라 십자가에 못 박히신 예수를 너희가 찾는 줄을 내가 아노라 그가 여기 계시지 않고 그가 말씀 하시던 대로 살아나셨느니라 와서 그가 누우셨던 곳을 보라 또 빨리 가서 그의 제자들에게 이르되 그가 죽은 자 가운데서 살아나셨고 너희보다 먼저 갈릴리로 가시나니 거기서 너희가 뵈오리라 하라 보라 내가 너희에게 일렀느니라 하거늘 그 여자들이 무서움과 큰 기쁨으로 빨리 무덤을 떠나 제자들에게 알리려고 달음질할새 예수께서 그들을 만나 이르시되 평안하냐 하시거늘 여자들이 나아가 그 발을 붙잡고 경배하니 이에 예수께서 이르시되 무서워하지 말라 가서 내 형제들에게 갈릴리로 가라 하라 거기서 나를 보리라 하시니라"(마 28:1-10)

3. 예수 믿는 자에게 구원을 약속하였다.

"이르되 주 예수를 믿으라 그리하면 너와 네 집이 구원을 받으리라 하고"(행 16:31)

"누구든지 주의 이름을 부르는 자는 구원을 받으리라"(롬 10:13)

"네가 만일 네 입으로 예수를 주로 시인하며 또 하나님께서 그를 죽은 자 가운데서 살리신 것을 네 마음에 믿으면 구원을 받으리라 사람이 마음으로 믿어 의에 이르고 입으로 시인하여 구원에 이르느니라"(롬 10:9-10)

11장 최악의 장소

성경은 최악의 장소가 어떤 곳인지 말씀하고 있다. 그렇다면 최악의 장소는 과연 어디일까? 바로 지옥이다. 성경은 지옥이 최악의 장소라는 것을 보여준다.

"만일 네 손이 너를 범죄하게 하거든 찍어버리라 장애인으로 영생에 들어가는 것이 두 손을 가지고 지옥 곧 꺼지지 않는 불에 들어가는 것보다 나으니라 만일 네 발이 너를 범죄하게 하거든 찍어버리라 다리 저는 자로 영생에 들어가는 것이 두 발을 가지고 지옥에 던져지는 것보다 나으니라 만일 네 눈이 너를 범죄하게 하거든 빼버리라 한 눈으로 하나님의 나라에 들어가는 것이 두 눈을 가지고 지옥에 던져지는 것보다 나으니라 거기에서는 구더기도 죽지 않고 불도 꺼지지 아니하느니라 사람마다 불로써 소금 치듯 함을 받으리라 소금은 좋은 것이로되 만일 소금이 그 맛을 잃으면 무엇으로 이를 짜게 하리요 너희 속에 소금을 두고 서로 화목하라 하시니라"(막 9:43-50)

사람들은 어떤 곳을 최악의 장소라고 말하는가? 과거 시골에 있는 화장실의 똥통일까? 피비린내 나는 전쟁터일까? 교도소일까? 아주 지독한 포로들이 갇혀 있는 수용소일까? 이런 것들보다 더 나쁜 최악의 장소는 바로 지옥이다.

1. 사후 세계가 있다.

모든 사람은 반드시 다 죽는다. 우리 하나님께서 모든 사람은 한 번 죽도록 정하셨기 때문이다. 하지만 우리 인생은 죽음으로 끝나지 않는다. 인간의 죽음은 종말이 아니기 때문에 죽음 저편에 천국과 지옥이 기다리고 있다. 그러므로 어떤 사람들은 지옥이 있다고 말하면 "그런 말을 하지 마시오. 내가 사는 것이 바로 지옥이랍니다."라고 말하지만, 우리 예수님께서 공개한 사후의 세계는 반드시 존재한다.

"한 부자가 있어 자색 옷과 고운 베옷을 입고 날마다 호화롭게 즐기더라 그런데 나사로라 이름하는 한 거지가 헌데 투성이로 그의 대문 앞에 버려진 채 그 부자의 상에서 떨어지는 것으로 배불리려 하매 심지어 개들이 와서 그 헌데를 핥더라 이에 그 거지가 죽어 천사들에게 받들려 아브라함의 품에 들어가고 부자도 죽어 장사되매 그가 음부에서 고통중에 눈을 들어 멀리 아브라함과 그의 품에 있는 나사로를 보고 불러 이르되 아버지 아브라함이여 나를 긍휼히 여기사 나사로를 보내어 그 손가

락 끝에 물을 찍어 내 혀를 서늘하게 하소서 내가 이 불꽃 가운데서 괴로
워하나이다 아브라함이 이르되 얘 너는 살았을 때에 좋은 것을 받았고
나사로는 고난을 받았으니 이것을 기억하라 이제 그는 여기서 위로를
받고 너는 괴로움을 받느니라 그뿐 아니라 너희와 우리 사이에 큰 구렁
텅이가 놓여 있어 여기서 너희에게 건너가고자 하되 갈 수 없고 거기서
우리에게 건너올 수도 없게 하였느니라 이르되 그러면 아버지여 구하
노니 나사로를 내 아버지의 집에 보내소서 내 형제 다섯이 있으니 그들
에게 증언하게 하여 그들로 이 고통 받는 곳에 오지 않게 하소서 아브라
함이 이르되 그들에게 모세와 선지자들이 있으니 그들에게 들을지니라
이르되 그렇지 아니하니이다 아버지 아브라함이여 만일 죽은 자에게서
그들에게 가는 자가 있으면 회개하리이다 이르되 모세와 선지자들에게
듣지 아니하면 비록 죽은 자 가운데서 살아나는 자가 있을지라도 권함
을 받지 아니하리라 하였다 하시니라"(눅 16:19-31)

2. 그렇다면 지옥이란 과연 어떤 곳일까?

　　1) 꺼지지 않는 불이 있는 곳이다.

　　2) 구더기도 죽지 않는 곳이다.

　　3) 영영히 계속되는 고통의 장소이다.

　　4) 한 번 지옥에 가면 어느 누구도 다시 나올 수 없는 최악의 장소이다.

　　5) 마귀와 그 사자들을 위하여 예비된 영원한 불 못이다(마 25:41).

6) 유황불이 펄펄 끓는 곳이다(계 20:10).

7) 생명책에 기록되지 못한 자가 들어가는 곳이다(계 20:15).

8) 모든 불신자가 가는 둘째 사망이다(계 20:6).

이런 무시무시한 최악의 장소인 지옥은 우리가 절대로 가지 말아야 한다.

3. 지옥을 피할 수 있는 길이 있다.

1) 죄를 회개해야 한다(마 4:17, 막 1:15).

모든 사람은 죄인이기 때문이다(롬 3:23, 5:12, 전 7:20, 사 64:6, 렘 17:9, 막 7:21-23)

2) 자신이 범한 죄를 회개하고 복음을 믿어야 한다.

죄를 회개하고 복음을 믿으면 지옥에 들어가지 않고 천국에서 예수님과 함께 영원히 살아갈 수 있다. 다른 길은 없다. 예수 믿는 길 외에 다른 길이 없다(요 3:16, 요 14:6, 행 4:12). 율법을 지켜서 되는 것도 아니고, 종교적인 열심으로 되는 것도 아니고, 도덕적인 삶을 살았다 하더라도 그 사람이 지옥을 피하는 데 조금도 도움을 주지 못한다. 오직 예수를 믿음으로만 천국에 들어갈 수 있다(요 14:6). 성경이 그렇게 말씀하고 있기 때문이다. 그러므로 우리가 주 예수를 믿으면 구원받는다(행 16:31). 누구든지 주의 이름을 부르는 자는 구원을 얻는다(롬 10:13). 바로 복음이 사람을 구원하는 능력이다.

"내가 복음을 부끄러워하지 아니하노니 이 복음은 모든 믿는 자에게 구원을 주시는 하나님의 능력이 됨이라 먼저는 유대인에게요 그리고 헬라인에게로다"(롬 1:16)

"십자가의 도가 멸망하는 자들에게는 미련한 것이요 구원을 받는 우리에게는 하나님의 능력이라" (고전 1:18)

4. 구원받는 성도들의 특권이 있다.

1) 하나님 자녀의 권세를 갖는다(요 1:12).
2) 사망에서 생명으로 옮겨진다(요 5:24).
3) 기도 응답의 특권을 누린다(요 16:24).
4) 그리스도의 영이 내주한다(롬 8:9).
5) 생명책에 이름이 기록된다(빌 4:3).
6) 심령에 큰 평안함이 주어진다(시 119:165, 요 14:27).
7) 말씀을 순종함으로 형통한 삶을 살게 된다(신 28:1-14, 수 1:8, 약 1:25)

5. 구원받은 성도들의 책임이 있다.

1) 모든 불신자를 대상으로 복음을 전해야 한다.

"그러므로 너희는 가서 모든 민족을 제자로 삼아 아버지와 아들과 성령의 이름으로 침례를 베풀고 내가 너희에게 분부한 모든 것을 가르쳐 지키게 하라 볼지어다 내가 세상 끝날까지 너희와 항상 함께 있으리라 하시니라"(마 28:19-20)

"또 이르시되 너희는 온 천하에 다니며 만민에게 복음을 전파하라"

(막 16:15)

"오직 성령이 너희에게 임하시면 너희가 권능을 받고 예루살렘과 온 유대와 사마리아와 땅 끝까지 이르러 내 증인이 되리라 하시니라"

(행 1:8)

2) 복음만이 영혼을 구원하는 능력이기에 성도는 복음 전하는 일을 중요하게 생각하고, 이를 실천해야 한다.

"내가 복음을 부끄러워하지 아니하노니 이 복음은 모든 믿는 자에게 구원을 주시는 하나님의 능력이 됨이라 먼저는 유대인에게요 그리고 헬라인에게로다"(롬 1:16)

12장 참으로 멋있는 사람

* * *

"우스 땅에 욥이라 불리는 사람이 있었는데 그 사람은 온전하고 정직하여 하나님을 경외하며 악에서 떠난 자더라 그에게 아들 일곱과 딸 셋이 태어나니라 그의 소유물은 양이 칠천 마리요 낙타가 삼천 마리요 소가 오백 겨리요 암나귀가 오백 마리이며 종도 많이 있었으니 이 사람은 동방 사람 중에 가장 훌륭한 자라 그의 아들들이 자기 생일에 각각 자기의 집에서 잔치를 베풀고 그의 누이 세 명도 청하여 함께 먹고 마시더라 그들이 차례대로 잔치를 끝내면 욥이 그들을 불러다가 성결하게 하되 아침에 일어나서 그들의 명수대로 번제를 드렸으니 이는 욥이 말하기를 혹시 내 아들들이 죄를 범하여 마음으로 하나님을 욕되게 하였을까 함이라 욥의 행위가 항상 이러하였더라"(욥 1:1-5)

어떠한 사람이 참으로 멋있는 사람일까? 어떤 사람이 참으로 훌륭한 사람일까? 외모가 잘생긴 사람일까? 공부를 많이 한 사람일까? 지위가 높은 사람일까? 돈이 많은 사람일까? 다양한 것들을 많이 소유한 사람일까?

외모와 상관없이, 학벌과 상관없이, 돈의 소유와 상관없이, 가지고 있는 소유와 상관없이, 모든 것에 영향을 받지 않고, 멋있게 살아가는 사람들이 있다. 그렇다면 나는 과연 어떤 사람일까? 성경을 통하여 참으로 멋있는 사람이 어떤 사람인지를 배워서 육체의 남은 때를 멋있게 살아보자. 그러므로 참으로 멋있는 사람은, 훌륭한 사람은, 아름다운 신앙을 가진 사람은 과연 어떠한 사람일까?

1. 어떤 상황에서도 하나님을 경외하는 사람이 멋있는 사람이다.

  1) 우리 하나님은 하나님을 경외하는 자들을 기뻐하신다.
  "여호와는 말의 힘이 세다 하여 기뻐하지 아니하시며 사람의 다리가 억세다 하여 기뻐하지 아니하시고 여호와는 자기를 경외하는 자들과 그의 인자하심을 바라는 자들을 기뻐하시는도다"(시 147:10-11)

  2) 욥은 어떤 상황에서도 하나님을 경외하는 사람이었다.
  "우스 땅에 욥이라 불리는 사람이 있었는데 그 사람은 온전하고 정직하여 하나님을 경외하며 악에서 떠난 자더라, 여호와께서 사탄에게 이르시되 네가 내 종 욥을 주의하여 보았느냐 그와 같이 온전하고 정직하여 하나님을 경외하며 악에서 떠난 자는 세상에 없느니라, 여호와께서 사탄에게 이르시되 네가 내 종 욥을 주의하여 보았느냐 그와 같이 온전하고 정직하여 하나님을 경외하며 악에서 떠난 자가 세상에 없느니라 네가 나를 충동하여 까닭 없이 그를 치게 하였어도 그가 여전히 자기의 온전함을 굳게 지켰느니라"(욥 1:1, 8, 2:3)

3) 하나님을 경외하는 사람, 하나님을 사랑하는 사람, 지혜로운 사람은 하나님의 말씀에 대하여 조건 없이 순종하는 사람이다.

"사자가 이르시되 그 아이에게 네 손을 대지 말라 그에게 아무 일도 하지 말라 네가 네 아들 네 독자까지도 내게 아끼지 아니하였으니 내가 이제야 네가 하나님을 경외하는 줄을 아노라"(창 22:12)

"하나님을 사랑하는 것은 이것이니 우리가 그의 계명들을 지키는 것이라 그의 계명들은 무거운 것이 아니로다"(요일 5:3)

"그러므로 누구든지 나의 이 말을 듣고 행하는 자는 그 집을 반석 위에 지은 지혜로운 사람 같으리니 비가 내리고 창수가 나고 바람이 불어 그 집에 부딪치되 무너지지 아니하나니 이는 주추를 반석 위에 놓은 까닭이요"(마 7:24-25)

4) 우리는 어떤 상황에서도 하나님을 경외하는 자로 살아가야 한다.

기분에 따라 하나님을 경외하는 얄팍한 사람이 되지 말아야 한다. 기분 좋으면 하나님을 경외하고 기분 나쁘면 하나님 경외하지 않는 그런 웃기는 사람이 되지 말아야 한다. 우리는 하나님을 경외하는 것이 얼마나 귀한지 알아야 한다.

5) 하나님을 경외하는 것이 인간의 본분이다.

"일의 결국을 다 들었으니 하나님을 경외하고 그의 명령들을 지킬지어다 이것이 모든 사람의 본분이니라"(전 12:13)

6) 하나님을 경외하는 것이 보배이다.

"네 시대에 평안함이 있으며 구원과 지혜와 지식이 풍성할 것이니 여호와를 경외함이 네 보배니라"(사 33:6)

7) 하나님을 경외하는 자가 하나님의 보호를 받는다.

"여호와의 천사가 주를 경외하는 자를 둘러 진 치고 그들을 건지시는도다"(시 34:7)

8) 하나님을 경외하는 자는 모든 좋은 것에 부족함이 없다.

"너희 성도들아 여호와를 경외하라 그를 경외하는 자에게는 부족함이 없도다 젊은 사자는 궁핍하여 주릴지라도 여호와를 찾는 자는 모든 좋은 것에 부족함이 없으리로다"(시 34:9-10)

9) 하나님을 경외하는 것이 하나님의 요구이자 행복의 조건이다.

"이스라엘아 네 하나님 여호와께서 네게 요구하시는 것이 무엇이냐 곧 네 하나님 여호와를 경외하여 그의 모든 도를 행하고 그를 사랑하며 마음을 다하고 뜻을 다하여 네 하나님 여호와를 섬기고 내가 오늘 네 행복을 위하여 네게 명하는 여호와의 명령과 규례를 지킬 것이 아니냐"
(신 10:12-13)

10) 하나님을 경외하는 것이 지혜와 지식의 근본이다.

"여호와를 경외함이 지혜의 근본이라 그의 계명을 지키는 자는 다 훌

룡한 지각을 가진 자이니 여호와를 찬양함이 영원히 계속되리로다"(시 111:10)

"여호와를 경외하는 것이 지식의 근본이거늘 미련한 자는 지혜와 훈계를 멸시하느니라, 여호와를 경외하는 것이 지혜의 근본이요 거룩하신 자를 아는 것이 명철이니라"(잠 1:7, 9:10)

11) 여호와를 경외하는 자가 건강과 장수의 복을 누린다.

"스스로 지혜롭게 여기지 말지어다 여호와를 경외하며 악을 떠날지어다 이것이 네 몸에 양약이 되어 네 골수를 윤택하게 하리라, 여호와를 경외하면 장수하느니라 그러나 악인의 수명은 짧아지느니라" (잠 3:7-8, 10:27)

2. 어떤 상황에서도 예배에 성공한 사람이 참으로 멋있는 사람이다.

1) 하나님은 예배를 기뻐하신다.
"그러므로 형제들아 내가 하나님의 모든 자비하심으로 너희를 권하노니 너희 몸을 하나님이 기뻐하시는 거룩한 산 제물로 드리라 이는 너희가 드릴 영적 예배니라"(롬 12:1)

2) 욥은 형통할 때도 예배에 성공하였다.
하나님께서 욥에게 많은 것으로 복 주셨다.

"그에게 아들 일곱과 딸 셋이 태어나니라 그의 소유물은 양이 칠천 마리요 낙타가 삼천 마리요 소가 오백 겨리요 암나귀가 오백 마리이며 종도 많이 있었으니 이 사람은 동방 사람 중에 가장 훌륭한 자라 그의 아들들이 자기 생일에 각각 자기의 집에서 잔치를 베풀고 그의 누이 세 명도 청하여 함께 먹고 마시더라 그들이 차례대로 잔치를 끝내면 욥이 그들을 불러다가 성결하게 하되 아침에 일어나서 그들의 명수대로 번제를 드렸으니 이는 욥이 말하기를 혹시 내 아들들이 죄를 범하여 마음으로 하나님을 욕되게 하였을까 함이라 욥의 행위가 항상 이러하였더라"(욥 1:2-5)

3) 욥은 불통할 때에도 예배에 성공하였다.

어떤 사람이든지 어려움을 만날 수 있다. 비록 그리스도인이라 할지라도 어려움을 경험할 수 있다. 마귀 사탄의 공격과 자기 자신의 잘못과 하나님의 연단 과정으로 어려움을 당할 수 있다. 욥은 사탄의 공격으로 짧은 시간에 아들 7명과 딸 3명을 다 잃어버렸다. 그리고 그의 많은 소유를 거의 다 잃어버렸다. 그런데 욥은 이러한 경우에도 하나님을 예배하였다.

"욥이 일어나 겉옷을 찢고 머리털을 밀고 땅에 엎드려 예배하며 이르되 내가 모태에서 알몸으로 나왔사온즉 또한 알몸이 그리로 돌아가올지라 주신 이도 여호와시요 거두신 이도 여호와시오니 여호와의 이름이 찬송을 받으실지니이다 하고 이 모든 일에 욥이 범죄하지 아니하고 하나님을 향하여 원망하지 아니하니라"(욥 1:20-22)

3. 어떤 상황에서도 하나님과 사람에 대하여 원망하지 않는 사람이 멋있는 사람이다.

1) 성경은 우리에게 원망하지 말라고 가르친다.

"그들 가운데 어떤 사람들이 원망하다가 멸망시키는 자에게 멸망하였나니 너희는 그들과 같이 원망하지 말라"(고전 10:10)

이스라엘이 애굽에서 나와서 하나님께서 약속하신 젖과 꿀이 흐르는 축복의 땅을 향하여 가다가 자주 하나님과 하나님의 사람 모세를 향하여 원망하였다. 물과 양식 때문에 그리고 주어진 환경에 대하여 하나님과 모세를 원망하였다. 결국 그들은 원망하다가 거의 모두가 광야에서 죽고 말았다.

2) 욥은 모든 것을 다 잃었을 때도 하나님을 원망하지 않는 멋있는 사람이다.

"이 모든 일에 욥이 범죄하지 아니하고 하나님을 향하여 원망하지 아니하니라"(욥 1:22)

욥은 자녀를 다 잃어버렸을 때도 그리고 재산을 다 잃었을 때도 그리고 몸에 병이 들었을 때도 그리고 사랑하는 아내가 하나님을 욕하고 죽으라고 말할 때도 그리고 사랑하는 친구들을 다 자기 곁을 떠났을 때도 그리고 하나님께서 자신의 희망을 나무 뽑듯 하였을 때도 욥은 하나님과 사람에 대하여 원망하지 않았다.

3) 하나님은 원망하지 않는 욥에게 찬란한 미래를 열어주셨다.

욥기서의 결론은 다음과 같이 막을 내린다.

"욥이 그의 친구들을 위하여 기도할 때 여호와께서 욥의 곤경을 돌이키시고 여호와께서 욥에게 이전 모든 소유보다 갑절이나 주신지라 이에 그의 모든 형제와 자매와 이전에 알던 이들이 다 와서 그의 집에서 그와 함께 음식을 먹고 여호와께서 그에게 내리신 모든 재앙에 관하여 그를 위하여 슬퍼하며 위로하고 각각 케쉬타 하나씩과 금 고리 하나씩을 주었더라 여호와께서 욥의 말년에 욥에게 처음보다 더 복을 주시니 그가 양 만 사천과 낙타 육천과 소 천 겨리와 암나귀 천을 두었고 또 아들 일곱과 딸 셋을 두었으며 그가 첫째 딸은 여미마라 이름하였고 둘째 딸은 굿시아라 이름하였고 셋째 딸은 게렌합북이라 이름하였으니 모든 땅에서 욥의 딸들처럼 아리따운 여자가 없었더라 그들의 아버지가 그들에게 그들의 오라비들처럼 기업을 주었더라 그 후에 욥이 백사십 년을 살며 아들과 손자 사 대를 보았고 욥이 늙어 나이가 차서 죽었더라"(욥 42:10-17)

우리는 모두 예수님을 잘 믿어 어떤 상황에서도 하나님을 경외하고, 어떤 상황에서도 하나님을 예배하고, 어떤 상황에서도 원망하지 않는 참으로 멋진 사람이 되어야 한다.

* * *

13장 행복의 조건

사람은 누구나 행복하게 살기를 원한다. 하지만 행복은 아무에게나 주어지는 것이 아니다. 하나님은 모든 사람에게 행복의 조건을 제시하셨다. 그러므로 하나님께서 제시하신 조건에 따르지 않으면 인간은 절대로 행복하게 살 수 없다. 하나님의 말씀 성경에 행복의 조건이 기록되어 있다.

"이스라엘아 네 하나님 여호와께서 네게 요구하시는 것이 무엇이냐 곧 네 하나님 여호와를 경외하여 그의 모든 도를 행하고 그를 사랑하며 마음을 다하고 뜻을 다하여 네 하나님 여호와를 섬기고 내가 오늘 네 행복을 위하여 네게 명하는 여호와의 명령과 규례를 지킬 것이 아니냐"(신 10:12-13)

따라서 우리는 성경을 통해서 행복의 조건을 알아야 한다.

1. 인간의 행복은 하나님의 요구에 응하는 것으로부터 시작된다.

"이스라엘아 네 하나님 여호와께서 네게 요구하시는 것이 무엇이냐 곧 네 하나님 여호와를 경외하여 그의 모든 도를 행하고 그를 사랑하며 마음을 다하고 뜻을 다하여 네 하나님 여호와를 섬기고"(신 10:12)

2. 하나님께서 이스라엘에게 요구하는 것은 성경에 분명하게 제시되어 있다.

"이스라엘아 네 하나님 여호와께서 네게 요구하시는 것이 무엇이냐 곧 네 하나님 여호와를 경외하여 그의 모든 도를 행하고 그를 사랑하며 마음을 다하고 뜻을 다하여 네 하나님 여호와를 섬기고 내가 오늘 네 행복을 위하여 네게 명하는 여호와의 명령과 규례를 지킬 것이 아니냐" (신 10:12-13)

3. 인간의 행복을 위하여 하나님께서 요구하신 것이 네 가지다(신 10:12).

1) 하나님을 경외하면 행복해진다.

하나님을 경외하는 것은 아브라함과 같이 하나님의 말씀을 조건 없이 순종하는 것으로 나타난다(창 22:12). 그러므로 하나님을 경외하는 것이 보배이다(사 33:6). 그리고 하나님을 경외하는 것이 인간의 본분이다(전 12:13). 하나님을 경외하는 것이 지혜와 지식의 근본이다(시

111:10, 욥 28:28, 잠 1:7).

하나님을 경외하는 자들에게 하나님께서 약속하신 축복들이 있다.

◆ 하나님의 보호의 축복(시 34:7)

◆ 장수의 축복(잠 10:27)

◆ 건강의 축복(잠 3:7-8)

◆ 영광과 재물과 생명의 축복(잠 22:4)

◆ 부족함이 없게 하시는 축복(시 34:9)

◆ 기근이 있을 때도 공급하시는 축복(시 33:18-19)

◆ 소원을 이루어 주시는 축복(시 145:18-19)

◆ 하나님이 기뻐하시는 축복(시 147:11)

◆ 잘 되는 축복(전 8:12-13)

2) 하나님의 모든 도를 행하면 행복해진다.

◆ 하나님의 도를 행하는 것은 지혜로운 일이다(마 7:24-25)

◆ 하나님의 말씀을 순종하는 자는 복을 받는다

　　(신 28:1-14, 수 1:8, 시 1:1-3)

◆ 하나님의 말씀은 유익한 말씀이다(딤후 3:16-17)

◆ 실족하지 않도록 도와준다(시 37:31)

◆ 우리들의 갈 길을 가르쳐 주신다(시 32:8)

◆ 하나님의 말씀은 구원에 이르는 지혜가 있다(딤후 3:15)

◆ 하나님의 말씀은 기도 응답에 도움을 준다(요 15:7)

3) 하나님을 사랑하면 행복해 진다.

◆ 하나님을 사랑하는 것은 주의 계명을 지키는 것으로 나타난다
   (요 14:15, 21, 24, 요일 5:3)
◆ 하나님 사랑하는 것은 우리에게 주어진 하나님의 명령이다
   (신 6:4-5)
◆ 하나님을 사랑하면 하나님이 보호하신다(시 91:14)
◆ 하나님 사랑은 우리에게 주어진 첫 번째 계명이다(마 22:37-28)

4) 마음을 다하고 뜻을 다하여 하나님 여호와를 섬기면 행복해진다.

◆ 하나님을 섬기는 것은 하나님의 요구이다.
◆ 예수님은 섬기러 오셨다(막 10:45).
◆ 섬기는 자가 큰 자다(마 28:26-28).
◆ 섬기는 자로 살면 건강의 축복을 받는다(출 23:25).

4. 신명기 10장 13절에서 행복을 위하여 이스라엘이 어떻게 해야 하는가?

우리의 행복을 위해서 하나님께서 요구한 것을 지켜야 한다.

"내가 오늘 네 행복을 위하여 네게 명하는 여호와의 명령과 규례를 지킬 것이 아니냐"(신 10:13)

인간이 하나님의 요구대로 살아가는 것은 스스로의 힘으로는 불가능하지만 하나님의 말씀과 성령의 능력으로 거듭나면 가능해진다. 그러므로 우리가 예수님을 믿으면 새로운 피조물로 새롭게 태어난다.

"그런즉 누구든지 그리스도 안에 있으면 새로운 피조물이라 이전 것은 지나갔으니 보라 새 것이 되었도다"(고후 5:17)

하나님의 말씀과 성령으로 거듭난 사람에게는 성령님이 함께 하신다. 그러므로 성도는 성령의 능력으로 하나님의 요구를 따를 수 있는 것이다. 성령의 사람이 성령의 통치를 받아 하나님의 요구를 따를 때 행복하게 살아갈 수 있다.

* * *
14장 기적이 일어난다

기도란 무엇일까? 기도는 하나님과의 대화이다. 기도는 하나님께 필요를 구하는 것이다. 하나님은 우리들의 모든 필요를 채우실 수 있는 충분한 실력을 갖추신 분이시다. 따라서 우리는 하나님의 능력을 제한하지 말아야 한다. 하나님의 지혜를 의심하지 말아야 한다. 그러므로 하나님의 약속을 신뢰하고 기도해야 한다. 우리가 기도하고 기도하면 기적이 일어나기 때문이다. 하나님의 말씀은 우리가 얻지 못함은 구하지 않기 때문이라고(약 4:2) 말씀한다.

그러므로 우리는 이제 "안 된다. 없다. 죽겠다."라는 구차한 말과 이별해야 한다. 이제 우리는 하나님의 약속을 믿고 기도하면 된다. 하나님은 얼마든지 모든 상황을 바꾸실 수 있기 때문이다.

그렇다면 우리는 기도를 얼마나 중요하게 생각하고 있을까? 하나님의 아들 예수님도 기도의 중요성을 모범을 통해 보여주셨다. 예수님은 육체를 가지고 있을 때 기도하셨다.

"그는 육체에 계실 때에 자기를 죽음에서 능히 구원하실 이에게 심한 통곡과 눈물로 간구와 소원을 올렸고 그의 경건하심으로 말미암아 들으심을 얻었느니라"(히 5:7)

예수님은 십자가를 앞에 두고 힘쓰고 애써 더욱 간절히 기도하셨다.

"예수께서 힘쓰고 애써 더욱 간절히 기도하시니 땀이 땅에 떨어지는 핏방울 같이 되더라"(눅 22:44)

하나님의 아들이신 예수님께서 기도에 집중하셨다면 우리는 기도에 얼마나 집중해야 할까?

사무엘 선지자는 기도를 쉬는 것을 죄로 여겼다.

"나는 너희를 위하여 기도하기를 쉬는 죄를 여호와 앞에 결단코 범하지 아니하고 선하고 의로운 길을 너희에게 가르칠 것인즉"(삼상 12:23)

이제 기도에 대한 성경의 가르침을 살펴보자.

1. 예수님은 제자들에게 기도를 가르치셨다.

"그러므로 너희는 이렇게 기도하라 하늘에 계신 우리 아버지여 이름이 거룩히 여김을 받으시오며 나라가 임하시오며 뜻이 하늘에서 이루어진 것 같이 땅에서도 이루어지이다 오늘 우리에게 일용할 양식을 주시옵고 우리가 우리에게 죄 지은 자를 사하여 준 것 같이 우리 죄를 사하여 주시옵고 우리를 시험에 들게 하지 마시옵고 다만 악에서 구하시옵소서 (나라와 권세와 영광이 아버지께 영원히 있사옵나이다 아멘)"(마 6:9-13)

2. 예수님은 열두 제자를 선택하시기 전에 밤이 맞도록 기도하셨다.

"이 때에 예수께서 기도하시러 산으로 가사 밤이 새도록 하나님께 기도하시고 밝으매 그 제자들을 부르사 그 중에서 열둘을 택하여 사도라 칭하셨으니 곧 베드로라고도 이름을 주신 시몬과 그의 동생 안드레와 야고보와 요한과 빌립과 바돌로매와 마태와 도마와 알패오의 아들 야고보와 셀롯이라는 시몬과 야고보의 아들 유다와 예수를 파는 자 될 가룻 유다라"(눅 6:12-16)

3. 예수님은 두 사람이 합심하여 무엇을 구하면 이루어진다고 약속하셨다.

"진실로 너희에게 이르노니 무엇이든지 너희가 땅에서 매면 하늘에서도 매일 것이요 무엇이든지 땅에서 풀면 하늘에서도 풀리리라 진실로 다시 너희에게 이르노니 너희 중의 두 사람이 땅에서 합심하여 무엇이든지 구하면 하늘에 계신 내 아버지께서 그들을 위하여 이루게 하시리라 두세 사람이 내 이름으로 모인 곳에는 나도 그들 중에 있느니라"(마 18:18-20)

4. 예수님은 기도하라고 명령하시고 기도 응답을 약속하셨다.

"구하라 그리하면 너희에게 주실 것이요 찾으라 그리하면 찾아낼 것이요 문을 두드리라 그리하면 너희에게 열릴 것이니 구하는 이마다 받을 것이요 찾는 이는 찾아낼 것이요 두드리는 이에게는 열릴 것이니라 너희 중에 누가 아들이 떡을 달라 하는데 돌을 주며 생선을 달라 하는데 뱀을 줄 사람이 있겠느냐 너희가 악한 자라도 좋은 것으로 자식에게 줄 줄 알거든 하물며 하늘에 계신 너희 아버지께서 구하는 자에게 좋은 것으로 주시지 않겠느냐 그러므로 무엇이든지 남에게 대접을 받고자 하는 대로 너희도 남을 대접하라 이것이 율법이요 선지자니라"(마 7:7-12)

5. 예수님은 낙심하지 말고 기도하라는 교훈을 남기셨다.

"예수께서 그들에게 항상 기도하고 낙심하지 말아야 할 것을 비유로 말씀하여 이르시되 어떤 도시에 하나님을 두려워하지 않고 사람을 무시하는 한 재판장이 있는데 그 도시에 한 과부가 있어 자주 그에게 가서 내 원수에 대한 나의 원한을 풀어 주소서 하되 그가 얼마 동안 듣지 아니하다가 후에 속으로 생각하되 내가 하나님을 두려워하지 않고 사람을 무시하나 이 과부가 나를 번거롭게 하니 내가 그 원한을 풀어 주리라 그렇지 않으면 늘 와서 나를 괴롭게 하리라 하였느니라 주께서 또 이르시되 불의한 재판장이 말한 것을 들으라 하물며 하나님께서 그 밤낮 부르짖는 택하신 자들의 원한을 풀어 주지 아니하시겠느냐 그들에게 오래 참으시겠느냐 내가 너희에게 이르노니 속히 그 원한을 풀어 주시리라

그러나 인자가 올 때에 세상에서 믿음을 보겠느냐 하시니라"(눅 18:1-8)

6. 예수님은 제자들에게 시험에 들지 않도록 기도하라고 명령하셨다.

"시험에 들지 않게 깨어 기도하라 마음에는 원이로되 육신이 약하도다 하시고"(마 26:41)

7. 성경은 기도 응답에 장애물이 있다고 말씀한다.

1) 하나님은 교만한 자의 기도를 물리치신다.

"또 자기를 의롭다고 믿고 다른 사람을 멸시하는 자들에게 이 비유로 말씀하시되 두 사람이 기도하러 성전에 올라가니 하나는 바리새인이요 하나는 세리라 바리새인은 서서 따로 기도하여 이르되 하나님이여 나는 다른 사람들 곧 토색, 불의, 간음을 하는 자들과 같지 아니하고 이 세리와도 같지 아니함을 감사하나이다 나는 이레에 두 번씩 금식하고 또 소득의 십일조를 드리나이다 하고 세리는 멀리 서서 감히 눈을 들어 하늘을 쳐다보지도 못하고 다만 가슴을 치며 이르되 하나님이여 불쌍히 여기소서 나는 죄인이로소이다 하였느니라 내가 너희에게 이르노니 이에 저 바리새인이 아니고 이 사람이 의롭다 하심을 받고 그의 집으로 내려

갔느니라 무릇 자기를 높이는 자는 낮아지고 자기를 낮추는 자는 높아지리라 하시니라"(눅 18:9-14)

바리새인과 세리의 기도에서 교만한 자의 기도를 물리치신 사실을 발견할 수 있다.

2) 하나님은 마음에 죄악을 품고 하는 기도를 응답하지 않으신다.

"너희가 손을 펼 때에 내가 내 눈을 너희에게서 가리고 너희가 많이 기도할지라도 내가 듣지 아니하리니 이는 너희의 손에 피가 가득함이라"(사 1:15)

"여호와의 손이 짧아 구원하지 못하심도 아니요 귀가 둔하여 듣지 못하심도 아니라 오직 너희 죄악이 너희와 너희 하나님 사이를 갈라 놓았고 너희 죄가 그의 얼굴을 가리어서 너희에게서 듣지 않으시게 함이니라"(사 59:1-2)

"내가 나의 마음에 죄악을 품었더라면 주께서 듣지 아니하시리라"(시 66:18)

3) 정욕으로 쓰려고 기도해도 응답이 없다.

"구하여도 받지 못함은 정욕으로 쓰려고 잘못 구하기 때문이라"(약 4:3)

8. 성경은 기도 응답의 비결에 대하여 가르치고 있다.

   1) 우리는 믿음으로 기도해야 한다.

   "내가 진실로 너희에게 이르노니 누구든지 이 산더러 들리어 바다에 던져지라 하며 그 말하는 것이 이루어질 줄 믿고 마음에 의심하지 아니하면 그대로 되리라 그러므로 내가 너희에게 말하노니 무엇이든지 기도하고 구하는 것은 받은 줄로 믿으라 그리하면 너희에게 그대로 되리라"(막 11:23-24)

   2) 우리는 예수 이름으로 기도해야 한다.

   "너희가 내 이름으로 무엇을 구하든지 내가 행하리니 이는 아버지로 하여금 아들로 말미암아 영광을 받으시게 하려 함이라 내 이름으로 무엇이든지 내게 구하면 내가 행하리라"(요 14:13-14)
   "너희가 나를 택한 것이 아니요 내가 너희를 택하여 세웠나니 이는 너희로 가서 열매를 맺게 하고 또 너희 열매가 항상 있게 하여 내 이름으로 아버지께 무엇을 구하든지 다 받게 하려 함이라" (요 15:16)
   "그 날에는 너희가 아무 것도 내게 묻지 아니하리라 내가 진실로 진실로 너희에게 이르노니 너희가 무엇이든지 아버지께 구하는 것을 내 이름으로 주시리라 지금까지는 너희가 내 이름으로 아무 것도 구하지 아니하였으나 구하라 그리하면 받으리니 너희 기쁨이 충만하리라"(요 16:23-24)

3) 우리는 하나님의 뜻대로 기도해야 한다.

"내가 하나님의 아들의 이름을 믿는 너희에게 이것을 쓰는 것은 너희로 하여금 너희에게 영생이 있음을 알게 하려 함이라 그를 향하여 우리가 가진 바 담대함이 이것이니 그의 뜻대로 무엇을 구하면 들으심이라"(요일 5:13-14)

4) 우리는 하나님의 기뻐하시는 것을 행하면서 기도해야 한다.

"사랑하는 자들아 만일 우리 마음이 우리를 책망할 것이 없으면 하나님 앞에서 담대함을 얻고 무엇이든지 구하는 바를 그에게서 받나니 이는 우리가 그의 계명을 지키고 그 앞에서 기뻐하시는 것을 행함이라 그의 계명은 이것이니 곧 그 아들 예수 그리스도의 이름을 믿고 그가 우리에게 주신 계명대로 서로 사랑할 것이니라 그의 계명을 지키는 자는 주 안에 거하고 주는 그의 안에 거하시나니 우리에게 주신 성령으로 말미암아 그가 우리 안에 거하시는 줄을 우리가 아느니라"(요일 3:21-24)

5) 우리는 간절히 기도해야 한다.

"예수께서 힘쓰고 애써 더욱 간절히 기도하시니 땀이 땅에 떨어지는 핏방울 같이 되더라"(눅 22:44)
"이에 베드로는 옥에 갇혔고 교회는 그를 위하여 간절히 하나님께 기

도하더라"(행 12:5)

"엘리야는 우리와 성정이 같은 사람이로되 그가 비가 오지 않기를 간절히 기도한즉 삼 년 육 개월 동안 땅에 비가 오지 아니하고 다시 기도하니 하늘이 비를 주고 땅이 열매를 맺었느니라"(약 5:17-18)

9. 우리는 인내하면서 기도 응답이 올 때까지 기도해야 한다.

"예수께서 그들에게 항상 기도하고 낙심하지 말아야 할 것을 비유로 말씀하여 이르시되 어떤 도시에 하나님을 두려워하지 않고 사람을 무시하는 한 재판장이 있는데 그 도시에 한 과부가 있어 자주 그에게 가서 내 원수에 대한 나의 원한을 풀어 주소서 하되 그가 얼마 동안 듣지 아니하다가 후에 속으로 생각하되 내가 하나님을 두려워하지 않고 사람을 무시하나 이 과부가 나를 번거롭게 하니 내가 그 원한을 풀어 주리라 그렇지 않으면 늘 와서 나를 괴롭게 하리라 하였느니라 주께서 또 이르시되 불의한 재판장이 말한 것을 들으라 하물며 하나님께서 그 밤낮 부르짖는 택하신 자들의 원한을 풀어 주지 아니하시겠느냐 그들에게 오래 참으시겠느냐 내가 너희에게 이르노니 속히 그 원한을 풀어 주시리라 그러나 인자가 올 때에 세상에서 믿음을 보겠느냐 하시니라"(눅 18:1-8)

10. 우리가 기도할 때 어떤 역사가 일어나는지 성경은 말씀하고 있다.

1) 기도는 낙심을 몰아낸다.

"예수께서 그들에게 항상 기도하고 낙심하지 말아야 할 것을 비유로 말씀하여"(눅 18:1)

2) 기도는 염려를 몰아낸다.

"아무 것도 염려하지 말고 다만 모든 일에 기도와 간구로, 너희 구할 것을 감사함으로 하나님께 아뢰라 그리하면 모든 지각에 뛰어난 하나님의 평강이 그리스도 예수 안에서 너희 마음과 생각을 지키시리라"(빌 4:6-7)

3) 기도는 태를 열고 닫게 한다.

"아브라함이 하나님께 기도하매 하나님이 아비멜렉과 그의 아내와 여종을 치료하사 출산하게 하셨으니 여호와께서 이왕에 아브라함의 아내 사라의 일로 아비멜렉의 집의 모든 태를 닫으셨음이더라"(창 20:17-18)

"아브라함의 아들 이삭의 족보는 이러하니라 아브라함이 이삭을 낳았고 이삭은 사십 세에 리브가를 맞이하여 아내를 삼았으니 리브가는 밧단 아람의 아람 족속 중 브두엘의 딸이요 아람 족속 중 라반의 누이였더라 이삭이 그의 아내가 임신하지 못하므로 그를 위하여 여호와께 간구하매 여호와께서 그의 간구를 들으셨으므로 그의 아내 리브가가 임신하였더니 그 아들들이 그의 태 속에서 서로 싸우는지라 그가 이르되 이럴 경우에는 내가 어찌할꼬 하고 가서 여호와께 묻자온대 여호와께서 그에게 이르시되 두 국민이 네 태중에 있구나 두 민족이 네 복중에서부터 나누이리라 이 족속이 저 족속보다 강하겠고 큰 자가 어린 자를 섬기리라 하셨더라 그 해산 기한이 찬즉 태에 쌍둥이가 있었는데 먼저 나온 자는 붉고 전신이 털옷 같아서 이름을 에서라 하였고 후에 나온 아우는 손으로 에서의 발꿈치를 잡았으므로 그 이름을 야곱이라 하였으며 리브가가 그들을 낳을 때에 이삭이 육십 세였더라"(창 25:19-26)

이삭이 40세에 리브가를 아내로 맞이했다. 이삭은 아이를 위하여 20년 동안이나 기도했으며, 우리 하나님께서는 마침내 이삭의 기도를 응답하시고 들으셨다. 하나님은 이삭이 60세가 되었을 때 쌍둥이로 에서와 야곱을 주셨다.

4) 한나는 서원 기도로 사무엘을 얻었다.

"그들이 실로에서 먹고 마신 후에 한나가 일어나니 그 때에 제사장 엘리는 여호와의 전 문설주 곁 의자에 앉아 있었더라 한나가 마음이 괴로워서 여호와께 기도하고 통곡하며 서원하여 이르되 만군의 여호와여 만일 주의 여종의 고통을 돌보시고 나를 기억하사 주의 여종을 잊지 아니하시고 주의 여종에게 아들을 주시면 내가 그의 평생에 그를 여호와께 드리고 삭도를 그의 머리에 대지 아니하겠나이다 그가 여호와 앞에 오래 기도하는 동안에 엘리가 그의 입을 주목한즉 한나가 속으로 말하매 입술만 움직이고 음성은 들리지 아니하므로 엘리는 그가 취한 줄로 생각한지라 엘리가 그에게 이르되 네가 언제까지 취하여 있겠느냐 포도주를 끊으라 하니 한나가 대답하여 이르되 내 주여 그렇지 아니하니이다 나는 마음이 슬픈 여자라 포도주나 독주를 마신 것이 아니요 여호와 앞에 내 심정을 통한 것뿐이오니 당신의 여종을 악한 여자로 여기지 마옵소서 내가 지금까지 말한 것은 나의 원통함과 격분됨이 많기 때문이니이다 하는지라 엘리가 대답하여 이르되 평안히 가라 이스라엘의 하나님이 네가 기도하여 구한 것을 허락하시기를 원하노라 하니 이르되 당신의 여종이 당신께 은혜 입기를 원하나이다 하고 가서 먹고 얼굴에 다시는 근심 빛이 없더라 그들이 아침에 일찍이 일어나 여호와 앞에 경배하고 돌아가 라마의 자기 집에 이르니라 엘가나가 그의 아내 한나와 동침하매 여호와께서 그를 생각하신지라 한나가 임신하고 때가 이르매 아들을 낳아 사무엘이라 이름하였으니 이는 내가 여호와께 그를 구하였다 함이더라"(삼상 1:9-20)

5) 기도는 전쟁을 승리로 이끌어 간다.

"그 때에 아말렉이 와서 이스라엘과 르비딤에서 싸우니라 모세가 여호수아에게 이르되 우리를 위하여 사람들을 택하여 나가서 아말렉과 싸우라 내일 내가 하나님의 지팡이를 손에 잡고 산 꼭대기에 서리라 여호수아가 모세의 말대로 행하여 아말렉과 싸우고 모세와 아론과 훌은 산 꼭대기에 올라가서 모세가 손을 들면 이스라엘이 이기고 손을 내리면 아말렉이 이기더니 모세의 팔이 피곤하매 그들이 돌을 가져다가 모세의 아래에 놓아 그가 그 위에 앉게 하고 아론과 훌이 한 사람은 이쪽에서, 한 사람은 저쪽에서 모세의 손을 붙들어 올렸더니 그 손이 해가 지도록 내려오지 아니한지라 여호수아가 칼날로 아말렉과 그 백성을 쳐서 무찌르니라 여호와께서 모세에게 이르시되 이것을 책에 기록하여 기념하게 하고 여호수아의 귀에 외워 들리라 내가 아말렉을 없이하여 천하에서 기억도 못 하게 하리라 모세가 제단을 쌓고 그 이름을 여호와 닛시라 하고 이르되 여호와께서 맹세하시기를 여호와가 아말렉과 더불어 대대로 싸우리라 하셨다 하였더라"(출 17:8-16)

6) 기도는 태양과 달이 멈추는 역사가 일어나게 한다.

"여호와께서 아모리 사람을 이스라엘 자손에게 넘겨 주시던 날에 여호수아가 여호와께 아뢰어 이스라엘의 목전에서 이르되 태양아 너는 기브온 위에 머무르라 달아 너도 아얄론 골짜기에서 그리할지어다 하매 태양이 머물고 달이 멈추기를 백성이 그 대적에게 원수를 갚기까지 하였느니라 야살의 책에 태양이 중천에 머물러서 거의 종일토록 속히 내려가지 아니하였다고 기록되지 아니하였느냐 여호와께서 사람의 목소리를 들으신 이같은 날은 전에도 없었고 후에도 없었나니 이는 여호와께서 이스라엘을 위하여 싸우셨음이니라"(수 10:12-14)

7) 기도는 죽은 자를 살려내는 역사가 일어나게 한다.

"예수께서 이르시되 돌을 옮겨 놓으라 하시니 그 죽은 자의 누이 마르다가 이르되 주여 죽은 지가 나흘이 되었으매 벌써 냄새가 나나이다 예수께서 이르시되 내 말이 네가 믿으면 하나님의 영광을 보리라 하지 아니하였느냐 하시니 돌을 옮겨 놓으니 예수께서 눈을 들어 우러러 보시고 이르시되 아버지여 내 말을 들으신 것을 감사하나이다 항상 내 말을 들으시는 줄을 내가 알았나이다 그러나 이 말씀 하옵는 것은 둘러선 무리를 위함이니 곧 아버지께서 나를 보내신 것을 그들로 믿게 하려 함이니이다 이 말씀을 하시고 큰 소리로 나사로야 나오라 부르시니 죽은 자가 수족을 베로 동인 채로 나오는데 그 얼굴은 수건에 싸였더라 예수께서 이르시되 풀어 놓아 다니게 하라 하시니라"(요 11:39-44)

"욥바에 다비다라 하는 여제자가 있으니 그 이름을 번역하면 도르가라 선행과 구제하는 일이 심히 많더니 그 때에 병들어 죽으매 시체를 씻어 다락에 누이니라 룻다가 욥바에서 가까운지라 제자들이 베드로가 거기 있음을 듣고 두 사람을 보내어 지체 말고 와 달라고 간청하여 베드로가 일어나 그들과 함께 가서 이르매 그들이 데리고 다락방에 올라가니 모든 과부가 베드로 곁에 서서 울며 도르가가 그들과 함께 있을 때에 지은 속옷과 겉옷을 다 내보이거늘 베드로가 사람을 다 내보내고 무릎을 꿇고 기도하고 돌이켜 시체를 향하여 이르되 다비다야 일어나라 하니 그가 눈을 떠 베드로를 보고 일어나 앉는지라 베드로가 손을 내밀어 일으키고 성도들과 과부들을 불러 들여 그가 살아난 것을 보이니 온 욥바 사람이 알고 많은 사람이 주를 믿더라 베드로가 욥바에 여러 날 있어 시몬이라 하는 무두장이의 집에서 머무니라"(행 9:36-43)

8) 기도는 병이 치유되는 역사가 일어나게 한다.

"너희 중에 고난 당하는 자가 있느냐 그는 기도할 것이요 즐거워하는 자가 있느냐 그는 찬송할지니라 너희 중에 병든 자가 있느냐 그는 교회의 장로들을 청할 것이요 그들은 주의 이름으로 기름을 바르며 그를 위하여 기도할지니라 믿음의 기도는 병든 자를 구원하리니 주께서 그를 일으키시리라 혹시 죄를 범하였을지라도 사하심을 받으리라 그러므로 너희 죄를 서로 고백하며 병이 낫기를 위하여 서로 기도하라 의인의 간구는 역사하는 힘이 큼이니라 엘리야는 우리와 성정이 같은 사람이로되 그가 비가 오지 않기를 간절히 기도한즉 삼 년 육 개월 동안 땅에 비가 오지 아니하고 다시 기도하니 하늘이 비를 주고 땅이 열매를 맺었느니라"(약 5:13-18)

"그 때에 히스기야가 병들어 죽게 되니 아모스의 아들 선지자 이사야가 나아가 그에게 이르되 여호와께서 이같이 말씀하시기를 너는 네 집에 유언하라 네가 죽고 살지 못하리라 하셨나이다 하니 히스기야가 얼굴을 벽으로 향하고 여호와께 기도하여 이르되 여호와여 구하오니 내가 주 앞에서 진실과 전심으로 행하며 주의 목전에서 선하게 행한 것을

기억하옵소서 하고 히스기야가 심히 통곡하니 이에 여호와의 말씀이 이
사야에게 임하여 이르시되 너는 가서 히스기야에게 이르기를 네 조상
다윗의 하나님 여호와께서 이같이 말씀하시기를 내가 네 기도를 들었
고 네 눈물을 보았노라 내가 네 수한에 십오 년을 더하고 너와 이 성을
앗수르 왕의 손에서 건져내겠고 내가 또 이 성을 보호하리라 이는 여호
와께로 말미암는 너를 위한 징조이니 곧 여호와께서 하신 말씀을 그가
이루신다는 증거이니라 보라 아하스의 해시계에 나아갔던 해 그림자를
뒤로 십 도를 물러가게 하리라 하셨다 하라 하시더니 이에 해시계에 나
아갔던 해의 그림자가 십 도를 물러가니라"(사 38:1-8)

9) 기도는 마라의 쓴물이 단물이 되는 역사가 일어나게 한다.

"모세가 홍해에서 이스라엘을 인도하매 그들이 나와서 수르 광야로
들어가서 거기서 사흘길을 걸었으나 물을 얻지 못하고 마라에 이르렀
더니 그 곳 물이 써서 마시지 못하겠으므로 그 이름을 마라라 하였더라
백성이 모세에게 원망하여 이르되 우리가 무엇을 마실까 하매 모세가
여호와께 부르짖었더니 여호와께서 그에게 한 나무를 가리키시니 그가
물에 던지니 물이 달게 되었더라 거기서 여호와께서 그들을 위하여 법
도와 율례를 정하시고 그들을 시험하실새 이르시되 너희가 너희 하나
님 나 여호와의 말을 들어 순종하고 내가 보기에 의를 행하며 내 계명에
귀를 기울이며 내 모든 규례를 지키면 내가 애굽 사람에게 내린 모든 질
병 중 하나도 너희에게 내리지 아니하리니 나는 너희를 치료하는 여호

와임이라"(출 15:22-26)

10) 기도는 모든 필요가 채워지는 역사가 일어나게 한다.

"그런즉 너희는 먼저 그의 나라와 그의 의를 구하라 그리하면 이 모든 것을 너희에게 더하시리라"(마 6:33)

11) 기도는 전도의 문을 열게 하는 역사가 일어나게 한다.

"모든 기도와 간구를 하되 항상 성령 안에서 기도하고 이를 위하여 깨어 구하기를 항상 힘쓰며 여러 성도를 위하여 구하라 또 나를 위하여 구할 것은 내게 말씀을 주사 나로 입을 열어 복음의 비밀을 담대히 알리게 하옵소서 할 것이니 이 일을 위하여 내가 쇠사슬에 매인 사신이 된 것은 나로 이 일에 당연히 할 말을 담대히 하게 하려 하심이라"(엡 6:18-20)
"기도를 계속하고 기도에 감사함으로 깨어 있으라 또한 우리를 위하여 기도하되 하나님이 전도할 문을 우리에게 열어 주사 그리스도의 비밀을 말하게 하시기를 구하라 내가 이 일 때문에 매임을 당하였노라 그리하면 내가 마땅히 할 말로써 이 비밀을 나타내리라"(골 4:2-4)

"우리는 오로지 기도하는 일과 말씀 사역에 힘쓰리라 하니, 하나님의 말씀이 점점 왕성하여 예루살렘에 있는 제자의 수가 더 심히 많아지고 허다한 제사장의 무리도 이 도에 복종하느니라"(행 6:4, 7)

12) 기도는 감옥의 옥문이 열리는 역사가 일어나게 한다.

"한밤중에 바울과 실라가 기도하고 하나님을 찬송하매 죄수들이 듣더라"(행 16:25)

13) 예수님의 축복 기도가 오병이어의 기적을 경험하게 했다.

"제자 중 하나 곧 시몬 베드로의 형제 안드레가 예수께 여짜오되 여기 한 아이가 있어 보리떡 다섯 개와 물고기 두 마리를 가지고 있나이다 그러나 그것이 이 많은 사람에게 얼마나 되겠사옵나이까 예수께서 이르시되 이 사람들로 앉게 하라 하시니 그 곳에 잔디가 많은지라 사람들이 앉으니 수가 오천 명쯤 되더라 예수께서 떡을 가져 축사하신 후에 앉아 있는 자들에게 나눠 주시고 물고기도 그렇게 그들의 원대로 주시니라 그들이 배부른 후에 예수께서 제자들에게 이르시되 남은 조각을 거두고 버리는 것이 없게 하라 하시므로 이에 거두니 보리떡 다섯 개로 먹고 남은 조각이 열두 바구니에 찼더라"(요 6:8-13)

14) 기도는 땅을 고치는 역사가 일어나게 한다.

"혹 내가 하늘을 닫고 비를 내리지 아니하거나 혹 메뚜기들에게 토산을 먹게 하거나 혹 전염병이 내 백성 가운데에 유행하게 할 때에 내 이름으로 일컫는 내 백성이 그들의 악한 길에서 떠나 스스로 낮추고 기도하

여 내 얼굴을 찾으면 내가 하늘에서 듣고 그들의 죄를 사하고 그들의 땅을 고칠지라"(대하 7:13-14)

그러므로 기도가 대안이고, 기도가 답이다.

15) 기도가 굶주린 사자의 입을 봉하였다.

"다니엘이 이 조서에 왕의 도장이 찍힌 것을 알고도 자기 집에 돌아가서는 윗방에 올라가 예루살렘으로 향한 창문을 열고 전에 하던 대로 하루 세 번씩 무릎을 꿇고 기도하며 그의 하나님께 감사하였더라 그 무리들이 모여서 다니엘이 자기 하나님 앞에 기도하며 간구하는 것을 발견하고 이에 그들이 나아가서 왕의 금령에 관하여 왕께 아뢰되 왕이여 왕이 이미 금령에 왕의 도장을 찍어서 이제부터 삼십 일 동안에는 누구든지 왕 외의 어떤 신에게나 사람에게 구하면 사자 굴에 던져 넣기로 하지 아니하였나이까 하니 왕이 대답하여 이르되 이 일이 확실하니 메대와 바사의 고치지 못하는 규례니라 하는지라 그들이 왕 앞에서 말하여 이르되 왕이여 사로잡혀 온 유다 자손 중에 다니엘이 왕과 왕의 도장이 찍힌 금령을 존중하지 아니하고 하루 세 번씩 기도하나이다 하니 왕이 이 말을 듣고 그로 말미암아 심히 근심하여 다니엘을 구원하려고 마음을 쓰며 그를 건져내려고 힘을 다하다가 해가 질 때에 이르렀더라 그 무리들이 또 모여 왕에게로 나아와서 왕께 말하되 왕이여 메대와 바사의 규례를 아시거니와 왕께서 세우신 금령과 법도는 고치지 못할 것이니이다 하니 이에 왕이 명령하매 다니엘을 끌어다가 사자 굴에 던져 넣는지라 왕이 다니엘에게 이르되 네가 항상 섬기는 너의 하나님이 너를 구원하시리라 하니라 이에 돌을 굴려다가 굴 어귀를 막으매 왕이 그의 도장과 귀족들의 도장으로 봉하였으니 이는 다니엘에 대한 조치를 고치지 못하게 하려 함이었더라 왕이 궁에 돌아가서는 밤이 새도록 금식하고 그 앞에 오락을 그치고 잠자기를 마다하니라 이튿날에 왕이 새벽에 일어나 급히 사자 굴로 가서 다니엘이 든 굴에 가까이 이르러서 슬피 소리 질러 다니엘에게 묻되 살아 계시는 하나님의 종 다니엘아 네가 항상 섬기는 네 하나님이 사자들에게서 능히 너를 구원하셨느냐 하니라 다니엘이 왕에게 아뢰되 왕이여 원하건대 왕은 만수무강 하옵소서 나의 하나님이 이미 그의 천사를 보내어 사자들의 입을 봉하셨으므로 사자들이 나를 상해하지 못하였사오니 이는 나의 무죄함이 그 앞에 명백함이오며 또 왕이여 나는 왕에게도 해를 끼치지 아니하였나이다 하니라 왕이 심히 기뻐서 명하여 다니엘을 굴에서 올리라 하매 그들이 다니엘을 굴에서 올린즉 그의 몸이 조금도 상하지 아니하였으니 이는 그가 자기의 하나님을 믿음이었더라"(단 6:10-23)

다니엘은 억울하게 사자 굴에 들어가게 되었을 때 그는 먼저 믿음의 기도를 드렸다. 다니엘이 굶주린 사자 굴에 떨어졌으나 하나님께서 그의 천사들을 보내어 다니엘을 보호하셨다.

11. 성경은 모든 것 중에서 기도가 첫 자리에 있어야 함을 가르치고 있다.

"그런즉 너희는 먼저 그의 나라와 그의 의를 구하라 그리하면 이 모든 것을 너희에게 더하시리라"(마 6:33)

"그러므로 내가 첫째로 권하노니 모든 사람을 위하여 간구와 기도와 도고와 감사를 하되 임금들과 높은 지위에 있는 모든 사람을 위하여 하라 이는 우리가 모든 경건과 단정함으로 고요하고 평안한 생활을 하려 함이라"(딤전 2:1-2)

1) 기도가 말씀 사역보다 먼저이다.

"나는 너희를 위하여 기도하기를 쉬는 죄를 여호와 앞에 결단코 범하지 아니하고 선하고 의로운 길을 너희에게 가르칠 것인즉"(삼상 12:23)

"우리는 오로지 기도하는 일과 말씀 사역에 힘쓰리라 하니"(행 6:4)

2) 기도가 찬송보다 먼저이다.

"한밤중에 바울과 실라가 기도하고 하나님을 찬송하매 죄수들이 듣더라"(행 16:25)

바울과 실라가 감옥에 갇혔을 때 기도하고 찬송하여 기적을 경험하였다.

3) 기도가 전도보다 먼저이다.

"새벽 아직도 밝기 전에 예수께서 일어나 나가 한적한 곳으로 가사 거기서 기도하시더니 시몬과 및 그와 함께 있는 자들이 예수의 뒤를 따라가 만나서 이르되 모든 사람이 주를 찾나이다 이르시되 우리가 다른 가까운 마을들로 가자 거기서도 전도하리니 내가 이를 위하여 왔노라 하시고 이에 온 갈릴리에 다니시며 그들의 여러 회당에서 전도하시고 또 귀신들을 내쫓으시더라"(막 1:35-39)

예수님은 새벽 미명에 기도하시고 그날 갈릴리에 다니시면서 전도하셨다.

12. 기도에 하나님의 진노의 불을 끄는 능력이 있다(출 32장).

금송아지 사건으로 하나님의 진노의 목소리가 있었다. 하나님은 금송아지를 섬긴 이스라엘 백성들을 목이 곧은 백성, 방자한 백성, 부패한 백성이라고 평가하시고 진멸하시겠다고 말씀하셨다. 하나님의 진노로 이스라엘 백성들이 다 망할 처지에 놓였지만, 모세의 기도로 하나님의 진노의 불이 꺼지고 이스라엘 백성들은 살게 되었다.

15장 원망

원망이란 사람이나 일에 대하여 한스럽고 유감이 있다는 것을 표현하는 것이다. 원망이란 우리에게 아무런 유익이 없어서 하나님의 말씀은 우리에게 원망하지 말라고 경고하셨다.

"그들 가운데 어떤 사람들이 원망하다가 멸망시키는 자에게 멸망하였나니 너희는 그들과 같이 원망하지 말라"(고전 10:10)

예수님은 사람에게 원망들을 만한 일이 있는 경우에 그 사람과 화해한 후에 예물을 제단에 드리라고 말씀하셨다.

"그러므로 예물을 제단에 드리려다가 거기서 네 형제에게 원망들을 만한 일이 있는 것이 생각나거든 예물을 제단 앞에 두고 먼저 가서 형제와 화목하고 그 후에 와서 예물을 드리라"(마 5:23-24)

사람이 이 세상을 사는 동안 원망하지 않고 사는 것이 가능한 일인가!

쉬운 일은 아니지만 불가능한 일은 아니다. 그러므로 원망하지 않고 감사하며 살아가는 사람들이 있었다. 욥은 거의 모든 것들을 잃었지만 하나님을 원망하지 않았다.

"욥이 일어나 겉옷을 찢고 머리털을 밀고 땅에 엎드려 예배하며 이르되 내가 모태에서 알몸으로 나왔사온즉 또한 알몸이 그리로 돌아가올지라 주신 이도 여호와시요 거두신 이도 여호와시오니 여호와의 이름이 찬송을 받으실지니이다 하고 이 모든 일에 욥이 범죄하지 아니하고 하나님을 향하여 원망하지 아니하니라"(욥1:20-22)

야곱의 아들 요셉도 억울한 일들이 많았지만, 하나님과 사람에 대하여 원망하지 않았다.

1. 하나님이 베푸신 은혜를 망각하면 하나님과 사람을 원망한다.

이스라엘이 하나님의 은혜로 애굽에서 탈출하였다. 이 일로 인하여서 이스라엘은 춤추고 노래하였다. 출애굽기 15장에는 모세의 노래와 미리암의 노래와 춤이 있었다. 그들은 홍해를 건너 광야 길에 들어섰다. 그리고 3일 길을 걸었기 때문에 목이 말랐다. 그들이 마라에 이르렀을 때 마라의 물이 써서 마실 수가 없었다. 이때 이스라엘은 3일 전에 하나님께서 그들에게 베푸신 홍해 사건을 잊어버리고, 당장 마실 물이 없다고 하나님이 세우신 종 모세에게 원망하였다.

"미리암이 그들에게 화답하여 이르되 너희는 여호와를 찬송하라 그는 높고 영화로우심이요 말과 그 탄 자를 바다에 던지셨음이로다 하였더라 모세가 홍해에서 이스라엘을 인도하매 그들이 나와서 수르 광야로 들어

가서 거기서 사흘길을 걸었으나 물을 얻지 못하고 마라에 이르렀더니 그 곳 물이 써서 마시지 못하겠으므로 그 이름을 마라라 하였더라 백성이 모세에게 원망하여 이르되 우리가 무엇을 마실까 하매 모세가 여호와께 부르짖었더니 여호와께서 그에게 한 나무를 가리키시니 그가 물에 던지니 물이 달게 되었더라 거기서 여호와께서 그들을 위하여 법도와 율례를 정하시고 그들을 시험하실새 이르시되 너희가 너희 하나님 나 여호와의 말을 들어 순종하고 내가 보기에 의를 행하며 내 계명에 귀를 기울이며 내 모든 규례를 지키면 내가 애굽 사람에게 내린 모든 질병 중 하나도 너희에게 내리지 아니하리니 나는 너희를 치료하는 여호와임이라"(출 15:21-26)

이스라엘 백성들이 마라의 쓴 물을 만났을 때 모세를 원망함으로 문제를 해결할 수 없었다.

2. 어떤 긴급한 상황에 처할 때 원망하지 말고 모세처럼 하나님께 기도해야 한다.

모세의 기도로 마라의 쓴물이 단물이 되었다.

"백성이 모세에게 원망하여 이르되 우리가 무엇을 마실까 하매"(출 15:24)

기도는 원망을 물리치는 하나님의 처방이다.

3. 하나님은 미련한 사람이 하나님을 원망한다고 하셨다.

"사람이 미련하므로 자기 길을 굽게 하고 마음으로 여호와를 원망하느니라"(잠 19:3)

4. 정당한 요구라고 생각하는 것이 충족되지 않을 때 원망한다.

"그 때에 제자가 더 많아졌는데 헬라파 유대인들이 자기의 과부들이 매일의 구제에 빠지므로 히브리파 사람을 원망하니"(행 6:1)

헬라파 유대인들은 과부들이 교회가 제공하는 음식을 제대로 받지 못한다고 생각하여 히브리파 유대인들을 원망하였다. 히브리파 사람은 팔레스타인 본토 사람이었고, 히브리파 유대인은 디아스포라 유대인들이었다. 헬라파 유대인들이 헬라 문화에 젖어 있다는 이유로 팔레스타인 유대인은 그들을 곱지 않은 눈으로 대하였다.

5. 자신이 대접받지 못한다고 생각할 때 원망하기 쉽다.

"그들이 산 자와 죽은 자를 심판하기로 예비하신 이에게 사실대로 고하리라"(벧전 4:5)

하나님은 '모든 일에 원망과 시비가 없이 하라'고 명하셨다.

"모든 일을 원망과 시비가 없이 하라"(빌 2:14)

6. 자기의 필요가 채워지지 않을 때 하나님이 세우신 종들을 원망하기 쉽다.

1) 이스라엘은 신 광야에서 모세와 아론을 향하여 먹을 것이 없다고 원망하였다.

"이스라엘 자손의 온 회중이 엘림에서 떠나 엘림과 시내 산 사이에 있는 신 광야에 이르니 애굽에서 나온 후 둘째 달 십오일이라 이스라엘 자손 온 회중이 그 광야에서 모세와 아론을 원망하여 이스라엘 자손이 그들에게 이르되 우리가 애굽 땅에서 고기 가마 곁에 앉아 있던 때와 떡을 배불리 먹던 때에 여호와의 손에 죽었더라면 좋았을 것을 너희가 이 광야로 우리를 인도해 내어 이 온 회중이 주려 죽게 하는도다"(출 16:1-3)

2) 이스라엘은 르비딤에서 마실 물이 없다고 모세를 원망하였다.

"이스라엘 자손의 온 회중이 여호와의 명령대로 신 광야에서 떠나 그 노정대로 행하여 르비딤에 장막을 쳤으나 백성이 마실 물이 없는지라 백성이 모세와 다투어 이르되 우리에게 물을 주어 마시게 하라 모세가 그들에게 이르되 너희가 어찌하여 나와 다투느냐 너희가 어찌하여 여호와를 시험하느냐 거기서 백성이 목이 말라 물을 찾으매 그들이 모세에게 대하여 원망하여 이르되 당신이 어찌하여 우리를 애굽에서 인도해 내어서 우리와 우리 자녀와 우리 가축이 목말라 죽게 하느냐"(출 17:1-3)

3) 모세는 이스라엘 백성들이 자기를 향해 원망하는 소리를 듣고 하나님께 부르짖었다.

하나님은 모세의 기도를 들으시고 목말라 원망하는 저들에게 물을 주셨다.

"모세가 여호와께 부르짖어 이르되 내가 이 백성에게 어떻게 하리이까 그들이 조금 있으면 내게 돌을 던지겠나이다 여호와께서 모세에게 이르시되 백성 앞을 지나서 이스라엘 장로들을 데리고 나일 강을 치던 네 지팡이를 손에 잡고 가라 내가 호렙 산에 있는 그 반석 위 거기서 네 앞에 서리니 너는 그 반석을 치라 그것에서 물이 나오리니 백성이 마시리라 모세가 이스라엘 장로들의 목전에서 그대로 행하니라 그가 그 곳 이름을 맛사 또는 므리바라 불렀으니 이는 이스라엘 자손이 다투었음이요 또는 그들이 여호와를 시험하여 이르기를 여호와께서 우리 중에 계신가 안 계신가 하였음이더라"(출 17:4-7)

7. 사람은 주어진 환경이 마음에 들지 않을 때 하나님과 하나님이 세우신 종을 원망하기 쉽다.

"백성이 호르 산에서 출발하여 홍해 길을 따라 에돔 땅을 우회하려 하였다가 길로 말미암아 백성의 마음이 상하니라 백성이 하나님과 모세를 향하여 원망하되 어찌하여 우리를 애굽에서 인도해 내어 이 광야에서 죽게 하는가 이 곳에는 먹을 것도 없고 물도 없도다 우리 마음이 이 하찮은 음식을 싫어하노라 하매 여호와께서 불뱀들을 백성 중에 보내어 백성을 물게 하시므로 이스라엘 백성 중에 죽은 자가 많은지라 백성이 모세에게 이르러 말하되 우리가 여호와와 당신을 향하여 원망함으로 범죄하였사오니 여호와께 기도하여 이 뱀들을 우리에게서 떠나게 하소서 모세가 백성을 위하여 기도하매 여호와께서 모세에게 이르시되 불뱀을 만들어 장대 위에 매달아라 물린 자마다 그것을 보면 살리라 모세가 놋뱀을 만들어 장대 위에 다니 뱀에게 물린 자가 놋뱀을 쳐다본즉 모두 살더라"(민 21:4-9)

백성들은 주어진 환경으로 인하여 하나님과 모세를 원망하였다.

하나님은 저들의 원망하는 소리를 들으시고 불 뱀을 보내어 원망하는 자들을 죽게 하였다.

이때 백성들의 요구로 모세는 기도하였고, 불 뱀에 물려 죽어가는 자가 모세의 말대로 놋뱀을 쳐다보아 살아나는 역사가 있었다.

8. 하나님은 사람의 원망하는 말을 다 들으신다.

"이스라엘 자손의 온 회중이 엘림에서 떠나 엘림과 시내 산 사이에 있는 신 광야에 이르니 애굽에서 나온 후 둘째 달 십오일이라 이스라엘 자손 온 회중이 그 광야에서 모세와 아론을 원망하여 이스라엘 자손이 그들에게 이르되 우리가 애굽 땅에서 고기 가마 곁에 앉아 있던 때와 떡을 배불리 먹던 때에 여호와의 손에 죽었더라면 좋았을 것을 너희가 이 광야로 우리를 인도해 내어 이 온 회중이 주려 죽게 하는도다 그 때에 여호와께서 모세에게 이르시되 보라 내가 너희를 위하여 하늘에서 양식을 비 같이 내리리니 백성이 나가서 일용할 것을 날마다 거둘 것이라 이같이 하여 그들이 내 율법을 준행하나 아니하나 내가 시험하리라 여섯째 날에는 그들이 그 거둔 것을 준비할지니 날마다 거두던 것의 갑절이 되리라 모세와 아론이 온 이스라엘 자손에게 이르되 저녁이 되면 너희가 여호와께서 너희를 애굽 땅에서 인도하여 내셨음을 알 것이요 아침에는 너희가 여호와의 영광을 보리니 이는 여호와께서 너희가 자기를 향하여 원망함을 들으셨음이라 우리가 누구이기에 너희가 우리에게 대하여 원망하느냐 모세가 또 이르되 여호와께서 저녁에는 너희에게 고기를 주어 먹이시고 아침에는 떡으로 배불리시리니 이는 여호와께서 자기를 향하여 너희가 원망하는 그 말을 들으셨음이라 우리가 누구냐 너희의 원망은 우리를 향하여 함이 아니요 여호와를 향하여 함이로다 모세가 또 아론에게 이르되 이스라엘 자손의 온 회중에게 말하기를 여호와께 가까이 나아오라 여호와께서 너희의 원망함을 들으셨느니라 하라 아론이 이스라엘 자손의 온 회중에게 말하매 그들이 광야를 바라보니 여호와의 영광이 구름 속에 나타나더라 여호와께서 모세에게 말씀하여 이르시되 내가 이스라엘 자손의 원망함을 들었노라 그들에게 말하여 이르기를 너희가 해 질 때에는 고기를 먹고 아침에는 떡으로 배부르리니 내가 여호와 너희의 하나님인 줄 알리라 하라 하시니라"(출 16:1-12)

어떤 상황에서도 하나님과 사람에 대하여 원망하지 말자.
하나님은 원망하는 말을 들으신다.
하나님을 신뢰하는 믿음으로 원망 대신 기도하며 죄와 시험을 이기는 자로 살아가자.

9. 하나님의 약속의 말씀을 신뢰하지 않을 때 원망하기 쉽다.

하나님은 아브라함과 이삭과 야곱에게 가나안 땅을 약속하셨다. 백성들은 약속의 말씀을 믿고 가나안 땅에 들어가서 그 땅을 차지해야 했다. 그러나 믿음이 부족한 그들은 눈에 보이는 환경이 축복의 땅으로 가는 지름길인 줄 모르고 원망하였다.

하나님은 모세에게 이스라엘 자손에게 주는 가나안 땅을 정탐하게 하되 그들의 조상의 가문 각 지파 중에서 지휘관 한 사람씩 보내어 그 땅을 정탐하라고 명령하셨다. 12명의 정탐꾼들이 선정되었다(민 13:1-16). 12명의 정탐꾼들은 40일 동안 가나안 땅을 정탐하기를 마치고 돌아와 보고 하였다(민 13:25-29). 그런데 12명의 정탐꾼 중에 여호수와 갈렙의 보고와 나머지 10명의 보고가 달랐다.

1) 믿음이 있는 갈렙의 보고

"갈렙이 모세 앞에서 백성을 조용하게 하고 이르되 우리가 곧 올라가서 그 땅을 취하자 능히 이기리라 하나"(민 13:30)

2) 여호수아와 갈렙을 제외한 믿음이 없는 나머지 10명의 보고

"그와 함께 올라갔던 사람들은 이르되 우리는 능히 올라가서 그 백성을 치지 못하리라 그들은 우리보다 강하니라 하고 이스라엘 자손 앞에서 그 정탐한 땅을 악평하여 이르되 우리가 두루 다니며 정탐한 땅은 그 거주민을 삼키는 땅이요 거기서 본 모든 백성은 신장이 장대한 자들이며 거기서 네피림 후손인 아낙 자손의 거인들을 보았나니 우리는 스스로 보기에도 메뚜기 같으니 그들이 보기에도 그와 같았을 것이니라"(민 13:31-33)

3) 정탐꾼들의 보고를 받은 백성들의 반응

"온 회중이 소리를 높여 부르짖으며 백성이 밤새도록 통곡하였더라 이스라엘 자손이 다 모세와 아론을 원망하며 온 회중이 그들에게 이르되 우리가 애굽 땅에서 죽었거나 이 광야에서 죽었으면 좋았을 것을 어찌하여 여호와가 우리를 그 땅으로 인도하여 칼에 쓰러지게 하려 하는가 우리 처자가 사로잡히리니 애굽으로 돌아가는 것이 낫지 아니하랴 이에 서로 말하되 우리가 한 지휘관을 세우고 애굽으로 돌아가자 하매"(민 14:1-4)

정탄꾼들의 말을 듣고 여호수아와 갈렙외에는 하나님과 모세와 아론을 원망하였다. 이 일로 인하여 하나님과 모세를 원망했던 모든 사람들은 광야에서 죽고 말았다.

10. 원망하는 자들에게 반드시 벌이 따른다.

"여호와께서 모세와 아론에게 말씀하여 이르시되 나를 원망하는 이 악한 회중에게 내가 어느 때까지 참으랴 이스라엘 자손이 나를 향하여 원망하는 바 그 원망하는 말을 내가 들었노라 그들에게 이르기를 여호와의 말씀에 내 삶을 두고 맹세하노라 너희 말이 내 귀에 들린 대로 내가 너희에게 행하리니 너희 시체가 이 광야에 엎드러질 것이라 너희 중에서 이십 세 이상으로서 계수된 자 곧 나를 원망한 자 전부가 여분네의 아들 갈렙과 눈의 아들 여호수아 외에는 내가 맹세하여 너희에게 살게 하리라 한 땅에 결단코 들어가지 못하리라 너희가 사로잡히겠다고 말하던 너희의 유아들은 내가 인도하여 들이리니 그들은 너희가 싫어하던 땅을 보려니와 너희의 시체는 이 광야에 엎드러질 것이요 너희의 자녀들은 너희 반역한 죄를 지고 너희의 시체가 광야에서 소멸되기까지 사십 년을 광야에서 방황하는 자가 되리라 너희는 그 땅을 정탐한 날 수인 사십 일의 하루를 일 년으로 쳐서 그 사십 년간 너희의 죄악을 담당할지니 너희는 그제서야 내가 싫어하면 어떻게 되는지를 알리라 하셨다 하라 나 여호와가 말하였거니와 모여 나를 거역하는 이 악한 온 회중에게 내가 반드시 이같이 행하리니 그들이 이 광야에서 소멸되어 거기서 죽으리라 모세의 보냄을 받고 땅을 정탐하고 돌아와서 그 땅을 악평하여 온 회중이 모세를 원망하게 한 사람 곧 그 땅에 대하여 악평한 자들은 여호와 앞에서 재앙으로 죽었고 그 땅을 정탐하러 갔던 사람들 중에서 오직 눈의 아들 여호수아와 여분네의 아들 갈렙은 생존하니라"(민 14:26-38)

원망에 대한 교훈 : 원망하는 것은 그리스도인들의 영적인 삶의 표현이 아니다.

육신적인 그리스도인들의 표현이 곧 원망으로 나타난다.

우리는 어떠한 경우에도 원망하지 말자.

16장 고치시고

사람은 곁길로 나아가며 거짓말을 하는 성향을 가지고 태어났다. 이 것을 스스로의 힘으로 고칠 수는 없다. 하지만 하나님은 불가능한 것을 가능케 하실 수 있는 전능자이시다. 고장 난 것을 가지고 전문가에게 가면 고칠 수 있다. 우리 인간도 마치 고장 난 기계와 같다. 우리 인간은 영과 혼과 몸으로 구성되어 있다. 인간은 보이는 부분과 보이지 않는 부분으로 만들어졌다. 하나님께서 그렇게 창조하셨기 때문이다.

1. 인간은 하나님의 형상과 모양으로 지음을 받았다.

"하나님이 이르시되 우리의 형상을 따라 우리의 모양대로 우리가 사람을 만들고 그들로 바다의 물고기와 하늘의 새와 가축과 온 땅과 땅에 기는 모든 것을 다스리게 하자 하시고 하나님이 자기 형상 곧 하나님의 형상대로 사람을 창조하시되 남자와 여자를 창조하시고"(창 1:26-27)

2. 하나님께서 창조하신 놀라운 피조물인 인간은 하나님께서 금하신 열매를 먹고 타락하였다.

   1) 하나님께서 금하신 것
   "여호와 하나님이 그 사람에게 명하여 이르시되 동산 각종 나무의 열매는 네가 임의로 먹되 선악을 알게 하는 나무의 열매는 먹지 말라 네가 먹는 날에는 반드시 죽으리라 하시니라"(창 2:16-17)

   2) 하나님의 말씀을 어기고 사탄의 거짓말에 속아서 타락한 인간
   "그런데 뱀은 여호와 하나님이 지으신 들짐승 중에 가장 간교하니라 뱀이 여자에게 물어 이르되 하나님이 참으로 너희에게 동산 모든 나무의 열매를 먹지 말라 하시더냐 여자가 뱀에게 말하되 동산 나무의 열매를 우리가 먹을 수 있으나 동산 중앙에 있는 나무의 열매는 하나님의 말씀에 너희는 먹지도 말고 만지지도 말라 너희가 죽을까 하노라 하셨느니라 뱀이 여자에게 이르되 너희가 결코 죽지 아니하리라 너희가 그것을 먹는 날에는 너희 눈이 밝아져 하나님과 같이 되어 선악을 알 줄 하나님이 아심이니라 여자가 그 나무를 본즉 먹음직도 하고 보암직도 하고 지혜롭게 할 만큼 탐스럽기도 한 나무인지라 여자가 그 열매를 따먹고 자기와 함께 있는 남편에게도 주매 그도 먹은지라"(창 3:1-6)

3. 하나님의 말씀을 버리고 사탄의 말을 듣고 타락한 인간은 하나님의 모양과 형상을 잃어버렸다.

　"아담은 백삼십 세에 자기의 모양 곧 자기의 형상과 같은 아들을 낳아 이름을 셋이라 하였고"(창 5:3)
　아담은 범죄하여 처음의 하나님의 모양과 하나님의 형상을 잃어버렸고, 그의 후손 셋도 아담의 본성을 가진 존재로 태어났다.

4. 하나님은 잃었던 하나님의 모양과 형상을 회복하기 위해 독생자 예수님을 세상에 보내셨다.

　잃었던 하나님의 모양과 형상을 회복하는 길은 예수님을 개인의 주님으로 믿는 길 뿐이다.

5. 잃었던 하나님의 형상을 회복하는 데는 보혈의 능력을 믿어야 한다.

　1) 예수 십자가에서 흘리신 보혈에 사죄의 능력이 있다.
　주의 만찬에 이 사실이 잘 나타나 있다.
　"그들이 먹을 때에 예수께서 떡을 가지사 축복하시고 떼어 제자들에게 주시며 이르시되 받아서 먹으라 이것은 내 몸이니라 하시고 또 잔을 가지사 감사 기도 하시고 그들에게 주시며 이르시되 너희가 다 이것을 마시라 이것은 죄 사함을 얻게 하려고 많은 사람을 위하여 흘리는 바 나의 피 곧 언약의 피니라"(마 26:26-28)

2) 성경은 피가 죄를 속한다고 가르치고 있다.

"육체의 생명은 피에 있음이라 내가 이 피를 너희에게 주어 제단에 뿌려 너희의 생명을 위하여 속죄하게 하였나니 생명이 피에 있으므로 피가 죄를 속하느니라"(레 17:11)

"율법을 따라 거의 모든 물건이 피로써 정결하게 되나니 피흘림이 없은즉 사함이 없느니라"(히 9:22)

3) 예수님은 우리 죄를 위하여 십자가에서 보혈을 흘려주심으로 우리의 모든 죄를 용서하시고 영원히 온전케 하셨다.

"염소와 송아지의 피로 하지 아니하고 오직 자기의 피로 영원한 속죄를 이루사 단번에 성소에 들어가셨느니라"(히 9:12)

"오직 그리스도는 죄를 위하여 한 영원한 제사를 드리시고 하나님 우편에 앉으사 그 후에 자기 원수들을 자기 발등상이 되게 하실 때까지 기다리시나니 그가 거룩하게 된 자들을 한 번의 제사로 영원히 온전하게 하셨느니라"(히 10:12-14)

4) 하나님은 그의 아들을 구원의 주님으로 보내시어 십자가에 내어주심으로 죄인을 의인으로 회복시켜 주셨다.

"예수는 우리가 범죄한 것 때문에 내줌이 되고 또한 우리를 의롭다 하시기 위하여 살아나셨느니라"(롬 4:25)

5) 성경은 예수 믿는 자를 의롭다 하였다.

"모든 사람이 죄를 범하였으매 하나님의 영광에 이르지 못하더니 그리스도 예수 안에 있는 속량으로 말미암아 하나님의 은혜로 값 없이 의롭다 하심을 얻은 자 되었느니라 이 예수를 하나님이 그의 피로써 믿음으로 말미암는 화목제물로 세우셨으니 이는 하나님께서 길이 참으시는 중에 전에 지은 죄를 간과하심으로 자기의 의로우심을 나타내려 하심이니"(롬 3:23-25)

예수의 보혈은 사죄의 능력이 있다.

예수의 보혈에 죄인을 의인되게 하는 능력이 있다.

6. 하나님의 말씀에 치료의 능력이 있다.

1) 하나님의 말씀에 전인을 치료하는 능력이 있다.

"하나님의 말씀은 살아 있고 활력이 있어 좌우에 날선 어떤 검보다도 예리하여 혼과 영과 및 관절과 골수를 찔러 쪼개기까지 하며 또 마음의 생각과 뜻을 판단하나니 지으신 것이 하나도 그 앞에 나타나지 않음이 없고 우리의 결산을 받으실 이의 눈 앞에 만물이 벌거벗은 것 같이 드러나느니라"(히 4:12-13)

2) 하나님은 치료자이다.

"이르시되 너희가 너희 하나님 나 여호와의 말을 들어 순종하고 내가 보기에 의를 행하며 내 계명에 귀를 기울이며 내 모든 규례를 지키면 내가 애굽 사람에게 내린 모든 질병 중 하나도 너희에게 내리지 아니하리니 나는 너희를 치료하는 여호와임이라"(출 15:26)

3) 하나님은 말씀을 보내사 치료하신다.

"그가 그의 말씀을 보내어 그들을 고치시고 위험한 지경에서 건지시는도다"(시 107:20)

4) 하나님은 고치시는 분이다.

하나님은 마음이 상심한 자를 고치신다.

"상심한 자들을 고치시며 그들의 상처를 싸매시는도다"(시 147:3)

5) 예수님은 말씀으로 병을 고치시고 귀신을 쫓아내셨다.

"저물매 사람들이 귀신 들린 자를 많이 데리고 예수께 오거늘 예수께서 말씀으로 귀신들을 쫓아 내시고 병든 자들을 다 고치시니 이는 선지자 이사야를 통하여 하신 말씀에 우리의 연약한 것을 친히 담당하시고 병을 짊어지셨도다 함을 이루려 하심이더라"(마 8:16-17)

7. 하나님은 치료하는 광선을 보내시어 고치신다.

"내 이름을 경외하는 너희에게는 공의로운 해가 떠올라서 치료하는 광선을 비추리니 너희가 나가서 외양간에서 나온 송아지 같이 뛰리라"(말 4:2)

8. 하나님은 하나님을 섬기는 자에게 물과 양식으로 치료하신다.

"네 하나님 여호와를 섬기라 그리하면 여호와가 너희의 양식과 물에 복을 내리고 너희 중에서 병을 제하리니"(출 23:25)

9. 하나님은 사람의 심령을 강하게 하시어 병을 능히 이기게 하신다.

"사람의 심령은 그의 병을 능히 이기려니와 심령이 상하면 그것을 누가 일으키겠느냐"(잠 18:14)

10. 하나님은 그의 백성들이 강건하기를 원하신다.

"사랑하는 자여 네 영혼이 잘됨 같이 네가 범사에 잘되고 강건하기를 내가 간구하노라"(요삼 1:2)

* * *

17장 약속

약속이란 무엇인가? 약속이란 앞으로 정한 일을 지키겠다고 상대방과 서로 결정하는 것이다. 성경은 하나님이 인간을 향해 약속하신 말씀이다. 성경에 우리들을 향한 수많은 하나님의 명령과 약속들이 있다. 예수님의 탄생, 죽으심, 부활, 승천, 재림 등 하나님은 약속하시고 그의 약속을 지키시는 분이다. 하나님은 사탄처럼 거짓말하지 않으신다.

"하나님은 사람이 아니시니 거짓말을 하지 않으시고 인생이 아니시니 후회가 없으시도다 어찌 그 말씀하신 바를 행하지 않으시며 하신 말씀을 실행하지 않으시랴"(민 23:19)

하나님께서 우리에게 약속하신 수많은 약속 중에 몇 가지 소개하면 다음과 같다.

- ◆ 죄를 회개하고 예수를 주로 믿으면 구원을 선물로 받는다는 약속
- ◆ 기도 응답에 대한 약속
- ◆ 심는 대로 거둔다는 약속

1. 죄를 회개하고 예수를 믿으면 구원을 선물로 받는다는 약속

1) 죄와 죄인

◆ 아담 안에서 태어난 모든 사람은 죄인이다.

이 세상에 죄인으로 태어나지 않는 사람이 없다.

"아담은 백삼십 세에 자기의 모양 곧 자기의 형상과 같은 아들을 낳아 이름을 셋이라 하였고"(창 5:3)

"내가 죄악 중에서 출생하였음이여 어머니가 죄 중에서 나를 잉태하였나이다"(시 51:5)

"악인은 모태에서부터 멀어졌음이여 나면서부터 곁길로 나아가 거짓을 말하는도다"(시 58:3)

"선을 행하고 전혀 죄를 범하지 아니하는 의인은 세상에 없기 때문이로다"(전 7:20)

"만물보다 거짓되고 심히 부패한 것은 마음이라 누가 능히 이를 알리요마는"(렘 17:9)

◆ 예수께서 말씀하신 말씀 가운데 인간이 죄인이라는 사실이 잘 드러나 있다.

"예수께서 대답하여 이르시되 건강한 자에게는 의사가 쓸 데 없고 병든 자에게라야 쓸 데 있나니 내가 의인을 부르러 온 것이 아니요 죄인을 불러 회개시키러 왔노라"(눅 5:31-32)

◆ 신구약 성경 곳곳에서 인간이 죄인이라는 사실을 말씀하고 있다.

"그러면 어떠하냐 우리는 나으냐 결코 아니라 유대인이나 헬라인이나 다 죄 아래에 있다고 우리가 이미 선언하였느니라 기록된 바 의인은 없나니 하나도 없으며"(롬 3:9-10)

"모든 사람이 죄를 범하였으매 하나님의 영광에 이르지 못하더니"(롬 3:23)

"그러므로 한 사람으로 말미암아 죄가 세상에 들어오고 죄로 말미암아 사망이 들어왔나니 이와 같이 모든 사람이 죄를 지었으므로 사망이 모든 사람에게 이르렀느니라"(롬 5:12)

2) 죄에 대한 회개

회개란 하나님으로부터 떠나 있던 죄인이 생각을 고치고 죄를 버리고 하나님께 돌아오는 것을 말한다. 이 회개는 성경에서 100회 이상 언급된 매우 중요한 주제이다.

◆ 예수는 회개하고 복음을 믿으라고 하셨다.

"이르시되 때가 찼고 하나님의 나라가 가까이 왔으니 회개하고 복음을 믿으라 하시더라"(막 1:15)

◆ 하나님은 죄인이 죄를 회개하고 하나님께로 돌아오는 것을 기뻐하신다.

"예수께서 그들에게 이 비유로 이르시되 너희 중에 어떤 사람이 양 백 마리가 있는데 그 중의 하나를 잃으면 아흔아홉 마리를 들에 두고 그 잃은 것을 찾아내기까지 찾아다니지 아니하겠느냐 또 찾아낸즉 즐거워 어깨에 메고 집에 와서 그 벗과 이웃을 불러 모으고 말하되 나와 함께 즐기자 나의 잃은 양을 찾아내었노라 하리라 내가 너희에게 이르노니 이와 같이 죄인 한 사람이 회개하면 하늘에서는 회개할 것 없는 의인 아흔아홉으로 말미암아 기뻐하는 것보다 더하리라"(눅 15:3-7)

◆ 예수의 제자들은 나가서 회개를 전하였다.
"제자들이 나가서 회개하라 전파하고"(막 6:12)

◆ 침례 요한이 회개를 전파하였다.
"그 때에 침례 요한이 이르러 유대 광야에서 전파하여 말하되 회개하라 천국이 가까이 왔느니라 하였으니"(마 3:1-2)

◆ 사도들이 죄에 대한 회개를 전파하였다.
"베드로가 이르되 너희가 회개하여 각각 예수 그리스도의 이름으로 세례를 받고 죄 사함을 받으라 그리하면 성령의 선물을 받으리니, 그러므로 너희가 회개하고 돌이켜 너희 죄 없이 함을 받으라 이같이 하면 새롭게 되는 날이 주 앞으로부터 이를 것이요"(행 2:38, 3:19)
"유대인과 헬라인들에게 하나님께 대한 회개와 우리 주 예수 그리스도께 대한 믿음을 증언한 것이라"(행 20:21)

◆ 죄에 대한 회개는 믿음 전에 온다.

"이르시되 때가 찼고 하나님의 나라가 가까이 왔으니 회개하고 복음을 믿으라 하시더라"(막 1:15)

"유대인과 헬라인들에게 하나님께 대한 회개와 우리 주 예수 그리스도께 대한 믿음을 증언한 것이라"(행 20:21)

◆ 진실하게 하나님 앞에서 자기가 죄인임을 시인하고 죄를 회개하면 죄 용서함을 받는다.

"동이 서에서 먼 것 같이 우리의 죄과를 우리에게서 멀리 옮기셨으며"(시 103:12)

"여호와께서 말씀하시되 오라 우리가 서로 변론하자 너희의 죄가 주홍 같을지라도 눈과 같이 희어질 것이요 진홍 같이 붉을지라도 양털 같이 희게 되리라"(사 1:18)

"보옵소서 내게 큰 고통을 더하신 것은 내게 평안을 주려 하심이라 주께서 내 영혼을 사랑하사 멸망의 구덩이에서 건지셨고 내 모든 죄를 주의 등 뒤에 던지셨나이다"(사 38:17)

"나 곧 나는 나를 위하여 네 허물을 도말하는 자니 네 죄를 기억하지 아니하리라"(사 43:25)

"내가 네 허물을 빽빽한 구름 같이, 네 죄를 안개 같이 없이하였으니 너는 내게로 돌아오라 내가 너를 구속하였음이니라"(사 44:22)

"다시 우리를 불쌍히 여기셔서 우리의 죄악을 발로 밟으시고 우리의 모든 죄를 깊은 바다에 던지시리이다"(미 7:19)

3) 예수 믿음과 구원의 선물

사람이 죄인인 사실을 시인하고 죄를 회개하고 예수를 주로 믿으면 구원을 선물로 받는다. 이것은 하나님의 약속이다.

"이르되 주 예수를 믿으라 그리하면 너와 네 집이 구원을 받으리라 하고"(행 16:31)

"누구든지 주의 이름을 부르는 자는 구원을 받으리라"(롬 10:13)

"네가 만일 네 입으로 예수를 주로 시인하며 또 하나님께서 그를 죽은 자 가운데서 살리신 것을 네 마음에 믿으면 구원을 받으리라 사람이 마음으로 믿어 의에 이르고 입으로 시인하여 구원에 이르느니라"(롬 10:9-10)

"너희는 그 은혜에 의하여 믿음으로 말미암아 구원을 받았으니 이것은 너희에게서 난 것이 아니요 하나님의 선물이라 행위에서 난 것이 아니니 이는 누구든지 자랑하지 못하게 함이라"(엡 2:8-9)

"영접하는 자 곧 그 이름을 믿는 자들에게는 하나님의 자녀가 되는 권세를 주셨으니"(요 1:12)

"하나님이 세상을 이처럼 사랑하사 독생자를 주셨으니 이는 그를 믿는 자마다 멸망하지 않고 영생을 얻게 하려 하심이라"(요 3:16)

죄인이 죄를 회개하고 예수님을 주로 믿으면 구원을 선물로 받는데 구원에 대한 다양한 용어들이 있다. 그러므로 성경은 구원을 다양하게 표현하고 있으니, 구원, 하나님의 자녀, 영생이 있는 자, 성령이 있는 자,

하나님이 있는 자, 천국의 시민권을 가진 자, 신의 성품에 참여한 자, 새로운 피조물, 사망에서 생명으로 옮겨진 자, 산 자, 결코 정죄함이 없는 자, 하나님의 나라를 상속받을 자, 거듭남이나 중생, 의인 등으로 표현한다.

2. 기도 응답의 약속

성도들의 신앙생활에서 기도가 매우 중요한 자리를 차지한다.

1) 바울 사도는 믿음의 아들 디모데에게 보낸 편지에서 모든 것 중에서 첫째가 기도라고 하였다.

"그러므로 내가 첫째로 권하노니 모든 사람을 위하여 간구와 기도와 도고와 감사를 하되 임금들과 높은 지위에 있는 모든 사람을 위하여 하라 이는 우리가 모든 경건과 단정함으로 고요하고 평안한 생활을 하려 함이라"(딤전 2:1-2)

2) 하나님의 말씀에 아무것도 염려하지 말고 기도하라고 하였다.

"아무 것도 염려하지 말고 다만 모든 일에 기도와 간구로, 너희 구할 것을 감사함으로 하나님께 아뢰라 그리하면 모든 지각에 뛰어난 하나님의 평강이 그리스도 예수 안에서 너희 마음과 생각을 지키시리라"(빌 4:6-7)

3) 하나님은 우리들의 기도를 들으신다.

"여호와의 말씀이니라 너희를 향한 나의 생각을 내가 아나니 평안이요 재앙이 아니니라 너희에게 미래와 희망을 주는 것이니라 너희가 내게 부르짖으며 내게 와서 기도하면 내가 너희들의 기도를 들을 것이요"(렘 29:11-12)

"예레미야가 아직 시위대 뜰에 갇혀 있을 때에 여호와의 말씀이 그에게 두 번째로 임하니라 이르시되 일을 행하시는 여호와, 그것을 만들며 성취하시는 여호와, 그의 이름을 여호와라 하는 이가 이와 같이 이르시도다 너는 내게 부르짖으라 내가 네게 응답하겠고 네가 알지 못하는 크고 은밀한 일을 네게 보이리라"(렘 33:1-3)

"거룩한 것을 개에게 주지 말며 너희 진주를 돼지 앞에 던지지 말라 그들이 그것을 발로 밟고 돌이켜 너희를 찢어 상하게 할까 염려하라 구하라 그리하면 너희에게 주실 것이요 찾으라 그리하면 찾아낼 것이요 문을 두드리라 그리하면 너희에게 열릴 것이니 구하는 이마다 받을 것이요 찾는 이는 찾아낼 것이요 두드리는 이에게는 열릴 것이니라 너희 중에 누가 아들이 떡을 달라 하는데 돌을 주며 생선을 달라 하는데 뱀을 줄 사람이 있겠느냐 너희가 악한 자라도 좋은 것으로 자식에게 줄 줄 알거든 하물며 하늘에 계신 너희 아버지께서 구하는 자에게 좋은 것으로 주시지 않겠느냐"(마 7:6-11)

"진실로 다시 너희에게 이르노니 너희 중의 두 사람이 땅에서 합심하여 무엇이든지 구하면 하늘에 계신 내 아버지께서 그들을 위하여 이루게 하시리라 두세 사람이 내 이름으로 모인 곳에는 나도 그들 중에 있느

니라"(마 18:19-20)

"예수께서 대답하여 이르시되 내가 진실로 너희에게 이르노니 만일 너희가 믿음이 있고 의심하지 아니하면 이 무화과나무에게 된 이런 일만 할 뿐 아니라 이 산더러 들려 바다에 던져지라 하여도 될 것이요 너희가 기도할 때에 무엇이든지 믿고 구하는 것은 다 받으리라 하시니라"(마 21:21-22)

4) 성경은 예수 이름으로 기도하라고 가르치셨다.

"너희가 내 이름으로 무엇을 구하든지 내가 행하리니 이는 아버지로 하여금 아들로 말미암아 영광을 받으시게 하려 함이라 내 이름으로 무엇이든지 내게 구하면 내가 행하리라"(요 14:13-14)

"너희가 내 안에 거하고 내 말이 너희 안에 거하면 무엇이든지 원하는 대로 구하라 그리하면 이루리라"(요 15:7)

"너희가 나를 택한 것이 아니요 내가 너희를 택하여 세웠나니 이는 너희로 가서 열매를 맺게 하고 또 너희 열매가 항상 있게 하여 내 이름으로 아버지께 무엇을 구하든지 다 받게 하려 함이라" (요 15:16)

"그 날에는 너희가 아무 것도 내게 묻지 아니하리라 내가 진실로 진실로 너희에게 이르노니 너희가 무엇이든지 아버지께 구하는 것을 내 이름으로 주시리라 지금까지는 너희가 내 이름으로 아무 것도 구하지 아니하였으나 구하라 그리하면 받으리니 너희 기쁨이 충만하리라"(요 16:23-24)

5) 우리 예수님은 성경을 통해서 우리가 인내심을 가지고 기도 응답이 이루어질 때까지 기도하라고 가르치신다.

"예수께서 그들에게 항상 기도하고 낙심하지 말아야 할 것을 비유로 말씀하여 이르시되 어떤 도시에 하나님을 두려워하지 않고 사람을 무시하는 한 재판장이 있는데 그 도시에 한 과부가 있어 자주 그에게 가서 내 원수에 대한 나의 원한을 풀어 주소서 하되 그가 얼마 동안 듣지 아니하다가 후에 속으로 생각하되 내가 하나님을 두려워하지 않고 사람을 무시하나 이 과부가 나를 번거롭게 하니 내가 그 원한을 풀어 주리라 그렇지 않으면 늘 와서 나를 괴롭게 하리라 하였느니라 주께서 또 이르시되 불의한 재판장이 말한 것을 들으라 하물며 하나님께서 그 밤낮 부르짖는 택하신 자들의 원한을 풀어 주지 아니하시겠느냐 그들에게 오래 참으시겠느냐 내가 너희에게 이르노니 속히 그 원한을 풀어 주시리라 그러나 인자가 올 때에 세상에서 믿음을 보겠느냐 하시니라"(눅 18:1-8)

3. 심는 대로 거둔다.

"스스로 속이지 말라 하나님은 업신여김을 받지 아니하시나니 사람이 무엇으로 심든지 그대로 거두리라"(갈 6:7)

기도를 심으면 응답으로 거둔다. 사람이 무엇을 심든지 그대로 거둔다.

1) 물질로 심으면 물질로 거둔다.

"사람이 어찌 하나님의 것을 도둑질하겠느냐 그러나 너희는 나의 것을 도둑질하고도 말하기를 우리가 어떻게 주의 것을 도둑질하였나이까 하는도다 이는 곧 십일조와 봉헌물이라 너희 곧 온 나라가 나의 것을 도둑질하였으므로 너희가 저주를 받았느니라 만군의 여호와가 이르노라 너희의 온전한 십일조를 창고에 들여 나의 집에 양식이 있게 하고 그것으로 나를 시험하여 내가 하늘 문을 열고 너희에게 복을 쌓을 곳이 없도록 붓지 아니하나 보라"(말 3:8-10)

"네 재물과 네 소산물의 처음 익은 열매로 여호와를 공경하라 그리하면 네 창고가 가득히 차고 네 포도즙 틀에 새 포도즙이 넘치리라"(잠 3:9-10)

"흩어 구제하여도 더욱 부하게 되는 일이 있나니 과도히 아껴도 가난하게 될 뿐이니라 구제를 좋아하는 자는 풍족하여질 것이요 남을 윤택하게 하는 자는 자기도 윤택하여지리라"(잠 11:24-25)

"가난한 자를 불쌍히 여기는 것은 여호와께 꾸어 드리는 것이니 그의 선행을 그에게 갚아 주시리라"(잠 19:17)

"주라 그리하면 너희에게 줄 것이니 곧 후히 되어 누르고 흔들어 넘치도록 하여 너희에게 안겨 주리라 너희가 헤아리는 그 헤아림으로 너희도 헤아림을 도로 받을 것이니라"(눅 6:38)

"범사에 여러분에게 모본을 보여준 바와 같이 수고하여 약한 사람들을 돕고 또 주 예수께서 친히 말씀하신 바 주는 것이 받는 것보다 복이

있다 하심을 기억하여야 할지니라"(행 20:35)

"이것이 곧 적게 심는 자는 적게 거두고 많이 심는 자는 많이 거둔다 하는 말이로다 각각 그 마음에 정한 대로 할 것이요 인색함으로나 억지로 하지 말지니 하나님은 즐겨 내는 자를 사랑하시느니라 하나님이 능히 모든 은혜를 너희에게 넘치게 하시나니 이는 너희로 모든 일에 항상 모든 것이 넉넉하여 모든 착한 일을 넘치게 하게 하려 하심이라"(고후 9:6-8)

"내게는 모든 것이 있고 또 풍부한지라 에바브로디도 편에 너희가 준 것을 받으므로 내가 풍족하니 이는 받으실 만한 향기로운 제물이요 하나님을 기쁘시게 한 것이라 나의 하나님이 그리스도 예수 안에서 영광 가운데 그 풍성한 대로 너희 모든 쓸 것을 채우시리라"(빌 4:18-19)

2) 진리는 실천할 때 더욱 빛이 난다.

"너희는 내게 배우고 받고 듣고 본 바를 행하라 그리하면 평강의 하나님이 너희와 함께 계시리라"(빌 4:9)

3) 형통은 하나님의 말씀을 실천하는 자에게 주어진다.

"이 율법책을 네 입에서 떠나지 말게 하며 주야로 그것을 묵상하여 그 안에 기록된 대로 다 지켜 행하라 그리하면 네 길이 평탄하게 될 것이며 네가 형통하리라"(수 1:8)

"복 있는 사람은 악인들의 꾀를 따르지 아니하며 죄인들의 길에 서지 아니하며 오만한 자들의 자리에 앉지 아니하고 오직 여호와의 율법을 즐거워하여 그의 율법을 주야로 묵상하는도다 그는 시냇가에 심은 나무가 철을 따라 열매를 맺으며 그 잎사귀가 마르지 아니함 같으니 그가 하는 모든 일이 다 형통하리로다"(시 1:1-3)

4) 약속의 말씀을 기억하고 실천하라.

죄인이 죄를 회개하고 예수를 주로 믿으면 구원을 받고, 성도가 예수 이름으로 기도하면 응답을 받고, 성도가 무엇으로 심든지 그대로 거둔다는 약속의 말씀을 믿고 기도하라. 절대 후회하지 않을 것이다.

5) 하나님이 우리에게 약속하신 것들이 놀랍다.

◆ 의의 면류관

"육체의 연단은 약간의 유익이 있으나 경건은 범사에 유익하니 금생과 내생에 약속이 있느니라"(딤전 4:8)

◆ 성령

"그 안에서 너희도 진리의 말씀 곧 너희의 구원의 복음을 듣고 그 안에서 또한 믿어 약속의 성령으로 인치심을 받았으니"(엡 1:13)

"사도와 함께 모이사 그들에게 분부하여 이르시되 예루살렘을 떠나지 말고 내게서 들은 바 아버지께서 약속하신 것을 기다리라"(행 1:4)

◆ 안식

"그러므로 우리는 두려워할지니 그의 안식에 들어갈 약속이 남아 있을지라도 너희 중에는 혹 이르지 못할 자가 있을까 함이라"(히 4:1)

◆ 진리로 얻는 자유

"진리를 알지니 진리가 너희를 자유롭게 하리라"(요 8:32)

◆ 생명의 면류관

"시험을 참는 자는 복이 있나니 이는 시련을 견디어 낸 자가 주께서 자기를 사랑하는 자들에게 약속하신 생명의 면류관을 얻을 것이기 때문이라"(약 1:12)

◆ 영생

"그가 우리에게 약속하신 것은 이것이니 곧 영원한 생명이니라"(요일 2:25)

하나님은 약속하시고 그 약속을 지키신다.

* * *
18장 발견

우리들이 반드시 발견해야 할 것 세 가지는 첫째가 거룩하신 하나님, 둘째가 자기 자신, 셋째가 사명이다.

"웃시야 왕이 죽던 해에 내가 본즉 주께서 높이 들린 보좌에 앉으셨는데 그의 옷자락은 성전에 가득하였고 스랍들이 모시고 섰는데 각기 여섯 날개가 있어 그 둘로는 자기의 얼굴을 가리었고 그 둘로는 자기의 발을 가리었고 그 둘로는 날며 서로 불러 이르되 거룩하다 거룩하다 거룩하다 만군의 여호와여 그의 영광이 온 땅에 충만하도다 하더라 이같이 화답하는 자의 소리로 말미암아 문지방의 터가 요동하며 성전에 연기가 충만한지라 그 때에 내가 말하되 화로다 나여 망하게 되었도다 나는 입술이 부정한 사람이요 나는 입술이 부정한 백성 중에 거주하면서 만군의 여호와이신 왕을 뵈었음이로다 하였더라 그 때에 그 스랍 중의 하나가 부젓가락으로 제단에서 집은 바 핀 숯을 손에 가지고 내게로 날아와서 그것을 내 입술에 대며 이르되 보라 이것이 네 입에 닿았으니 네 악이 제하여졌고 네 죄가 사하여졌느니라 하더라 내가 또 주의 목소리를 들으니 주께서 이르시되 내가 누구를 보내며 누가 우리를 위하여 갈꼬 하시니 그 때에 내가 이르되 내가 여기 있나이다 나를 보내소서 하였더니"(사 6:1-8)

148 성도의 삶

1. 거룩하신 하나님을 발견하라.

"웃시야 왕이 죽던 해에 내가 본즉 주께서 높이 들린 보좌에 앉으셨는데 그의 옷자락은 성전에 가득하였고 스랍들이 모시고 섰는데 각기 여섯 날개가 있어 그 둘로는 자기의 얼굴을 가리었고 그 둘로는 자기의 발을 가리었고 그 둘로는 날며 서로 불러 이르되 거룩하다 거룩하다 거룩하다 만군의 여호와여 그의 영광이 온 땅에 충만하도다 하더라 이같이 화답하는 자의 소리로 말미암아 문지방의 터가 요동하며 성전에 연기가 충만한지라"(사 6:1-4)

1) 하나님께서 창조하신 만물을 통해서 거룩하신 하나님을 발견할 수 있다.

"이는 하나님을 알 만한 것이 그들 속에 보임이라 하나님께서 이를 그들에게 보이셨느니라 창세로부터 그의 보이지 아니하는 것들 곧 그의 영원하신 능력과 신성이 그가 만드신 만물에 분명히 보여 알려졌나니 그러므로 그들이 핑계하지 못할지니라"(롬 1:19-20)

2) 거룩하신 하나님은 영이시기에 우리들의 눈으로는 볼 수 없다.

그러나 그가 만드신 피조세계를 통해서 거룩하신 하나님을 알 수 있다.

"그러나 자기를 증언하지 아니하신 것이 아니니 곧 여러분에게 하늘로부터 비를 내리시며 결실기를 주시는 선한 일을 하사 음식과 기쁨으로 여러분의 마음에 만족하게 하셨느니라 하고"(행 14:17)

3) 거룩하신 하나님의 존재를 부인하는 사람은 어리석은 사람이요 악한 사람이라고 하였다.

"악인은 그의 교만한 얼굴로 말하기를 여호와께서 이를 감찰하지 아니하신다 하며 그의 모든 사상에 하나님이 없다 하나이다, 어리석은 자는 그의 마음에 이르기를 하나님이 없다 하는도다 그들은 부패하고 그 행실이 가증하니 선을 행하는 자가 없도다"(시 10:4, 14:1)

우리는 자연을 통하여 하나님의 존재를 알 수 있고, 또한 기록된 하나님의 말씀 곧 성경을 통해서 거룩하신 하나님을 만날 수 있다. 신구약 성경 말씀이 살아계시며 거룩하신 하나님을 소개한다.

2. 죄인 된 나를 발견하라. 거룩하신 하나님의 눈에 비친 인간은 철저하게 망할 죄인이다.

"그 때에 내가 말하되 화로다 나여 망하게 되었도다 나는 입술이 부정한 사람이요 나는 입술이 부정한 백성 중에 거주하면서 만군의 여호와이신 왕을 뵈었음이로다 하였더라"(사 6:5)

1) 모든 사람은 죄인이다. 하나님의 말씀에 대한 아담의 불순종으로 인간이 죄인이 되었다. 성경에 모든 사람이 죄인이라고 하였다. 이 세상

에 죄 없이 태어난 사람은 단 한 사람도 없다.

"내가 죄악 중에서 출생하였음이여 어머니가 죄 중에서 나를 잉태하였나이다"(시 51:5)

"악인은 모태에서부터 멀어졌음이여 나면서부터 곁길로 나아가 거짓을 말하는도다"(시 58:3)

"무릇 우리는 다 부정한 자 같아서 우리의 의는 다 더러운 옷 같으며 우리는 다 잎사귀 같이 시들므로 우리의 죄악이 바람 같이 우리를 몰아가나이다"(사 64:6)

"만물보다 거짓되고 심히 부패한 것은 마음이라 누가 능히 이를 알리요마는 나 여호와는 심장을 살피며 폐부를 시험하고 각각 그의 행위와 그의 행실대로 보응하나니"(렘 17:9-10)

"그러면 어떠하냐 우리는 나으냐 결코 아니라 유대인이나 헬라인이나 다 죄 아래에 있다고 우리가 이미 선언하였느니라 기록된 바 의인은 없나니 하나도 없으며 깨닫는 자도 없고 하나님을 찾는 자도 없고 다 치우쳐 함께 무익하게 되고 선을 행하는 자는 없나니 하나도 없도다"(롬 3:9-12)

"모든 사람이 죄를 범하였으매 하나님의 영광에 이르지 못하더니"(롬 3:23)

"그러므로 한 사람으로 말미암아 죄가 세상에 들어오고 죄로 말미암아 사망이 들어왔나니 이와 같이 모든 사람이 죄를 지었으므로 사망이 모든 사람에게 이르렀느니라"(롬 5:12)

2) 죄인인 인간이 죄를 회개하고 하나님 앞에 나가면 모든 죄를 사함 받는다.

"너희는 스스로 씻으며 스스로 깨끗하게 하여 내 목전에서 너희 악한 행실을 버리며 행악을 그치고 선행을 배우며 정의를 구하며 학대 받는 자를 도와 주며 고아를 위하여 신원하며 과부를 위하여 변호하라 하셨느니라 여호와께서 말씀하시되 오라 우리가 서로 변론하자 너희의 죄가 주홍 같을지라도 눈과 같이 희어질 것이요 진홍 같이 붉을지라도 양털 같이 희게 되리라"(사 1:16-18)

"나 곧 나는 나를 위하여 네 허물을 도말하는 자니 네 죄를 기억하지 아니하리라"(사 43:25)
"내가 네 허물을 빽빽한 구름 같이, 네 죄를 안개 같이 없이하였으니 너는 내게로 돌아오라 내가 너를 구속하였음이니라"(사 44:22)

3. 죄인이 거룩하신 하나님께 나아가 죄의 짐을 벗었으면 평생 실천해야 할 자기의 사명을 발견해야 한다.

"내가 또 주의 목소리를 들으니 주께서 이르시되 내가 누구를 보내며 누가 우리를 위하여 갈꼬 하시니 그 때에 내가 이르되 내가 여기 있나이다 나를 보내소서 하였더니"(사 6:8)

이사야는 하나님이 자기를 소명하였을 때 즉시 응답하여 주께서 정하신 길을 걸었다. 거룩하신 하나님을 발견하고, 죄인 된 자기 자신을 발견하고, 죄의 문제를 해결했으면 하나님이 주신 은사대로 주님을 섬겨야 할 것이다.

* * *
19장 만남

　우리들의 인생에서 만남은 참으로 중요하다. 우리는 부모, 스승, 친구, 이웃, 상사, 부하직원 등 우리의 만남이 얼마나 중요한지 모른다. 사람은 만남으로 서로가 서로에게 영향을 주고받는다. 사람은 사람을 잘 만나야 한다. 사람을 잘 못 만나면 인생을 망친다.

1. 사람은 최고의 신이 되시는 하나님을 만나야 한다.

　1) 사람이 망할 신을 만나 섬기면 그 인생은 망할 수밖에 없다.
　하나님께서 그렇게 정하셨기 때문이다. 이 지구상에 하나님 외에는 모두가 망할 신들이다.

　"오직 여호와는 참 하나님이시요 살아 계신 하나님이시요 영원한 왕이시라 그 진노하심에 땅이 진동하며 그 분노하심을 이방이 능히 당하지 못하느니라 너희는 이같이 그들에게 이르기를 천지를 짓지 아니한 신들은 땅 위에서, 이 하늘 아래에서 망하리라 하라"(렘 10:10-11)

2) 하나님은 세상의 다른 신들을 벌하신다.

"내가 그 밤에 애굽 땅에 두루 다니며 사람이나 짐승을 막론하고 애굽 땅에 있는 모든 처음 난 것을 다 치고 애굽의 모든 신을 내가 심판하리라 나는 여호와라"(출 12:12)

3) 모든 만남 중에 최고의 만남은 예수님과의 만남이다.

모든 사람에게 참으로 필요한 분은 예수님이시다. 자고로 예수님 만나서 망하는 사람이 없다.

예수님은 전능한 하나님이시다. 예수님께는 불가능이란 없다.

예수님은 불가능한 일을 가능으로 바꾸시는 분이시다. 그러므로 예수님을 만나야 한다.

2. 예수 만나 팔자를 고친 사람들이 많다.

1) 나병 환자가 예수님 만나 건강을 찾았다.

"예수께서 산에서 내려 오시니 수많은 무리가 따르니라 한 나병환자가 나아와 절하며 이르되 주여 원하시면 저를 깨끗하게 하실 수 있나이다 하거늘 예수께서 손을 내밀어 그에게 대시며 이르시되 내가 원하노니 깨끗함을 받으라 하시니 즉시 그의 나병이 깨끗하여진지라 예수께서 이르시되 삼가 아무에게도 이르지 말고 다만 가서 제사장에게 네 몸을 보이고 모세가 명한 예물을 드려 그들에게 입증하라 하시니라"(마 8:1-4)

2) 소경이 예수 만나 눈이 열렸다.

"예수께서 거기에서 떠나가실새 두 맹인이 따라오며 소리 질러 이르되 다윗의 자손이여 우리를 불쌍히 여기소서 하더니 예수께서 집에 들어가시매 맹인들이 그에게 나아오거늘 예수께서 이르시되 내가 능히 이일 할 줄을 믿느냐 대답하되 주여 그러하오이다 하니 이에 예수께서 그들의 눈을 만지시며 이르시되 너희 믿음대로 되라 하시니 그 눈들이 밝아진지라 예수께서 엄히 경고하시되 삼가 아무에게도 알리지 말라 하셨으나 그들이 나가서 예수의 소문을 그 온 땅에 퍼뜨리니라"(마 9:27-31)

3) 벙어리가 예수 만나 고침을 받았다.

"그들이 나갈 때에 귀신 들려 말 못하는 사람을 예수께 데려오니 귀신이 쫓겨나고 말 못하는 사람이 말하거늘 무리가 놀랍게 여겨 이르되 이스라엘 가운데서 이런 일을 본 적이 없다 하되 바리새인들은 이르되 그가 귀신의 왕을 의지하여 귀신을 쫓아낸다 하더라"(마 9:32-34)

4) 빈 들에서 굶주린 무리가 예수님 때문에 오병이어의 기적으로 만족하게 먹었다.

보리 떡 다섯 개와 물고기 두 마리로 5천 명을 먹이시고 남은 조각이 12 광주리에 거두었다.

"예수께서 나오사 큰 무리를 보시고 불쌍히 여기사 그 중에 있는 병자를 고쳐 주시니라 저녁이 되매 제자들이 나아와 이르되 이 곳은 빈 들이요 때도 이미 저물었으니 무리를 보내어 마을에 들어가 먹을 것을 사 먹게 하소서 예수께서 이르시되 갈 것 없다 너희가 먹을 것을 주라 제자들이 이르되 여기 우리에게 있는 것은 떡 다섯 개와 물고기 두 마리뿐이니이다 이르시되 그것을 내게 가져오라 하시고 무리를 명하여 잔디 위에 앉히시고 떡 다섯 개와 물고기 두 마리를 가지사 하늘을 우러러 축사하시고 떡을 떼어 제자들에게 주시매 제자들이 무리에게 주니 다 배불리 먹고 남은 조각을 열두 바구니에 차게 거두었으며 먹은 사람은 여자와 어린이 외에 오천 명이나 되었더라"(마 14:14-21)

5) 예수님께서 떡 다섯 개와 물고기 두 마리로 4천 명을 먹이시고 일곱 광주리를 남기셨다(마 15:32-39).

6) 백부장이 예수님 만나 그의 신하의 중풍병을 고침 받게 하였다(마 8:5-13).

7) 예수님께서 거라사인의 지방에 군대귀신 들린 자를 고쳐주셨다(막 5:1-20)

8) 예수님께서 18년 동안 사탄에게 매인 자를 고쳐주셨다(눅 13:10-17)
예수님께서 행하신 기적을 말하자면 시간이 부족할 정도이다. 예수님은 그의 지상 생활 중에 가르치시고 고치신 일을 말하자면 한도 없고, 끝도 없을 것이다.

3. 삭개오는 인생에서 예수님을 만나 삶이 아름답게 변화되었다.

"예수께서 여리고로 들어가 지나가시더라 삭개오라 이름하는 자가 있으니 세리장이요 또한 부자라 그가 예수께서 어떠한 사람인가 하여 보고자 하되 키가 작고 사람이 많아 할 수 없어 앞으로 달려가서 보기 위하여 돌무화과나무에 올라가니 이는 예수께서 그리로 지나가시게 됨이러라 예수께서 그 곳에 이르사 쳐다 보시고 이르시되 삭개오야 속히 내려오라 내가 오늘 네 집에 유하여야 하겠다 하시니 급히 내려와 즐거워하며 영접하거늘 뭇 사람이 보고 수군거려 이르되 저가 죄인의 집에 유하러 들어갔도다 하더라 삭개오가 서서 주께 여짜오되 주여 보시옵소서 내 소유의 절반을 가난한 자들에게 주겠사오며 만일 누구의 것을 속여 빼앗은 일이 있으면 네 갑절이나 갚겠나이다 예수께서 이르시되 오늘 구원이 이 집에 이르렀으니 이 사람도 아브라함의 자손임이로다 인자가 온 것은 잃어버린 자를 찾아 구원하려 함이니라"(눅 19:1-10)

사실 삭개오는 여리고의 세리장이요 부자였고, 키가 작지만, 돈을 모으는데 수단과 방법을 가리지 않았던 사람이었다. 삭개오에 대한 사람들의 평가는 빵점이었다. 삭개오에 대한 예수님의 평가는 영적으로 파산 된 자였다. 이 삭개오가 예수님에 대한 소문을 듣고 예수님을 만나기로 결심했다.

1) 삭개오가 예수님을 만나는데 작은 키와 군중들이 장애물이었다.

삭개오는 예수님을 만나는데 장애물이 있었음에도 불구하고 그는 예수님을 만나려는 생각을 포기하지 않았다. 삭개오는 돌 무화과나무를 발견하고 나무에 올라갔다. 삭개오는 장애물을 극복하고 예수님을 만날 수 있었다. 삭개오가 올라갔던 돌 무화과나무 곁을 예수님께서 지나가고 있었다. 삭개오가 예수님께 발견되었다. 예수님은 삭개오를 향하여 '삭개오야 속히 내려오라 오늘 내가 네 집에 유하여야 하겠다"라고 말씀하셨다.

2) 삭개오는 예수님의 명령에 즉각 순종하고 예수님을 영접하였다.

하지만 여기저기서 수군 거리는 소리가 들려왔다. 예수님이 죄인의 집에 유하러 들어갔다는 것이다. 그런데 삭개오가 예수님을 만난 이후부터 그는 놀랍게 변화되었다. 그에게 상상할 수도 없는 변화가 일어났다. 예수님을 만난 삭개오는 생각의 변화와 언어의 변화와 행동의 변화를 경험하였다.

3) 삭개오가 예수님 영접한 후에 그가 한 말을 들어보라.

"삭개오가 서서 주께 여짜오되 주여 보시옵소서 내 소유의 절반을 가난한 자들에게 주겠사오며 만일 누구의 것을 속여 빼앗은 일이 있으면 네 갑절이나 갚겠나이다"(눅 19:8)

예수님을 만난 삭개오는 이제 가난한 자를 생각하게 되었다. 자기 소유의 절반을 팔아 가난한 자에게 주겠다고 약속하였다. 그리고 다른 사람의 것을 토색한 것이 있으면 네 갑절이나 갚겠다고 하였다. 이러한 사실로 인하여 여리고는 삭개오 때문에 시끄러웠을 것이다. 삭개오가 가난한 사람을 생각하여 자기의 소유 절반을 나누어 주었다. 삭개오가 예수님을 만난 후에 달라진 것이다.

4) 예수님을 만난 후에 변화된 삭개오에 대한 예수님의 평가를 들어보라.

삭개오는 구원을 받았다. 삭개오는 아브라함의 자손이 되었다.

5) 삭개오를 만나 그를 구원하신 후에 예수님은 자신의 사명을 말씀하셨다.

"인자가 온 것은 잃어버린 자를 찾아 구원하려 함이니라"(눅 19:10)

예수님이 이 땅에 오신 가장 중요한 이유는 잃어버린 자를 찾아 구원하려는 것이다. 예수님은 삭개오 같은 죄인을 구원하기 위해 이 세상에 사람의 모습으로 오셨다. 예수님은 죄인을 구원하러 오셨다.

"예수께서 들으시고 그들에게 이르시되 건강한 자에게는 의사가 쓸데 없고 병든 자에게라야 쓸 데 있느니라 나는 의인을 부르러 온 것이 아니요 죄인을 부르러 왔노라 하시니라"(막 2:17)

이 세상에 많은 만남이 있다. 그중에 가장 중요한 만남은 예수님과의 만남이다. 예수님을 만난 사람은 삭개오처럼 반드시 변화된다.

20장 관계

* * *

　"하나님이 이 모든 말씀으로 말씀하여 이르시되 나는 너를 애굽 땅, 종 되었던 집에서 인도하여 낸 네 하나님 여호와니라 너는 나 외에는 다른 신들을 네게 두지 말라 너를 위하여 새긴 우상을 만들지 말고 또 위로 하늘에 있는 것이나 아래로 땅에 있는 것이나 땅 아래 물 속에 있는 것의 어떤 형상도 만들지 말며 그것들에게 절하지 말며 그것들을 섬기지 말라 나 네 하나님 여호와는 질투하는 하나님인즉 나를 미워하는 자의 죄를 갚되 아버지로부터 아들에게로 삼사 대까지 이르게 하거니와 나를 사랑하고 내 계명을 지키는 자에게는 천 대까지 은혜를 베푸느니라 너는 네 하나님 여호와의 이름을 망령되게 부르지 말라 여호와는 그의 이름을 망령되게 부르는 자를 죄 없다 하지 아니하리라 안식일을 기억하여 거룩하게 지키라 엿새 동안은 힘써 네 모든 일을 행할 것이나 일곱째 날은 네 하나님 여호와의 안식일인즉 너나 네 아들이나 네 딸이나 네 남종이나 네 여종이나 네 가축이나 네 문안에 머무는 객이라도 아무 일도 하지 말라 이는 엿새 동안에 나 여호와가 하늘과 땅과 바다와 그 가운데 모든 것을 만들고 일곱째 날에 쉬었음이라 그러므로 나 여호와가 안식일을 복되게 하여 그 날을 거룩하게 하였느니라 네 부모를 공경하라 그리하면 네 하나님 여호와가 네게 준 땅에서 네 생명이 길리라 살인하지 말라 간음하지 말라 도둑질하지 말라 네 이웃에 대하여 거짓 증거하지 말라 네 이웃의 집을 탐내지 말라 네 이웃의 아내나 그의 남종이나 그의 여종이나 그의 소나 그의 나귀나 무릇 네 이웃의 소유를 탐내지 말라"(출 20:1-17)

사람의 성공은 관계에 있다. 성공적인 삶을 살아가려면 먼저 관계에 성공해야 한다. 사람이 관계에 실패하면 모든 면에서 실패하게 된다.

하나님은 모세를 통하여 십계명을 주셨다. 십계명은 철저하게 관계에 대한 교훈이다.
십계명은 크게 세 가지 교훈으로 나누어져 있다.
하나님과의 관계 (3-11절)
사람과의 관계 (12-16절)
물질에 대한 관계이다 (17절)

□ 하나님과의 관계 (3-11절)
하나님은 사람이 철저하게 하나님과 바른 관계를 맺기를 원하신다.

1. 십계명 중 제1계명에서 "너는 나 외에는 다른 신들을 네게 두지 말라"라고 명령하셨다.

인간이 행복하게 사는 데 있어서 첫 번째가 하나님 제일주의로 사는 것이다. 하나님이 내 삶의 첫 자리에 계시면 행복하게 살아갈 수 있다. 하나님은 유일신이다. 하나님이 인간의 생사화복을 주관하신다. 하나님 외에 다른 신들은 인간에게 아무런 유익을 주지 못한다.

1) 이 세상에 많은 신과 많은 주가 있다.

"비록 하늘에나 땅에나 신이라 불리는 자가 있어 많은 신과 많은 주가 있으나 그러나 우리에게는 한 하나님 곧 아버지가 계시니 만물이 그에게서 났고 우리도 그를 위하여 있고 또한 한 주 예수 그리스도께서 계시니 만물이 그로 말미암고 우리도 그로 말미암아 있느니라"(고전 8:5-6)

2) 하나님만 유일하신 분이시다.

"영생은 곧 유일하신 참 하나님과 그가 보내신 자 예수 그리스도를 아는 것이니이다"(요 17:3)

"기약이 이르면 하나님이 그의 나타나심을 보이시리니 하나님은 복되시고 유일하신 주권자이시며 만왕의 왕이시며 만주의 주시요 오직 그에게만 죽지 아니함이 있고 가까이 가지 못할 빛에 거하시고 어떤 사람도 보지 못하였고 또 볼 수 없는 이시니 그에게 존귀와 영원한 권능을 돌릴지어다 아멘"(딤전 6:15-16)

성경에서 "유일"이란 단어는 오직 단 하나밖에 없음을 뜻하는 말로 주로 하나님과 관련하여 쓰여 졌다.

"예수께서 이르시되 내가 곧 길이요 진리요 생명이니 나로 말미암지

않고는 아버지께로 올 자가 없느니라"(요 14:6)

(Jesus saith unto him, I am the, the truth, and the : no man cometh unto the Father, but by me.)

3) 하나님은 스스로 계신(출 3:14) 유일하신 분이다.

"이스라엘아 들으라 우리 하나님 여호와는 오직 유일한 여호와이시니 너는 마음을 다하고 뜻을 다하고 힘을 다하여 네 하나님 여호와를 사랑하라"(신 6:4-5)

하나님께서 유일하신 하나님이시기 때문에 사람은 인간의 생사화복을 주관하시는 하나님만 섬겨야 한다. 하나님은 십계명의 1계명에서 어떠한 명령을 하셨는가?

"너는 나 외에는 다른 신들을 네게 두지 말라"라고 명령하셨다.
인간이 하나님과 바른 관계에서 첫째가 하나님만 예배하는 것이다.
하나님 외에 다른 신들을 섬기며 예배하는 행위를 하나님께서 금하셨다.
하나님 외에 다른 신을 섬기면 괴로운 일이 많이 일어난다. 하나님께서 그렇게 정하셨기 때문이다.

"다른 신에게 예물을 드리는 자는 괴로움이 더할 것이라 나는 그들이

드리는 피의 전제를 드리지 아니하며 내 입술로 그 이름도 부르지 아니하리로다"(시 16:4)

하나님은 하나님 외에 다른 신들을 예배하는 것을 용납하지 않으신다. 하나님은 유일하신 분으로 천지와 만물을 지으시고 그것들을 다스리시는 주권자이시다. 하나님은 유일하신 참 하나님을 섬기며 예배하는 자를 찾으시며 복을 주신다. 유일하신 하나님만 예배하는 자는 유일하신 하나님 말씀에 순종하는 자이다.

2. 하나님은 2계명에서 "너를 위하여 어떤 형상의 우상도 새겨 만들지 말고 그것들에게 절하지 말라"고 명령하셨다.

1) 하나님과의 관계에서 두 번째 계명을 자세히 말씀하셨다.

"너를 위하여 새긴 우상을 만들지 말고 또 위로 하늘에 있는 것이나 아래로 땅에 있는 것이나 땅 아래 물 속에 있는 것의 어떤 형상도 만들지 말며 그것들에게 절하지 말며 그것들을 섬기지 말라 나 네 하나님 여호와는 질투하는 하나님인즉 나를 미워하는 자의 죄를 갚되 아버지로부터 아들에게로 삼사 대까지 이르게 하거니와 나를 사랑하고 내 계명을 지키는 자에게는 천 대까지 은혜를 베푸느니라"(출 20:4-6)

2) 우리가 2계명을 어기면 형통한 자로 살아갈 수 없다.

우상을 새겨 만들고 그것을 예배하는 자는 망한다. 이것이 성경의 가르침이다. 그렇다면 우상이란 무엇이며, 우상숭배란 무엇인가? 사람이 예배의 대상으로 사용하려고 만든 물건 혹은 의식들과 행위를 하나님 아닌 다른 대상을 예배하는 것과 관련된 행위를 말한다.

사람이나 동물의 형상을 만들어 사용하기 위해 사람들은 돌이나 나무 등으로 우상을 만들었다. 이렇게 만들어진 우상은 신과 같이 취급되었고, 사람들은 우상을 숭배하며 섬겼다. 사람보다 못한 짐승이나 일월성신이나 어떤 형상을 만들어 섬기는 것을 하나님께서 금하셨다. 우상을 만들고 우상을 섬기며 예배하는 자들을 하나님께서 벌하셨다. 우상은 아무것도 아니며, 그것이 사람들에게 복을 주거나 화를 줄 수 없다.

3) 우상은 아무것도 아니다.
"그러므로 우상의 제물을 먹는 일에 대하여는 우리가 우상은 세상에 아무 것도 아니며 또한 하나님은 한 분밖에 없는 줄 아노라"(고전 8:4)

4) 우상이 화를 주거나 복을 주거나 하지 않는다.
"이스라엘 집이여 여호와께서 너희에게 이르시는 말씀을 들을지어다 여호와께서 이와 같이 말씀하시되 여러 나라의 길을 배우지 말라 이방 사람들은 하늘의 징조를 두려워하거니와 너희는 그것을 두려워하지 말라 여러 나라의 풍습은 헛된 것이니 삼림에서 벤 나무요 기술공의 두 손이 도끼로 만든 것이라 그들이 은과 금으로 그것에 꾸미고 못과 장도리로 그것을 든든히 하여 흔들리지 않게 하나니 그것이 둥근 기둥 같아서 말도 못하며 걸어다니지도 못하므로 사람이 메어야 하느니라 그것이 그들에게 화를 주거나 복을 주지 못하나니 너희는 두려워하지 말라 하셨느니라"(렘 10:1-5)

"그들의 우상들은 은과 금이요 사람이 손으로 만든 것이라 입이 있어도 말하지 못하며 눈이 있어도 보지 못하며 귀가 있어도 듣지 못하며 코가 있어도 냄새 맡지 못하며 손이 있어도 만지지 못하며 발이 있어도 걷지 못하며 목구멍이 있어도 작은 소리조차 내지 못하느니라 우상들을 만드는 자들과 그것을 의지하는 자들이 다 그와 같으리로다"(시 115:4-8)

5) 오직 유일하신 하나님만이 우리들의 예배의 대상이며 섬김의 대상이다.

이스라엘 백성들이 한때 하나님을 예배하지 않고 다른 신을 섬기거나 우상을 만들어 예배하였다. 이 때 하나님은 여러 번 경고하셨다. 이 일로 인하여서 이스라엘은 이방 나라에 끌려가 고난을 당하였다. 하나님은 우상 숭배하는 자가 되지 말라고 경고하셨다.

"그들 가운데 어떤 사람들과 같이 너희는 우상 숭배하는 자가 되지 말

라 기록된 바 백성이 앉아서 먹고 마시며 일어나서 뛰논다 함과 같으니라"(고전 10:7)

이 말씀은 하나님과 바른 관계를 맺으라는 말씀이다. 십계명을 통하여 하나님은 하나님과 바른 관계를 맺으라고 가르치셨다. 하나님은 하나님의 말씀을 지키지 않고, 우상을 만들어 섬기는 자는 반드시 벌을 주시고 심판하신다. 반면에 하나님의 말씀에 귀를 기울이고 섬기는 자는 천대의 복을 약속하셨다.

3. 하나님과의 관계 3번째는 하나님이 이름을 망령되이 부르지 말라는 가르침이다.

"너는 네 하나님 여호와의 이름을 망령되게 부르지 말라 여호와는 그의 이름을 망령되게 부르는 자를 죄 없다 하지 아니하리라"(출 20:7)

하나님의 이름을 망령되이 부르지 말라는 뜻은 무엇일까? 하나님의 이름을 헛되이 사용하지 말라는 말씀이다. 이름은 인격과 동일하게 취급한다. 하나님의 이름은 하나님 자신을 말한다. 그러므로 하나님의 이름을 함부로 불러서는 안 된다. 그러므로 예수님께서 그의 제자들에게 가르치신 기도 중에 하나님의 이름이 거룩히 여김을 받아야 한다고 가르치셨다.

"그러므로 너희는 이렇게 기도하라 하늘에 계신 우리 아버지여 이름이 거룩히 여김을 받으시오며"(마 6:9)

하나님의 이름을 함부로 부르는 것은 명백한 죄다. 하나님의 이름을 망령되이 부르는 것은 하나님과의 관계에 흠집을 내는 것이고, 하나님과의 관계에 금이 가게 하는 행위이다.

4. 하나님과의 관계에서 4번째 계명은 안식일에 관한 것이다.

"엿새 동안은 힘써 네 모든 일을 행할 것이나 일곱째 날은 네 하나님 여호와의 안식일인즉 너나 네 아들이나 네 딸이나 네 남종이나 네 여종이나 네 가축이나 네 문안에 머무는 객이라도 아무 일도 하지 말라 이는 엿새 동안에 나 여호와가 하늘과 땅과 바다와 그 가운데 모든 것을 만들고 일곱째 날에 쉬었음이라 그러므로 나 여호와가 안식일을 복되게 하여 그 날을 거룩하게 하였느니라"(출 20:9-11)

1) 안식일은 하나님께서 6일 동안 천지와 만물을 창조하시고, 제7일에 쉬시며, 피조물을 축복하시고, 거룩하게 하신 날이다.
"천지와 만물이 다 이루어지니라 하나님이 그가 하시던 일을 일곱째 날에 마치시니 그가 하시던 모든 일을 그치고 일곱째 날에 안식하시니라 하나님이 그 일곱째 날을 복되게 하사 거룩하게 하셨으니 이는 하나

님이 그 창조하시며 만드시던 모든 일을 마치시고 그 날에 안식하셨음이니라"(창 2:1-3)

2) 안식일을 거룩하게 구별하여 하나님께 바침으로써 모든 날의 주인이 하나님이심을 인정하고 고백하는 것이다. 하나님의 백성은 일하다가도 중간에 쉴 수 있는 존재라는 의미에서 안식일 준수의 의미가 있다고 본다.

"너는 기억하라 네가 애굽 땅에서 종이 되었더니 네 하나님 여호와가 강한 손과 편 팔로 거기서 너를 인도하여 내었나니 그러므로 네 하나님 여호와가 네게 명령하여 안식일을 지키라 하느니라"(신 5:15)

3) 신약의 성도들이 기억해야 할 주일이 있다.

사람이 구원받은 것은 율법을 지켜서가 아니라 예수님을 믿음으로만 구원을 받는다. 안식일의 참된 의미는 6일 동안 일하다가 7일에 쉬는 휴식에 있다. 신약교회에서 안식 후 첫날에 모여 하나님께 예배하는 날이 되었다. 주님의 날에 모여서 예배하는 가운데 하나님의 은혜를 입는다.

4) 신약교회 성도들은 주의 첫날에 모였다.

"그 주간의 첫날에 우리가 떡을 떼려 하여 모였더니 바울이 이튿날 떠나고자 하여 그들에게 강론할새 말을 밤중까지 계속하매"(행 20:7)

5) 신약교회 성도들은 주의 첫날에 연보 하였다.

"성도를 위하는 연보에 관하여는 내가 갈라디아 교회들에게 명한 것 같이 너희도 그렇게 하라 매주 첫날에 너희 각 사람이 수입에 따라 모아 두어서 내가 갈 때에 연보를 하지 않게 하라"(고전 16:1-2)

6) 신약교회 성도들은 주의 날에 성령의 능력을 입었다.
"주의 날에 내가 성령에 감동되어 내 뒤에서 나는 나팔 소리 같은 큰 음성을 들으니"(계 1:10)

□ 사람과의 관계(12-16절)
사람이 행복하게 살려면 하나님께서 정하신 길을 걸어야 한다. 인간의 행복은 하나님과의 관계와 사람과의 관계와 바른 물질 관에 있다는 사실을 성경에서 배울 수 있다. 십계명 중 5계명부터 9계명은 사람과 사람의 관계에 대하여 가르치고 있다. 하나님 다음으로 사람은 사람과의 관계를 잘해야 한다.

5. 제5계명에서 사람과의 관계에서 첫 자리가 부모와의 관계라는 것을 보여준다.

"네 부모를 공경하라 그리하면 네 하나님 여호와가 네게 준 땅에서 네 생명이 길리라"(출 20:12)
성경은 효도하는 자식이 잘된다고 가르친다. 인간이 이 땅에 태어나서 하나님 다음으로 공경해야 할 분은 부모님 공경이다. 부모를 공경하는 것이 하나님이 정하신 법이다.

1) 바울 사도는 에베소 교회 성도들에게 보낸 편지에서 이렇게 기록하였다.

"자녀들아 주 안에서 너희 부모에게 순종하라 이것이 옳으니라 네 아버지와 어머니를 공경하라 이것은 약속이 있는 첫 계명이니 이로써 네가 잘되고 땅에서 장수하리라"(엡 6:1-3)

부모에게 순종하고 공경하는 것이 약속이 있는 첫 계명이다. 부모에게 순종하고 공경하는 자에게 주어진 약속이 있다. 부모에게 순종하고 공경하는 것이 잘되고 장수의 비결이라고 했다.

2) 효도하는 자식이 잘 된다.

야곱의 아들 요셉은 집에 있을 때나 객지에 있을 때나 부모와의 관계를 잘했다. 요셉은 그의 아버지 야곱의 양을 치면서 자랐다. 아버지가 심부름을 시켰을 때 조건 없는 순종을 하였다.

"이스라엘이 요셉에게 이르되 네 형들이 세겜에서 양을 치지 아니하느냐 너를 그들에게로 보내리라 요셉이 아버지에게 대답하되 내가 그리하겠나이다 이스라엘이 그에게 이르되 가서 네 형들과 양 떼가 다 잘 있는지를 보고 돌아와 내게 말하라 하고 그를 헤브론 골짜기에서 보내니 그가 세겜으로 가니라"(창 37:13-14)

이러한 요셉이 애굽의 국무총리가 되어 흉년에 자기 아버지와 형제들을 공경하고 섬겼다. 이러한 일로 인하여서 아버지 야곱은 요셉을 위하여 상상할 수 없는 복을 빌었고 그 복이 임하였다.

"요셉은 무성한 가지 곧 샘 곁의 무성한 가지라 그 가지가 담을 넘었도다 활쏘는 자가 그를 학대하며 적개심을 가지고 그를 쏘았으나 요셉의 활은 도리어 굳세며 그의 팔은 힘이 있으니 이는 야곱의 전능자 이스라엘의 반석인 목자의 손을 힘입음이라 네 아버지의 하나님께로 말미암나니 그가 너를 도우실 것이요 전능자로 말미암나니 그가 네게 복을 주실 것이라 위로 하늘의 복과 아래로 깊은 샘의 복과 젖먹이는 복과 태의 복이리로다 네 아버지의 축복이 내 선조의 축복보다 나아서 영원한 산이 한 없음 같이 이 축복이 요셉의 머리로 돌아오며 그 형제 중 뛰어난 자의 정수리로 돌아오리로다"(창 49:22-26)

3) 예수님은 육신을 가지고 이 세상에 계실 때 육신의 부모를 섬겼다.
"예수께서 함께 내려가사 나사렛에 이르러 순종하여 받드시더라 그 어머니는 이 모든 말을 마음에 두니라"(눅 2:51)

4) 예수님은 십자가에서 죽으시면서 어머니 마리아를 사랑하는 제자

에게 부탁하셨다.

"예수께서 자기의 어머니와 사랑하시는 제자가 곁에 서 있는 것을 보시고 자기 어머니께 말씀하시되 여자여 보소서 아들이니이다 하시고 또 그 제자에게 이르시되 보라 네 어머니라 하신대 그 때부터 그 제자가 자기 집에 모시니라"(요 19:26-27)

5) 성경은 부모공경을 가르치고 있다.
"네 부모를 즐겁게 하며 너를 낳은 어미를 기쁘게 하라"(잠 23:25)

6) 불효자식은 잘 안 된다.
"아비를 구박하고 어미를 쫓아내는 자는 부끄러움을 끼치며 능욕을 부르는 자식이니라"(잠 19:26)
"자기의 아비나 어미를 저주하는 자는 그의 등불이 흑암 중에 꺼짐을 당하리라"(잠 20:20)
"아비를 저주하며 어미를 축복하지 아니하는 무리가 있느니라"(잠 30:11)
"아비를 조롱하며 어미 순종하기를 싫어하는 자의 눈은 골짜기의 까마귀에게 쪼이고 독수리 새끼에게 먹히리라"(잠 30:17)

7) 부모 돌아가시면 제사상 잘 차리려고 하지 말고 살아계실 때 잘 섬기라.
이방인은 귀신에게 제사한다고 하였다(고전 10:20-21).

성도가 부모 돌아가시면 그날을 생각하며 예배드리는 것은 좋은 일이다. 그러나 살아 계실 때 잘 섬기는 것이 복 받을 일이며, 더 잘하는 일이다.

8) 성경에 레갑 자손이 나온다.

레갑 자손은 그 조상의 교훈을 따랐는데 하나님께서 레갑 자손을 축복하셨다(렘 35:1-19). 사람이 나이가 많아지면서 기력이 쇠하여지며 총명이 어두워진다. 주안에서 부모 된 자를 섬기는 것도 복을 받을 일이다.

9) 성경의 교훈을 따르자.

"늙은이를 꾸짖지 말고 권하되 아버지에게 하듯 하며 젊은이에게는 형제에게 하듯 하고 늙은 여자에게는 어머니에게 하듯 하며 젊은 여자에게는 온전히 깨끗함으로 자매에게 하듯 하라"(딤전 5:1-2)

6. 성경 십계명에서 6-9계명도 인간관계를 말하고 있다.

"살인하지 말라 간음하지 말라 도둑질하지 말라 네 이웃에 대하여 거짓 증거하지 말라"(출 20:13-16)

위의 계명을 순종하는 자에게 하나님은 형통의 복을 주신다.

7. 물질과의 관계(17절)

"네 이웃의 집을 탐내지 말라 네 이웃의 아내나 그의 남종이나 그의 여종이나 그의 소나 그의 나귀나 무릇 네 이웃의 소유를 탐내지 말라"(출 20:17)

우리 인간은 탐심을 버려야 한다. 나에게 주어지지 않는 어떤 것도 욕심을 내지 말라. 성경에서 가르치신 대로 이웃의 집, 아내, 남종, 여종, 소, 나귀, 이웃의 모든 소유를 탐내지 말라. 탐심이 무엇인가? 탐심이란 탐내는 마음이나 부당한 욕심을 말한다.

1) 하나님은 이사야에게 이스라엘 백성의 탐심 때문에 노하셔서 그들을 치셨다고 하셨다.
"그의 탐심의 죄악으로 말미암아 내가 노하여 그를 쳤으며 또 내 얼굴을 가리고 노하였으나 그가 아직도 패역하여 자기 마음의 길로 걸어가도다"(사 57:17)

2) 욕심이 죽음을 몰고 온다.
"욕심이 잉태한즉 죄를 낳고 죄가 장성한즉 사망을 낳느니라"(약 1:15)
욕심이 사람을 죽인다. 그러므로 삼가 모든 탐심을 물리쳐야 한다.

3) 신약에서 탐심을 우상숭배로 보았다.

"그러므로 땅에 있는 지체를 죽이라 곧 음란과 부정과 사욕과 악한 정욕과 탐심이니 탐심은 우상 숭배니라"(골 3:5)

4) 가룻 유다는 물질의 욕심을 버리지 못해 마침내 스승 예수님을 은 30에 팔아넘겼다.

5) 아간은 탐심 때문에 저주를 받아 비참하게 죽었다.

6) 아나니아와 그의 아내 삽비라도 탐심으로 한 날에 죽었다. 욕심을 버려야 한다.

7) 예수님은 욕심이 얼마나 무익한 것인지를 한 부자의 비유를 통하여 가르치셨다.

"무리 중에 한 사람이 이르되 선생님 내 형을 명하여 유산을 나와 나누게 하소서 하니 이르시되 이 사람아 누가 나를 너희의 재판장이나 물건 나누는 자로 세웠느냐 하시고 그들에게 이르시되 삼가 모든 탐심을 물리치라 사람의 생명이 그 소유의 넉넉한 데 있지 아니하니라 하시고 또 비유로 그들에게 말하여 이르시되 한 부자가 그 밭에 소출이 풍성하매 심중에 생각하여 이르되 내가 곡식 쌓아 둘 곳이 없으니 어찌할까 하고 또 이르되 내가 이렇게 하리라 내 곳간을 헐고 더 크게 짓고 내 모든 곡식과 물건을 거기 쌓아 두리라 또 내가 내 영혼에게 이르되 영혼아 여러 해 쓸 물건을 많이 쌓아 두었으니 평안히 쉬고 먹고 마시고 즐거워하자 하리라 하되 하나님은 이르시되 어리석은 자여 오늘 밤에 네 영혼을 도로 찾으리니 그러면 네 준비한 것이 누구의 것이 되겠느냐 하셨으니 자기를 위하여 재물을 쌓아 두고 하나님께 대하여 부요하지 못한 자가 이와 같으니라"(눅 12:13-21)

　　사람이 행복하게 살려면 바른 관계를 유지하면서 살아야 한다. 하나님과 바른 관계, 사람과 바른 관계, 물질과 바른 관계를 가져야 한다. 위의 관계를 잘하려면 거듭나야 한다. 그리고 성령의 지배를 받아야 한다.

21장 한밤의 노래

"한밤중에 바울과 실라가 기도하고 하나님을 찬송하매 죄수들이 듣더라"(행 16:25)

우리들이 매일 낮과 밤을 만나듯 인생의 하루하루의 삶에도 낮과 같은 날이 있는가 하면 밤과 같은 날이 있다. 우리는 성경 말씀에서 교훈을 배워 한밤에도 기도하고 찬송하는 자로 살아야 한다.

1. 바울의 생애를 통해서 배우자.

그는 점하는 귀신들린 여인을 고쳐준 후에 심한 매를 맞고 빌립보 감옥에 갇혔다.

그는 밤 같은 환경을 만났을 때 한밤에 기도하고 찬송하였다.

우리는 여기서 바울과 실라의 한밤의 노래를 들을 수 있다. 나의 삶의 현장에서 바울이 처한 밤 같은 환경을 만난다면 어떠한 반응을 할까?

1) 믿음의 거장 사도 바울의 생애를 보라.

그는 한밤에 옥중에서 기도하고 찬양하였다. 이러한 일로 인하여서 참으로 놀라운 일이 일어났다. 기적이 일어났다. 상상할 수 없는 일이 일어난 것이다.

2) 바울과 실라와 같은 영성으로 살았으면 좋겠다.

"한밤중에 바울과 실라가 기도하고 하나님을 찬송하매 죄수들이 듣더라 이에 갑자기 큰 지진이 나서 옥터가 움직이고 문이 곧 다 열리며 모든 사람의 매인 것이 다 벗어진지라 간수가 자다가 깨어 옥문들이 열린 것을 보고 죄수들이 도망한 줄 생각하고 칼을 빼어 자결하려 하거늘 바울이 크게 소리 질러 이르되 네 몸을 상하지 말라 우리가 다 여기 있노라 하니 간수가 등불을 달라고 하며 뛰어 들어가 무서워 떨며 바울과 실라 앞에 엎드리고 그들을 데리고 나가 이르되 선생들이여 내가 어떻게 하여야 구원을 받으리이까 하거늘 이르되 주 예수를 믿으라 그리하면 너와 네 집이 구원을 받으리라 하고 주의 말씀을 그 사람과 그 집에 있는 모든 사람에게 전하더라 그 밤 그 시각에 간수가 그들을 데려다가 그 맞은 자리를 씻어 주고 자기와 그 온 가족이 다 침례를 받은 후 그들을 데리고 자기 집에 올라가서 음식을 차려 주고 그와 온 집안이 하나님을 믿으므로 크게 기뻐하니라"(행 16:25-34)

3) 우리는 세상을 살면서 밤 같은 환경을 만날 수 있다.

환경의 밤을 만날 수 있다. 물질의 밤, 건강의 밤, 어떤 관계의 밤(인간관계, 이별의 아픔 등), 이 세상에 사는 사람들 가운데 밤 같은 환경을 만나지 않은 사람이 있을까?

2. 다윗의 생애를 보라.

아멜렉의 공격으로 시글락이 불타버렸을 때와 그가 골리앗 앞에 섰을 때와 자기의 아들 압살롬에게 쫓겨 다닐 때와 정욕을 이기지 못하여 충성스러운 신하 헷 사람 우리아의 아내 밧세바를 범하고 영적인 암흑의 길을 걷고 있었을 때를 생각해보면, 이 모든 것들은 다윗이 경험한 밤 같은 환경이었다. 그러나 그때도 다윗은 전능하신 하나님 앞에서 옷깃을 여미고 기도하고 찬송하였다. 우리는 시편에서 그가 한밤에 노래한 찬양을 들을 수 있다.

1) 슬픈 노래, 기쁨의 노래, 승리의 노래
"여호와는 나의 목자시니 내게 부족함이 없으리로다 그가 나를 푸른 풀밭에 누이시며 쉴 만한 물 가로 인도하시는도다 내 영혼을 소생시키시고 자기 이름을 위하여 의의 길로 인도하시는도다 내가 사망의 음침한 골짜기로 다닐지라도 해를 두려워하지 않을 것은 주께서 나와 함께 하심이라 주의 지팡이와 막대기가 나를 안위하시나이다 주께서 내 원수의 목전에서 내게 상을 차려 주시고 기름을 내 머리에 부으셨으니 내 잔이 넘치나이다 내 평생에 선하심과 인자하심이 반드시 나를 따르리니

내가 여호와의 집에 영원히 살리로다"(시 23:1-6)

2) 성경은 항상 찬송의 제사를 드리라고 하였다.

"그러므로 우리는 예수로 말미암아 항상 찬송의 제사를 하나님께 드리자 이는 그 이름을 증언하는 입술의 열매니라"(히 13:15)

여기서 "항상"이라는 단어는 시간과 환경을 초월한 단어이다.

3) 우리는 성경을 통하여서 많은 노래를 들을 수 있다.

모세의 노래(출 15:1-18)

미리암의 노래(출 15:19-21)

드보라와 바락의 노래(삿 5:1-31)

4) 욥도 이것저것 다 잃고 밤 같은 환경을 만났을 때도 찬송하였다.

"욥이 일어나 겉옷을 찢고 머리털을 밀고 땅에 엎드려 예배하며 이르되 내가 모태에서 알몸으로 나왔사온즉 또한 알몸이 그리로 돌아가올지라 주신 이도 여호와시요 거두신 이도 여호와시오니 여호와의 이름이 찬송을 받으실지니이다 하고 이 모든 일에 욥이 범죄하지 아니하고 하나님을 향하여 원망하지 아니하니라"(욥 1:20-22)

가까운 친구들의 공격을 받았을 때도 그는 나중에 그들을 위하여 기도하였다(욥 42:10-17).

5) 요나도 고기 뱃속에서 사흘 동안 있었을 때 기도하고 감사하였다.

결국 이러한 일로 인하여서 위기에서 벗어났다.

6) 여호사밧의 경우 승산이 없는 전쟁을 감사 찬송으로 승리하였다.

그러므로 우리는 노래해야 한다. 한밤에 노래해야 한다. 환경의 밤에, 물질의 밤에, 건강의 밤에, 그리고 관계가 무너져 버렸을 때도 기도하고 찬양해야 한다. 선하신 하나님을 바라보며, 생각하며, 의지하며, 조용히 무릎을 꿇고 은혜의 보좌 앞으로 나아가 기도하고 찬양할 때 기적이 일어날 것이다. 우리는 모두 앞으로도 종종 지금보다 더 어두운 밤을 만날 수 있다. 그때도 기도하고 찬송해야 한다. 한밤의 기도와 찬송은 기적을 몰고 온다. 한밤에 기도하고 노래하라.

* * *
22장 동역자

동역자(Fellow worker)란 같은 목적의 일을 하는 사람으로 하나님이 주신 사명을 이루기 위하여 동등한 입장에서 함께 일하는 협력자를 말한다. 바울은 자신과 함께 복음을 위해 수고했던 사람들을 동역자라고 불렀다.

1. 바울의 동역자들이 성경에 기록되어 있다.

1) 브리스가와 아굴라
"너희는 그리스도 예수 안에서 나의 동역자들인 브리스가와 아굴라에게 문안하라"(롬 16:3)

2) 우르바노
"그리스도 안에서 우리의 동역자인 우르바노와 나의 사랑하는 스다구에게 문안하라"(롬 16:9)

3) 디모데

"나의 동역자 디모데와 나의 친척 누기오와 야손과 소시바더가 너희에게 문안하느니라"(롬 16:21)

4) 디도

"디도로 말하면 나의 동료요 너희를 위한 나의 동역자요 우리 형제들로 말하면 여러 교회의 사자들이요 그리스도의 영광이니라"(고후 8:23)

5) 에바브라 디도

"그러나 에바브로디도를 너희에게 보내는 것이 필요한 줄로 생각하노니 그는 나의 형제요 함께 수고하고 함께 군사 된 자요 너희 사자로 내가 쓸 것을 돕는 자라"(빌 2:25)

6) 아리스다고와 마가

"나와 함께 갇힌 아리스다고와 바나바의 생질 마가와 (이 마가에 대하여 너희가 명을 받았으매 그가 이르거든 영접하라) 유스도라 하는 예수도 너희에게 문안하느니라 그들은 할례파이나 이들만은 하나님의 나라를 위하여 함께 역사하는 자들이니 이런 사람들이 나의 위로가 되었느니라"(골 4:10-11)

7) 빌레몬

"그리스도 예수를 위하여 갇힌 자 된 바울과 및 형제 디모데는 우리의

사랑을 받는 자요 동역자인 빌레몬과"(몬 1:1)

8) 누가와 데마

"또한 나의 동역자 마가, 아리스다고, 데마, 누가가 문안하느니라"(몬 1:24)

2. 나의 최고의 동역자는 누구인가?

삼위일체이신 하나님을 나의 동역자로 삼아라. 그분을 나의 파트너로 삼고, 그분과 함께 그분의 일을 이루어 나가야 한다.

1) 바울은 하나님을 동역자라고 하였다.

"우리는 하나님의 동역자들이요 너희는 하나님의 밭이요 하나님의 집이니라, 우리가 하나님과 함께 일하는 자로서 너희를 권하노니 하나님의 은혜를 헛되이 받지 말라"(고전 3:9, 고후 6:1)

2) 하나님과 함께 동행 했던 사람들이 있다.

◆ 에녹
"에녹이 하나님과 동행하더니 하나님이 그를 데려가시므로 세상에

있지 아니하였더라"(창 5:24)

◆ 노아

"그러나 노아는 여호와께 은혜를 입었더라 이것이 노아의 족보니라 노아는 의인이요 당대에 완전한 자라 그는 하나님과 동행하였으며"(창 6:8-9)

◆ 이삭

"이 땅에 거류하면 내가 너와 함께 있어 네게 복을 주고 내가 이 모든 땅을 너와 네 자손에게 주리라 내가 네 아버지 아브라함에게 맹세한 것을 이루어"(창 26:3)

◆ 야곱

"한 곳에 이르러는 해가 진지라 거기서 유숙하려고 그 곳의 한 돌을 가져다가 베개로 삼고 거기 누워 자더니 꿈에 본즉 사닥다리가 땅 위에 서 있는데 그 꼭대기가 하늘에 닿았고 또 본즉 하나님의 사자들이 그 위에서 오르락내리락 하고 또 본즉 여호와께서 그 위에 서서 이르시되 나는 여호와니 너의 조부 아브라함의 하나님이요 이삭의 하나님이라 네가 누워 있는 땅을 내가 너와 네 자손에게 주리니 네 자손이 땅의 티끌 같이 되어 네가 서쪽과 동쪽과 북쪽과 남쪽으로 퍼져나갈지며 땅의 모든 족속이 너와 네 자손으로 말미암아 복을 받으리라 내가 너와 함께 있어 네가 어디로 가든지 너를 지키며 너를 이끌어 이 땅으로 돌아오게 할

지라 내가 네게 허락한 것을 다 이루기까지 너를 떠나지 아니하리라 하
신지라"(창 28:11-15)

◆ 요셉

"여호와께서 요셉과 함께 하시므로 그가 형통한 자가 되어 그의 주인
애굽 사람의 집에 있으니 그의 주인이 여호와께서 그와 함께 하심을 보
며 또 여호와께서 그의 범사에 형통하게 하심을 보았더라, 간수장은 그
의 손에 맡긴 것을 무엇이든지 살펴보지 아니하였으니 이는 여호와께
서 요셉과 함께 하심이라 여호와께서 그를 범사에 형통하게 하셨더라"(
창 39:2-3, 23)

◆ 모세와 여호수아

"여호와의 종 모세가 죽은 후에 여호와께서 모세의 수종자 눈의 아들
여호수아에게 말씀하여 이르시되 내 종 모세가 죽었으니 이제 너는 이
모든 백성과 더불어 일어나 이 요단을 건너 내가 그들 곧 이스라엘 자손
에게 주는 그 땅으로 가라 내가 모세에게 말한 바와 같이 너희 발바닥으
로 밟는 곳은 모두 내가 너희에게 주었노니 곧 광야와 이 레바논에서부
터 큰 강 곧 유브라데 강까지 헷 족속의 온 땅과 또 해 지는 쪽 대해까지
너희의 영토가 되리라 네 평생에 너를 능히 대적할 자가 없으리니 내가
모세와 함께 있었던 것 같이 너와 함께 있을 것임이니라 내가 너를 떠나
지 아니하며 버리지 아니하리니 강하고 담대하라 너는 내가 그들의 조
상에게 맹세하여 그들에게 주리라 한 땅을 이 백성에게 차지하게 하리

라 오직 강하고 극히 담대하여 나의 종 모세가 네게 명령한 그 율법을 다 지켜 행하고 우로나 좌로나 치우치지 말라 그리하면 어디로 가든지 형통하리니 이 율법책을 네 입에서 떠나지 말게 하며 주야로 그것을 묵상하여 그 안에 기록된 대로 다 지켜 행하라 그리하면 네 길이 평탄하게 될 것이며 네가 형통하리라"(수 1:1-8)

3) 그러므로 하나님이 나와 동행하시면 두려운 것이 없다.

"야곱아 너를 창조하신 여호와께서 지금 말씀하시느니라 이스라엘아 너를 지으신 이가 말씀하시느니라 너는 두려워하지 말라 내가 너를 구속하였고 내가 너를 지명하여 불렀나니 너는 내 것이라 네가 물 가운데로 지날 때에 내가 너와 함께 할 것이라 강을 건널 때에 물이 너를 침몰하지 못할 것이며 네가 불 가운데로 지날 때에 타지도 아니할 것이요 불꽃이 너를 사르지도 못하리니 대저 나는 여호와 네 하나님이요 이스라엘의 거룩한 이요 네 구원자임이라 내가 애굽을 너의 속량물로, 구스와 스바를 너를 대신하여 주었노라"(사 43:1-3)

4) 하나님과 함께 하는 자들이 된다.

"그런즉 이 일에 대하여 우리가 무슨 말 하리요 만일 하나님이 우리를 위하시면 누가 우리를 대적하리요"(롬 8:31)

3. 하나님과 동행하며 동역자로 살아가면 매 순간마다 기적을 경험하게 된다.

　1) 다니엘과 그 세 친구들을 보라.

"왕이 그들과 말하여 보매 무리 중에 다니엘과 하나냐와 미사엘과 아사랴와 같은 자가 없으므로 그들을 왕 앞에 서게 하고 왕이 그들에게 모든 일을 묻는 중에 그 지혜와 총명이 온 나라 박수와 술객보다 십 배나 나은 줄을 아니라"(단 1:19-20)

　하나님은 신앙의 지조를 지켰던 다니엘을 굶주린 사자의 입에서 구원하셨다(단 6:10-23). 하나님은 신앙의 지조를 지켰던 다니엘의 세 친구들을 뜨거운 풀무에서 구원하셨다.

　신앙의 지조를 지켰던 다니엘과 그 세 친구들은 채식만 먹어도 얼굴이 윤택했고, 다니엘은 놀라운 지혜를 공급받았다(단 1:8-20). 하나님이 나의 동역자가 되어 나를 돕는 자 중에 계시면 내가 어디를 가든지, 내가 무엇을 하든지 두려운 것이 없다. 하나님이 나의 동역자가 되어 내 편에 계시면 누가 나를 대적할 수 있겠는가?

23장 교회

* * *

"또 내가 네게 이르노니 너는 베드로라 내가 이 반석 위에 내 교회를
세우리니 음부의 권세가 이기지 못하리라"(마 16:18)

1. 교회란 무엇일까?

1) 교회는 하나님이 부르셔서 이전과는 다르게 살아가려고 작정한 구
원 받은 사람들의 모임이다.

2) 교회는 건물이 아니라 사람이다.

"하나님의 뜻을 따라 그리스도 예수의 사도로 부르심을 받은 바울과
형제 소스데네는 고린도에 있는 하나님의 교회 곧 그리스도 예수 안에
서 거룩하여지고 성도라 부르심을 받은 자들과 또 각처에서 우리의 주
곧 그들과 우리의 주 되신 예수 그리스도의 이름을 부르는 모든 자들에
게 하나님 우리 아버지와 주 예수 그리스도로부터 은혜와 평강이 있기
를 원하노라"(고전 1:1-3)

"이에 베드로는 옥에 갇혔고 교회는 그를 위하여 간절히 하나님께 기

도하더라"(행 12:5)

　　3) 신약교회에서 성전이라고 말할 때 우리들의 눈에 보이는 건물이
아니다.

　　4) 예수님을 마음에 모신 성도들을 하나님의 성전이라고 하였다.
　　"너희는 너희가 하나님의 성전인 것과 하나님의 성령이 너희 안에 계
시는 것을 알지 못하느냐"(고전 3:16)

　　5) 교회는 건물이 아니고 구원받은 사람들의 모임이다.

2. 신약교회는 누가 세웠는가?

　　1) 신약교회는 예수님께서 세우셨다.
　　"또 내가 네게 이르노니 너는 베드로라 내가 이 반석 위에 내 교회를
세우리니 음부의 권세가 이기지 못하리라"(마 16:18)

　　2) 신약교회의 주인은 주님이시다.
　　"이 반석 위에 내 교회를 세우시리니"

3. 예수님께서는 교회가 세워지도록 어떠한 희생을 하셨는가?

1) 십자가에서 피 흘려 죽으셨다. 성경은 하나님이 자기 피로 교회 곧 성도를 사셨다고 가르치고 있다.

"여러분은 자기를 위하여 또는 온 양 떼를 위하여 삼가라 성령이 그들 가운데 여러분을 감독자로 삼고 하나님이 자기 피로 사신 교회를 보살피게 하셨느니라"(행 20:28)

2) 찬송가 208장의 가사 중에 교회가 어떻게 세워졌는지 잘 나타나 있다.

"내 주의 나라와 주 계신 성전과 피 흘려 사신 교회를 늘 사랑합니다."

3) 교회는 하나님께서 자기 피로 세우신 놀라운 생명체이다.

교회가 탄생하기 위해서 하나님의 아들 예수님께서 십자가에서 피 흘려 죽으셨다.

교회는 하나님께서 자기 피로 사신 기관이다.

"몸은 너희가 하나님께로부터 받은 바 너희 가운데 계신 성령의 전인 줄을 알지 못하느냐 너희는 너희 자신의 것이 아니라 값으로 산 것이 되었으니 그런즉 너희 몸으로 하나님께 영광을 돌리라"(고전 6:19-20)

4. 하나님께서 자기 피로 사신 교회를 어떻게 사랑하시는가?

1) 주님은 교회를 사랑하신다.

"남편들아 아내 사랑하기를 그리스도께서 교회를 사랑하시고 그 교회를 위하여 자신을 주심 같이 하라"(엡 5:25)

예수님께서 자기 피로 사신 교회를 사랑하신다는 말씀은 예수 믿고 구원받은 성도들을 사랑하신다는 말씀이다. 하나님의 사랑은 그럼에도 불구하고, 그리 아니하실지라도, 우리의 모습 그대로 사랑하시는 사랑이다. 그러므로 우리 예수님이 구원받은 우리를 사랑하신다는 사실을 잊지 말자.

2) 구원받는 성도들은 예수님의 본을 받아 서로 사랑해야 한다.

"형제들아 너희가 자유를 위하여 부르심을 입었으나 그러나 그 자유로 육체의 기회를 삼지 말고 오직 사랑으로 서로 종 노릇 하라"(갈 5:13)

여기서 "서로 종노릇 하라"는 말씀은 서로 섬기라는 말씀이다.

3) 성경은 사랑을 새 계명으로 가르치고 있다.

"새 계명을 너희에게 주노니 서로 사랑하라 내가 너희를 사랑한 것 같이 너희도 서로 사랑하라 너희가 서로 사랑하면 이로써 모든 사람이 너희가 내 제자인 줄 알리라"(요 13:34-35)

성경은 사랑이 율법의 완성이라고 하였다. 사랑의 빚 외에는 아무에게도 아무런 빚도 지지 말라고 하였다. 서로의 허물을 덮어주는 것이 사랑이다. 성경은 다양한 것들을 모두 실천한다고 하더라도 사랑이 없으면 아무것도 아니요, 아무런 유익이 없다고 가르친다. 그러므로 성령의 열매 중에 첫 자리를 차지하는 것은 역시 사랑이다. 믿음과 소망과 사랑 중에 제일은 사랑이라고 하였다. 성도가 성도를 서로 사랑하는 것은 당연한 일이다.

5. 예수님께서 세우신 교회의 머리와 몸과 지체에 대한 가르침은 무엇일까?

1) 하나님께서 자기 피로 사신 교회의 머리는 예수님이시다.
"또 만물을 그의 발 아래에 복종하게 하시고 그를 만물 위에 교회의 머리로 삼으셨느니라"(엡 1:22)

2) 교회는 예수님의 몸이다.

"교회는 그의 몸이니 만물 안에서 만물을 충만하게 하시는 이의 충만함이니라"(엡 1:23)

3) 교회의 몸에 붙어 있는 지체는 구원받은 성도들이다.

그러므로 구원받은 모든 성도는 예수님께 속해 있다.

"너희도 그들 중에서 예수 그리스도의 것으로 부르심을 받은 자니라"(롬 1:6)

"너희는 그리스도의 몸이요 지체의 각 부분이라"(고전 12:27)

4) 몸의 원리는 서로 분쟁이 없고 돌아보는 것이다. 교회 성도들은 서로 돌보아야 한다.

6. 하나님께서 교회에 세워주신 직분의 권위가 있다.

"그가 어떤 사람은 사도로, 어떤 사람은 선지자로, 어떤 사람은 복음 전하는 자로, 어떤 사람은 목사와 교사로 삼으셨으니"(엡 4:11)

7. 하나님께서 세우신 교회에 그리스도를 대신하여 세워주신 목사는 어떤 일을 해야 하는가?

1) 목사가 교회를 위하여 꼭 해야 할 일은 세 가지다.

◆ 성도를 온전케 하는 일(온전- 구비시켜 주는 일)
◆ 성도가 하나님의 교회를 위해 봉사하도록 지도해야 한다.
◆ 성도가 그리스도의 몸을 세우는 일을 해야 한다.

"이는 성도를 온전하게 하여 봉사의 일을 하게 하며 그리스도의 몸을 세우려 하심이라 우리가 다 하나님의 아들을 믿는 것과 아는 일에 하나가 되어 온전한 사람을 이루어 그리스도의 장성한 분량이 충만한 데까지 이르리니 이는 우리가 이제부터 어린 아이가 되지 아니하여 사람의 속임수와 간사한 유혹에 빠져 온갖 교훈의 풍조에 밀려 요동하지 않게 하려 함이라 오직 사랑 안에서 참된 것을 하여 범사에 그에게까지 자랄지라 그는 머리니 곧 그리스도라"(엡 4:12-15)

8. 하나님께서 신약교회에 세우신 권위에 대하여 교회는 어떻게 대우해야 하는가?

2) 말씀을 가르치는 자와 모든 좋은 것을 함께 해야 한다.
"가르침을 받는 자는 말씀을 가르치는 자와 모든 좋은 것을 함께 하라"(갈 6:6)

3) 알고 가장 귀히 여겨야 한다.

"형제들아 우리가 너희에게 구하노니 너희 가운데서 수고하고 주 안에서 너희를 다스리며 권하는 자들을 너희가 알고 그들의 역사로 말미암아 사랑 안에서 가장 귀히 여기며 너희끼리 화목하라"(살전 5:12-13)

4) 존경해야 한다.

"잘 다스리는 장로들은 배나 존경할 자로 알되 말씀과 가르침에 수고하는 이들에게는 더욱 그리할 것이니라"(딤전 5:17)

"하나님의 말씀을 너희에게 일러 주고 너희를 인도하던 자들을 생각하며 그들의 행실의 결말을 주의하여 보고 그들의 믿음을 본받으라"(히 13:7)

5) 순종하고 복종해야 한다.

"너희를 인도하는 자들에게 순종하고 복종하라 그들은 너희 영혼을 위하여 경성하기를 자신들이 청산할 자인 것 같이 하느니라 그들로 하여금 즐거움으로 이것을 하게 하고 근심으로 하게 하지 말라 그렇지 않으면 너희에게 유익이 없느니라"(히 13:17)

9. 신약교회에 주어진 위대한 사명이 무엇인가?

1) 복음 전하는 것이다. 주님은 승천하시면서 위대한 교회에 위대한

사명을 주셨다.

"예수께서 나아와 말씀하여 이르시되 하늘과 땅의 모든 권세를 내게 주셨으니 그러므로 너희는 가서 모든 민족을 제자로 삼아 아버지와 아들과 성령의 이름으로 침례를 베풀고 내가 너희에게 분부한 모든 것을 가르쳐 지키게 하라 볼지어다 내가 세상 끝날까지 너희와 항상 함께 있으리라 하시니라"(마 28:18-20)

2) 초대교회 사도들은 날마다 가르치기와 전도하는 것을 쉬지 않았다.

"그들이 날마다 성전에 있든지 집에 있든지 예수는 그리스도라고 가르치기와 전도하기를 그치지 아니하니라"(행 5:42)

3) 신약교회는 안디옥교회와 같이 구령과 양육과 선교와 구제에 집중해야 한다.

안디옥교회는 구령과 양육과 구제와 선교를 매우 중요하게 생각하였다(행 11:19-30, 13:1-3).

4) 교회는 복음 전도와 해외 선교를 동시에 이루어야 한다.

"오직 성령이 너희에게 임하시면 너희가 권능을 받고 예루살렘과 온 유대와 사마리아와 땅 끝까지 이르러 내 증인이 되리라 하시니라"(행 1:8)

10. 하나님은 교회 생활을 잘한 성도들을 어떻게 축복하시는가?

1) 주의 일에 절대로 공짜가 없다.

"그러므로 내 사랑하는 형제들아 견실하며 흔들리지 말고 항상 주의 일에 더욱 힘쓰는 자들이 되라 이는 너희 수고가 주 안에서 헛되지 않은 줄 앎이라"(고전 15:58)

2) 하나님은 각 사람의 일하는 대로 갚아주신다.

"나는 심었고 아볼로는 물을 주었으되 오직 하나님께서 자라나게 하셨나니 그런즉 심는 이나 물 주는 이는 아무 것도 아니로되 오직 자라게 하시는 이는 하나님뿐이니라 심는 이와 물 주는 이는 한가지이나 각각 자기가 일한 대로 자기의 상을 받으리라"(고전 3:6-8)

11. 주님이 세우신 교회를 음부의 권세가 이길 수 있는가?

성경은 음부의 권세가 교회를 이길 수 없다고 가르친다.

"또 내가 네게 이르노니 너는 베드로라 내가 이 반석 위에 내 교회를 세우리니 음부의 권세가 이기지 못하리라"(마 16:18)

* * *
24장 아버지

예수님을 믿는 성도들에게 두 분의 아버지가 계신다. 한 분은 나를 낳아주신 육신의 아버지, 또 한 분은 영혼의 아버지 곧 창조주 하나님이시다. 예수님을 믿지 않은 불신자에게도 두 분의 아버지가 있다. 한 분은 나를 낳아주신 육신의 아버지, 또 하나는 마귀 사탄이다. 예수님은 불신자의 영적인 아비가 마귀라고 하였다.

"너희는 너희 아비 마귀에게서 났으니 너희 아비의 욕심대로 너희도 행하고자 하느니라 그는 처음부터 살인한 자요 진리가 그 속에 없으므로 진리에 서지 못하고 거짓을 말할 때마다 제 것으로 말하나니 이는 그가 거짓말쟁이요 거짓의 아비가 되었음이라"(요 8:44)

1. 모든 불신자는 본질상 진노의 자녀이다.

"그 때에 너희는 그 가운데서 행하여 이 세상 풍조를 따르고 공중의 권세 잡은 자를 따랐으니 곧 지금 불순종의 아들들 가운데서 역사하는 영이라 전에는 우리도 다 그 가운데서 우리 육체의 욕심을 따라 지내며

육체와 마음의 원하는 것을 하여 다른 이들과 같이 본질상 진노의 자녀이었더니"(엡 2:2-3)

2. 불신자에게는 그 마음에 하나님이 없다.

"그 때에 너희는 그리스도 밖에 있었고 이스라엘 나라 밖의 사람이라 약속의 언약들에 대하여는 외인이요 세상에서 소망이 없고 하나님도 없는 자이더니"(엡 2:12)

3. 불신자가 예수를 믿으면 하나님의 자녀로 태어나며 하나님을 아버지라고 부를 수 있다.

"영접하는 자 곧 그 이름을 믿는 자들에게는 하나님의 자녀가 되는 권세를 주셨으니 이는 혈통으로나 육정으로나 사람의 뜻으로 나지 아니하고 오직 하나님께로부터 난 자들이니라"(요 1:12-13)

4. 죄인은 진리의 말씀을 믿어 하나님의 자녀로 태어난다.

"그가 그 피조물 중에 우리로 한 첫 열매가 되게 하시려고 자기의 뜻

을 따라 진리의 말씀으로 우리를 낳으셨느니라"(약 1:18)

5. 죄인은 진리의 말씀으로 거듭난다.

사람이 하나님의 자녀로 태어나는 결정적인 역할을 하는 것이 하나님의 말씀 곧 복음이다.

"너희가 거듭난 것은 썩어질 씨로 된 것이 아니요 썩지 아니할 씨로 된 것이니 살아 있고 항상 있는 하나님의 말씀으로 되었느니라"(벧전 1:23)

"예수께서 대답하시되 진실로 진실로 네게 이르노니 사람이 물과 성령으로 나지 아니하면 하나님의 나라에 들어갈 수 없느니라"(요 3:5)

여기에 등장하는 물은 하나님의 말씀을 나타낸다.

"이는 곧 물로 씻어 말씀으로 깨끗하게 하사 거룩하게 하시고"
 (엡 5:26)

6. 우리가 하나님을 아버지라고 부르는 것은 개인적으로 하나님의 양자

의 영을 받았기 때문이다.

"무릇 하나님의 영으로 인도함을 받는 사람은 곧 하나님의 아들이라 너희는 다시 무서워하는 종의 영을 받지 아니하고 양자의 영을 받았으므로 우리가 아빠 아버지라고 부르짖느니라"(롬 8:14-15)

7. 우리가 한 번 하나님의 자녀로 태어나면 영원토록 그 관계가 깨어지지 않는다.

우리는 하나님의 자녀라는 증거로 약속의 성령으로 인치심을 받았다.
"그 안에서 너희도 진리의 말씀 곧 너희의 구원의 복음을 듣고 그 안에서 또한 믿어 약속의 성령으로 인치심을 받았으니"(엡 1:13)

8. 어느 누구라도 하나님의 자녀인 우리를 생명책에서 지울 수 없다.

"또 참으로 나와 멍에를 같이한 네게 구하노니 복음에 나와 함께 힘쓰던 저 여인들을 돕고 또한 글레멘드와 그 외에 나의 동역자들을 도우라 그 이름들이 생명책에 있느니라"(빌 4:3)
"이기는 자는 이와 같이 흰 옷을 입을 것이요 내가 그 이름을 생명책에서 결코 지우지 아니하고 그 이름을 내 아버지 앞과 그의 천사들 앞에

서 시인하리라"(계 3:5)

  "누구든지 생명책에 기록되지 못한 자는 불못에 던져지더라"

  (계 20:15)

9. 예수님을 믿어 하나님을 아버지로 모신 자들이 누리는 특권이 있다.

  1) 자녀의 권세(요 1:12)

  2) 기도 응답(요 14:13-14, 16:24)

  3) 죄를 이김(시 119:9, 11, 133)

  4) 마귀의 시험을 물리침(마 4:1-11)

  5) 순종으로 형통(수 1:8)

  6) 풍성함(요 10:10)

  7) 함께하심(마 28:20)

* * *

25장 마음

하나님께서 창조하신 사람에게 마음이 있다.

마음은 우리들의 육안으로 볼 수 없는 영역이다.

마음이 없는 사람은 단 한 사람도 없다.

1. 마음이란 무엇인가?

사람의 마음은 지식, 감정, 의지 등의 정신 활동이 이루어지는 영역이다. 마음은 하나님께서 창조하신 내면의 세계다. 이 마음은 다른 사람들이 들여다볼 수 없는 비밀스러운 곳이다.

2. 사람의 마음속에 어떠한 것들이 있을까?

1) 예수께서 공개하신 사람의 마음에서 나오는 것들은 다양하다.

"또 이르시되 사람에게서 나오는 그것이 사람을 더럽게 하느니라 속에서 곧 사람의 마음에서 나오는 것은 악한 생각 곧 음란과 도둑질과 살인과 간음과 탐욕과 악독과 속임과 음탕과 질투와 비방과 교만과 우매함이니 이 모든 악한 것이 다 속에서 나와서 사람을 더럽게 하느니라"(막 7:20-23)

사람의 마음에는 악취가 나는 요소들이 있다.

2) 사람의 마음에서 나오는 것들은 좋은 것들도 있다.

"오직 성령의 열매는 사랑과 희락과 화평과 오래 참음과 자비와 양선과 충성과 온유와 절제니 이같은 것을 금지할 법이 없느니라"(갈 5:22-23)

3. 우리에게 필요한 마음은 예수님의 마음이다.

1) 예수님의 마음은 온유하고 겸손한 마음이다.

"수고하고 무거운 짐 진 자들아 다 내게로 오라 내가 너희를 쉬게 하리라 나는 마음이 온유하고 겸손하니 나의 멍에를 메고 내게 배우라 그리하면 너희 마음이 쉼을 얻으리니"(마 11:28-29)

2) 성경은 예수의 마음을 품으라고 권면한다.

"너희 안에 이 마음을 품으라 곧 그리스도 예수의 마음이니 그는 근본 하나님의 본체시나 하나님과 동등됨을 취할 것으로 여기지 아니하시고 오히려 자기를 비워 종의 형체를 가지사 사람들과 같이 되셨고 사람의 모양으로 나타나사 자기를 낮추시고 죽기까지 복종하셨으니 곧 십자가에 죽으심이라 이러므로 하나님이 그를 지극히 높여 모든 이름 위에 뛰어난 이름을 주사 하늘에 있는 자들과 땅에 있는 자들과 땅 아래에 있는 자들로 모든 무릎을 예수의 이름에 꿇게 하시고 모든 입으로 예수 그리스도를 주라 시인하여 하나님 아버지께 영광을 돌리게 하셨느니라"(빌 2:5-11)

4. 우리는 마음을 잘 지켜야 한다.

"모든 지킬 만한 것 중에 더욱 네 마음을 지키라 생명의 근원이 이에서 남이니라"(잠 4:23)

5. 하나님은 사람의 마음을 저울질하신다.

"네가 말하기를 나는 그것을 알지 못하였노라 할지라도 마음을 저울질 하시는 이가 어찌 통찰하지 못하시겠으며 네 영혼을 지키시는 이가 어찌 알지 못하시겠느냐 그가 각 사람의 행위대로 보응하시리라"(잠 24:12)

1) 우리는 하나님께서 마음을 저울질하실 때 미달되지 않도록 노력해야 한다.

"벨사살이여 왕은 그의 아들이 되어서 이것을 다 알고도 아직도 마음을 낮추지 아니하고 도리어 자신을 하늘의 주재보다 높이며 그의 성전 그릇을 왕 앞으로 가져다가 왕과 귀족들과 왕후들과 후궁들이 다 그것으로 술을 마시고 왕이 또 보지도 듣지도 알지도 못하는 금, 은, 구리, 쇠와 나무, 돌로 만든 신상들을 찬양하고 도리어 왕의 호흡을 주장하시고 왕의 모든 길을 작정하시는 하나님께는 영광을 돌리지 아니한지라 이러므로 그의 앞에서 이 손가락이 나와서 이 글을 기록하였나이다 기록된 글자는 이것이니 곧 메네 메네 데겔 우바르신이라 그 글을 해석하건대 메네는 하나님이 이미 왕의 나라의 시대를 세어서 그것을 끝나게 하셨다 함이요 데겔은 왕을 저울에 달아 보니 부족함이 보였다 함이요 베레스는 왕의 나라가 나뉘어서 메대와 바사 사람에게 준 바 되었다 함이니이다 하니" (단 5:22-28)

6. 하나님은 사람의 마음과 행동을 달아보시고 행한 대로 갚으신다.

"한나가 기도하여 이르되 내 마음이 여호와로 말미암아 즐거워하며 내 뿔이 여호와로 말미암아 높아졌으며 내 입이 내 원수들을 향하여 크게 열렸으니 이는 내가 주의 구원으로 말미암아 기뻐함이니이다 여호와와 같이 거룩하신 이가 없으시니 이는 주 밖에 다른 이가 없고 우리 하나님 같은 반석도 없으심이니이다 심히 교만한 말을 다시 하지 말 것이며 오만한 말을 너희의 입에서 내지 말지어다 여호와는 지식의 하나님이시라 행동을 달아 보시느니라"(삼상 2:1-3)

7. 하나님은 교만한 마음을 더럽게 여기시고 싫어하시며, 결국 교만한 마음은 구경거리가 된다.

"너는 기름 부음을 받고 지키는 그룹임이여 내가 너를 세우매 네가 하나님의 성산에 있어서 불타는 돌들 사이에 왕래하였도다 네가 지음을 받던 날로부터 네 모든 길에 완전하더니 마침내 네게서 불의가 드러났도다 네 무역이 많으므로 네 가운데에 강포가 가득하여 네가 범죄하였도다 너 지키는 그룹아 그러므로 내가 너를 더럽게 여겨 하나님의 산에서 쫓아냈고 불타는 돌들 사이에서 멸하였도다 네가 아름다우므로 마음이 교만하였으며 네가 영화로우므로 네 지혜를 더럽혔음이여 내가 너를 땅에 던져 왕들 앞에 두어 그들의 구경 거리가 되게 하였도다"(겔 28:14-17)

8. 하나님은 사람의 마음을 감찰하신다.

"내 아들 솔로몬아 너는 네 아버지의 하나님을 알고 온전한 마음과 기쁜 뜻으로 섬길지어다 여호와께서는 모든 마음을 감찰하사 모든 의도를 아시나니 네가 만일 그를 찾으면 만날 것이요 만일 네가 그를 버리면 그가 너를 영원히 버리시리라"(대상 28:9)

"마음을 살피시는 이가 성령의 생각을 아시나니 이는 성령이 하나님의 뜻대로 성도를 위하여 간구하심이니라"(롬 8:27)

9. 우리는 예수님의 마음을 품고 성령의 통치를 받음으로 말씀을 행해야 한다.

"만일 우리가 성령으로 살면 또한 성령으로 행할지니"(갈 5:25)

10. 예수님의 보혈의 능력이 사람의 마음을 바꾸어 놓는다.

"그런즉 누구든지 그리스도 안에 있으면 새로운 피조물이라 이전 것은 지나갔으니 보라 새 것이 되었도다"(고후 5:17)

* * *

26장 용서

"여호와께서 말씀하시되 오라 우리가 서로 변론하자 너희의 죄가 주홍 같을지라도 눈과 같이 희어질 것이요 진홍 같이 붉을지라도 양털 같이 희게 되리라 너희가 즐겨 순종하면 땅의 아름다운 소산을 먹을 것이요 너희가 거절하여 배반하면 칼에 삼켜지리라 여호와의 입의 말씀이니라"(사 1:18-20)

하나님은 죄 용서를 구하고 순종하고자 하는 죄인들의 죄를 용서하신다.

1. 용서란 무엇인가?

용서란 잘못을 행하는 죄를 용납해 주거나 면제해 주는 것이나 빚을 없애 주는 것이나 분노를 포기하는 것이다. 성경에서 소개하는 하나님은 사랑과 용서의 하나님, 공의의 하나님이시다. 사실 인간은 하나님께 죄를 범하였다. 그러므로 죄의 형벌을 받기에 합당하지만, 하나님은 사랑 가운데서 우리 인간의 죄를 용서하시고 관계를 회복하신다. 하나님은 아우 아벨을 죽인 살인자 가인에게 다음과 같이 말씀하셨다.

"주께서 오늘 이 지면에서 나를 쫓아내시온즉 내가 주의 낯을 뵈옵지 못하리니 내가 땅에서 피하며 유리하는 자가 될지라 무릇 나를 만나는 자마다 나를 죽이겠나이다 여호와께서 그에게 이르시되 그렇지 아니하다 가인을 죽이는 자는 벌을 칠 배나 받으리라 하시고 가인에게 표를 주사 그를 만나는 모든 사람에게서 죽임을 면하게 하시니라"(창 4:14-15)

우리는 여기에서 사랑과 용서의 하나님을 발견하게 된다.

2. 하나님은 사랑과 용서의 하나님이시다.

1) 하나님은 죄인인 우리가 죄에 대한 용서를 구하고 순종하고자 할 때 우리의 죄를 용서하신다.

"여호와께서 말씀하시되 오라 우리가 서로 변론하자 너희의 죄가 주홍 같을지라도 눈과 같이 희어질 것이요 진홍 같이 붉을지라도 양털 같이 희게 되리라 너희가 즐겨 순종하면 땅의 아름다운 소산을 먹을 것이요 너희가 거절하여 배반하면 칼에 삼켜지리라 여호와의 입의 말씀이니라"(사 1:18-20)

여기에 등장하는 "주홍이나 진홍"은 그 손에 피가 가득한 사람들의 죄를 말한다.

2) 우리 인간은 손에 피가 가득한 존재이다.

"너희가 손을 펼 때에 내가 내 눈을 너희에게서 가리고 너희가 많이 기도할지라도 내가 듣지 아니하리니 이는 너희의 손에 피가 가득함이라"(사 1:15)

여기 '피가 가득함이라'라는 말씀은 지은 죄가 커서 말로 다 표현할 수 없을 정도라는 것이다.

3) 성경은 인간의 죄를 어떻게 표현하고 있는가?

"여호와의 손이 짧아 구원하지 못하심도 아니요 귀가 둔하여 듣지 못하심도 아니라 오직 너희 죄악이 너희와 너희 하나님 사이를 갈라 놓았고 너희 죄가 그의 얼굴을 가리어서 너희에게서 듣지 않으시게 함이니라 이는 너희 손이 피에, 너희 손가락이 죄악에 더러워졌으며 너희 입술은 거짓을 말하며 너희 혀는 악독을 냄이라"(사 59:1-3)

"그가 내게 이르시되 이스라엘과 유다 족속의 죄악이 심히 중하여 그 땅에 피가 가득하며 그 성읍에 불법이 찼나니 이는 그들이 이르기를 여호와께서 이 땅을 버리셨으며 여호와께서 보지 아니하신다 함이라"(겔 9:9)

3. 하나님은 죄인들이 죄를 회개하고 하나님께로 돌아오면 죄를 용서하신다.

"여호와께서 말씀하시되 오라 우리가 서로 변론하자 너희의 죄가 주홍 같을지라도 눈과 같이 희어질 것이요 진홍 같이 붉을지라도 양털 같이 희게 되리라"(사 1:18)

여기에 등장하는 눈이나 양털은 본래 흰색이다. 그러므로 피 흘린 죄를 회개하고 하나님께로 돌아오면 죄 씻음 받고 양털처럼 깨끗해진다. 이 얼마나 놀라운 소식인가?

1) 성경에 죄를 회개하고 하나님께로 돌아온 사람들에게 대한 많은 약속들이 있다.
"여호와께서 말씀하시되 오라 우리가 서로 변론하자 너희의 죄가 주홍 같을지라도 눈과 같이 희어질 것이요 진홍 같이 붉을지라도 양털 같이 희게 되리라"(사 1:18)
"보옵소서 내게 큰 고통을 더하신 것은 내게 평안을 주려 하심이라 주께서 내 영혼을 사랑하사 멸망의 구덩이에서 건지셨고 내 모든 죄를 주의 등 뒤에 던지셨나이다"(사 38:17)
"나 곧 나는 나를 위하여 네 허물을 도말하는 자니 네 죄를 기억하지 아니하리라"(사 43:25)
"내가 네 허물을 빽빽한 구름 같이, 네 죄를 안개 같이 없이하였으니

너는 내게로 돌아오라 내가 너를 구속하였음이니라"(사 44:22)

"주와 같은 신이 어디 있으리이까 주께서는 죄악과 그 기업에 남은 자의 허물을 사유하시며 인애를 기뻐하시므로 진노를 오래 품지 아니하시나이다 다시 우리를 불쌍히 여기셔서 우리의 죄악을 발로 밟으시고 우리의 모든 죄를 깊은 바다에 던지시리이다"(미 7:18-19)

"또 그들의 죄와 그들의 불법을 내가 다시 기억하지 아니하리라 하셨으니 이것들을 사하셨은즉 다시 죄를 위하여 제사 드릴 것이 없느니라"(히 10:17-18)

4. 죄를 용서받는 데는 반드시 어떤 조건이 존재한다.

"너희가 즐겨 순종하면 땅의 아름다운 소산을 먹을 것이요"(사 1:19)
"너희가 거절하여 배반하면 칼에 삼켜지리라 여호와의 입의 말씀이니라"(사 1:20)

우리 하나님께서는 자기의 죄를 회개하고 하나님께로 돌아오는 사람의 죄를 용서하신다. 하지만 죄가 있음에도 불구하고 죄를 회개하지 않고, 하나님께로 돌아오지 않으면, 죄 용서함을 받지 못하고, 하나님의 진노가 여전히 그 위에 머물러 있다.

1) 예수님은 그의 공적인 생애에서 죄를 회개하고 복음을 믿으라고 가르치셨다.

"이 때부터 예수께서 비로소 전파하여 이르시되 회개하라 천국이 가까이 왔느니라 하시더라, 이르시되 때가 찼고 하나님의 나라가 가까이 왔으니 회개하고 복음을 믿으라 하시더라"(마 4:17, 막 1:15)

2) 침례 요한도 회개를 전파하였다.
"회개하라 천국이 가까이 왔느니라 하였으니 그는 선지자 이사야를 통하여 말씀하신 자라 일렀으되 광야에 외치는 자의 소리가 있어 이르되 너희는 주의 길을 준비하라 그가 오실 길을 곧게 하라 하였느니라"(마 3:2-3)

3) 초대교회 사도들도 '회개'를 전하였다.
"그런즉 이스라엘 온 집은 확실히 알지니 너희가 십자가에 못 박은 이 예수를 하나님이 주와 그리스도가 되게 하셨느니라 하니라"(행 2:36)
"그러므로 너희가 회개하고 돌이켜 너희 죄 없이 함을 받으라 이같이 하면 새롭게 되는 날이 주 앞으로부터 이를 것이요"(행 3:19)

4) 바울이 에베소교회 장로들에게 전한 메시지도 회개와 믿음이 있었다.
"유대인과 헬라인들에게 하나님께 대한 회개와 우리 주 예수 그리스도께 대한 믿음을 증언한 것이라"(행 20:21)

5. 예수님은 그의 사역에서 용서에 대한 교훈을 남겼다.

"그 때에 베드로가 나아와 이르되 주여 형제가 내게 죄를 범하면 몇 번이나 용서하여 주리이까 일곱 번까지 하오리이까 예수께서 이르시되 네게 이르노니 일곱 번뿐 아니라 일곱 번을 일흔 번까지라도 할지니라 그러므로 천국은 그 종들과 결산하려 하던 어떤 임금과 같으니 결산할 때에 만 달란트 빚진 자 하나를 데려오매 갚을 것이 없는지라 주인이 명하여 그 몸과 아내와 자식들과 모든 소유를 다 팔아 갚게 하라 하니 그 종이 엎드려 절하며 이르되 내게 참으소서 다 갚으리이다 하거늘 그 종의 주인이 불쌍히 여겨 놓아 보내며 그 빚을 탕감하여 주었더니 그 종이 나가서 자기에게 백 데나리온 빚진 동료 한 사람을 만나 붙들어 목을 잡고 이르되 빚을 갚으라 하매 그 동료가 엎드려 간구하여 이르되 나에게 참아 주소서 갚으리이다 하되 허락하지 아니하고 이에 가서 그가 빚을 갚도록 옥에 가두거늘 그 동료들이 그것을 보고 몹시 딱하게 여겨 주인에게 가서 그 일을 다 알리니 이에 주인이 그를 불러다가 말하되 악한 종아 네가 빌기에 내가 네 빚을 전부 탕감하여 주었거늘 내가 너를 불쌍히 여김과 같이 너도 네 동료를 불쌍히 여김이 마땅하지 아니하냐 하고 주인이 노하여 그 빚을 다 갚도록 그를 옥졸들에게 넘기니라 너희가 각각 마음으로부터 형제를 용서하지 아니하면 나의 하늘 아버지께서도 너희에게 이와 같이 하시리라"(마 18:21-35)

6. 죄 용서에는 반드시 예수님의 보혈이 필요하다.

1) 예수님은 마지막 만찬 자리에서 보혈의 능력을 말씀하셨다.

"그들이 먹을 때에 예수께서 떡을 가지사 축복하시고 떼어 제자들에게 주시며 이르시되 받아서 먹으라 이것은 내 몸이니라 하시고 또 잔을 가지사 감사 기도 하시고 그들에게 주시며 이르시되 너희가 다 이것을 마시라 이것은 죄 사함을 얻게 하려고 많은 사람을 위하여 흘리는 바 나의 피 곧 언약의 피니라"(마 26:26-28)

2) 성경 전체에 예수님의 보혈의 강이 흐르고 있다.

(창 3:15, 3:21, 22:13, 출 12:1-14, 레 17:11, 민 21:4-9, 사 53:4-6, 11-12, 시 22:12-18, 렘 23:5, 마 16:21, 히 9:12, 22, 10:10-12)

7. 예수님의 보혈을 믿는 자에게 사죄의 은총이 주어진다.

"여호와께서 말씀하시되 오라 우리가 서로 변론하자 너희의 죄가 주홍 같을지라도 눈과 같이 희어질 것이요 진홍 같이 붉을지라도 양털 같이 희게 되리라 너희가 즐겨 순종하면 땅의 아름다운 소산을 먹을 것이요"(사 1:18-19)

1) 누구든지 십자가에서 죽으시고 부활하신 예수를 믿으면 죄 용서

가 이루어진다(요 3:16-18, 행 16:31-32, 롬 10:9-10, 13, 엡 2:8-9, 골 2:13, 요일 1:9)

성경에 보혈의 강이 흐른다. 누구든지 이 강에서 더러운 죄를 씻을 수 있다. 우리 죄를 씻는 데는 예수님의 피 밖에 없다. 예수 보혈을 의지하는 자는 하나님의 용서를 경험하게 된다.

* * *
27장 종

종에게는 반드시 주인이 있다. 종은 주인이 시키는 대로 하는 사람이다. 종은 자신의 생명에 대한 결정권이나 신분의 자유가 없다. 종은 주인의 뜻에 자신을 전적으로 맡기는 사람이다. 종은 주인의 뜻에 전적으로 순종해야 한다.

1. 예수 그리스도는 하나님의 종으로 여겨졌다.

"그가 자기 영혼의 수고한 것을 보고 만족하게 여길 것이라 나의 의로운 종이 자기 지식으로 많은 사람을 의롭게 하며 또 그들의 죄악을 친히 담당하리로다"(사 53:11)

"아브라함과 이삭과 야곱의 하나님 곧 우리 조상의 하나님이 그의 종 예수를 영화롭게 하셨느니라 너희가 그를 넘겨 주고 빌라도가 놓아 주기로 결의한 것을 너희가 그 앞에서 거부하였으니"(행 3:13)

"과연 헤롯과 본디오 빌라도는 이방인과 이스라엘 백성과 합세하여 하나님께서 기름 부으신 거룩한 종 예수를 거슬러"(행 4:27)

"그는 근본 하나님의 본체시나 하나님과 동등됨을 취할 것으로 여기지 아니하시고 오히려 자기를 비워 종의 형체를 가지사 사람들과 같이 되셨고 사람의 모양으로 나타나사 자기를 낮추시고 죽기까지 복종하셨으니 곧 십자가에 죽으심이라"(빌2:6-8)

1) 예수 그리스도는 언제나 하나님을 기쁘시게 하려는 마음으로 자발적으로 종이 되셨다.

"나를 보내신 이가 나와 함께 하시도다 나는 항상 그가 기뻐하시는 일을 행하므로 나를 혼자 두지 아니하셨느니라"(요 8:29)

2) 예수는 자기를 보내신 이의 뜻을 행하려 오셨다.

"내가 하늘에서 내려온 것은 내 뜻을 행하려 함이 아니요 나를 보내신 이의 뜻을 행하려 함이니라"(요 6:38)

2. 바울과 베드로, 야고보와 유다도 자신을 그리스도의 종이라 하였다.

"예수 그리스도의 종 바울은 사도로 부르심을 받아 하나님의 복음을 위하여 택정함을 입었으니"(롬 1:1)

"예수 그리스도의 종이며 사도인 시몬 베드로는 우리 하나님과 구주 예수 그리스도의 의를 힘입어 동일하게 보배로운 믿음을 우리와 함께 받은 자들에게 편지하노니"(벧후 1:1)

"하나님과 주 예수 그리스도의 종 야고보는 흩어져 있는 열두 지파에

게 문안하노라"(약 1:1)

"예수 그리스도의 종이요 야고보의 형제인 유다는 부르심을 받은 자 곧 하나님 아버지 안에서 사랑을 얻고 예수 그리스도를 위하여 지키심을 받은 자들에게 편지하노라"(유 1:1)

3. 종은 주인이 시키는 대로 열심히 일하는 사람이다.

진정한 종은 자기가 원하는 대로 하지 않고, 주인이 원하는 대로 한다. 진정한 종은 주인이 시키는 일에 "왜"라는 이유와 "아니요"라는 거절이 없다. 주인이 시키는 일에 "예"만 있는 것이다. 진정한 종은 자기가 섬기는 주인을 기쁘게 하는 것만 생각한다.

4. 성경에서 하나님을 섬기는 사람을 종이라고 하였다.

1) 아브라함
"그 밤에 여호와께서 그에게 나타나 이르시되 나는 네 아버지 아브라함의 하나님이니 두려워하지 말라 내 종 아브라함을 위하여 내가 너와 함께 있어 네게 복을 주어 네 자손이 번성하게 하리라 하신지라"(창 26:24)

2) 이삭

"한 소녀에게 이르기를 청하건대 너는 물동이를 기울여 나로 마시게 하라 하리니 그의 대답이 마시라 내가 당신의 낙타에게도 마시게 하리라 하면 그는 주께서 주의 종 이삭을 위하여 정하신 자라 이로 말미암아 주께서 내 주인에게 은혜 베푸심을 내가 알겠나이다"(창 24:14)

3) 야곱

"주 여호와께서 이같이 말씀하셨느니라 내가 여러 민족 가운데에 흩어져 있는 이스라엘 족속을 모으고 그들로 말미암아 여러 나라의 눈 앞에서 내 거룩함을 나타낼 때에 그들이 고국 땅 곧 내 종 야곱에게 준 땅에 거주할지라"(겔 28:25)

4) 모세(출 14:31), 여호수아(수 24:29), 다윗(삼하 3:18), 엘리야(왕하 10:10), 이사야(사 20:3), 욥(욥 1:8), 요나(왕하 14:25), 선지자들(왕하 17:13)을 종이라고 하였다.

5. 하나님이 택한 종을 섬기는 종이 있었다.

1) 여호수아는 모세의 시종이었다.

"여호와의 종 모세가 죽은 후에 여호와께서 모세의 수종자 눈의 아들 여호수아에게 말씀하여 이르시되"(수 1:1)

개역 한글에서는 이 말씀이 다음과 같이 번역되었다.

"여호와의 종 모세가 죽은 후에 여호와께서 모세의 시종 눈의 아들에게 일러 가라사대"

2) 엘리사는 엘리야의 사환이었다.

"여호사밧이 이르되 우리가 여호와께 물을 만한 여호와의 선지자가 여기 없느냐 하는지라 이스라엘 왕의 신하들 중의 한 사람이 대답하여 이르되 전에 엘리야의 손에 물을 붓던 사밧의 아들 엘리사가 여기 있나이다 하니"(왕하 3:11)

6. 하나님은 충성스러운 종을 기뻐하신다.

종은 주인이 시키는 일에 충성해야 한다. 성경은 게으른 종을 무익한 종, 악한 종이라고 하였다. 예수님은 달란트의 비유에서 충성스러운 종과 게으른 종에 대하여 말씀하셨다(마 25:14-30).

내가 예수님의 종이라면 어떠한 종이 되어야 하는가? 주인이 맡겨 준 일에 충성을 다해야 한다. 다섯 달란트와 두 달란트 맡은 종들은 주인에게 충성하였다. 나는 나의 주인이신 예수님께 어떠한 종인가? 또한 나는 주님이 택한 목회자를 섬기면서 어떠한 종으로 행동하는가?

"너는 장차 받을 고난을 두려워하지 말라 볼지어다 마귀가 장차 너희 가운데에서 몇 사람을 옥에 던져 시험을 받게 하리니 너희가 십 일 동안

환난을 받으리라 네가 죽도록 충성하라 그리하면 내가 생명의 관을 네게 주리라"(계 2:10)

7. 충성스러운 종은 주인의 칭찬을 받는다.

"오랜 후에 그 종들의 주인이 돌아와 그들과 결산할새 다섯 달란트 받았던 자는 다섯 달란트를 더 가지고 와서 이르되 주인이여 내게 다섯 달란트를 주셨는데 보소서 내가 또 다섯 달란트를 남겼나이다 그 주인이 이르되 잘하였도다 착하고 충성된 종아 네가 적은 일에 충성하였으매 내가 많은 것을 네게 맡기리니 네 주인의 즐거움에 참여할지어다 하고 두 달란트 받았던 자도 와서 이르되 주인이여 내게 두 달란트를 주셨는데 보소서 내가 또 두 달란트를 남겼나이다 그 주인이 이르되 잘하였도다 착하고 충성된 종아 네가 적은 일에 충성하였으매 내가 많은 것을 네게 맡기리니 네 주인의 즐거움에 참여할지어다 하고"(마 25:19-23)

* * *

28장 그가 행하신 놀라운 일들

예수님은 육체를 가지고 이 세상에서 놀라운 일들을 행하셨다. 예수님은 가르치시고, 고치시고, 전파하셨다. 우리는 예수님이 행하신 일들을 생각해 보면 놀라지 않을 수가 없다.

"예수께서 온 갈릴리에 두루 다니사 그들의 회당에서 가르치시며 천국 복음을 전파하시며 백성 중의 모든 병과 모든 약한 것을 고치시니"(마 4:23)

1. 놀라운 예수님의 가르치심

1) 예수님은 누구에게 글을 배우신 적이 없었다.

"이미 명절의 중간이 되어 예수께서 성전에 올라가사 가르치시니 유대인들이 놀랍게 여겨 이르되 이 사람은 배우지 아니하였거늘 어떻게 글을 아느냐 하니"(요 7:14-15)

우리 예수님은 글을 배우지 않았는데 사람들을 가르치시고, 글을 배우지 않았는데 글을 읽으신 분이다.

"예수께서 그 자라나신 곳 나사렛에 이르사 안식일에 늘 하시던 대로 회당에 들어가사 성경을 읽으려고 서시매 선지자 이사야의 글을 드리거늘 책을 펴서 이렇게 기록된 데를 찾으시니 곧 주의 성령이 내게 임하셨으니 이는 가난한 자에게 복음을 전하게 하시려고 내게 기름을 부으시고 나를 보내사 포로 된 자에게 자유를, 눈 먼 자에게 다시 보게 함을 전파하며 눌린 자를 자유롭게 하고 주의 은혜의 해를 전파하게 하려 하심이라 하였더라 책을 덮어 그 맡은 자에게 주시고 앉으시니 회당에 있는 자들이 다 주목하여 보더라"(눅 4:16-20)

2) 글을 배우지 않았는데 글을 어떻게 알 수 있을까? 놀라운 일이다.

예수님이 가르치신 교훈은 참으로 놀랍다. 사람들은 그의 가르침의 권세에 놀랐다.

"그들이 가버나움에 들어가니라 예수께서 곧 안식일에 회당에 들어가 가르치시매 뭇 사람이 그의 교훈에 놀라니 이는 그가 가르치시는 것이 권위 있는 자와 같고 서기관들과 같지 아니함일러라"(막 1:21-22)

3) 마태복음 5장부터 7장에 예수님의 가르치심이 소개되어 있다.

그분은 다양한 주제를 가르치셨다. 복이 있는 사람(마 5:1-12)에 대해서, 그리고 소금과 빛(마 5:13-16)에 대해서, 그리고 분노하지 말라(마 5:21-26)는 내용에 대해서, 그리고 간음하지 말라(마 5:27-32)는 내용에 대해서, 그리고 맹세하지 말라(마 5:33-37)는 내용에 대해서, 그리고 악한 자를 대적하지 말라(마 5:38-42)는 내용에 대해서, 그리고 원수를 사랑하라(마 5:43-48)는 내용에 대해서, 그리고 구제할 때 은밀하게 하라(마 6:1-4)는 내용에 대해서, 그리고 기도의 방법(마 6:5-15)에 대해서, 그리고 외식으로 금식하지 말라(마 6:17-18)는 내용에 대해서, 그리고 보물을 하늘에 쌓아두라(마 6:19-34)는 내용에 대해서, 그리고 비판하지 말라(마 7:1-6)는 내용에 대해서, 그리고 구하고, 찾고, 문을 두드리라(마 7:7-12)는 내용에 대해서, 그리고 좁은 문으로 들어가라(마 7:;13-14)는 내용에 대해서, 그리고 거짓 선지자들을 분별할 때 열매로 알 수 있다(마 7:15-27)는 내용에 대해서 가르치셨다.

2. 놀라운 그의 고치심

1) 예수님은 많은 병자를 고치셨다.

"그의 소문이 온 수리아에 퍼진지라 사람들이 모든 앓는 자 곧 각종 병에 걸려서 고통 당하는 자, 귀신 들린 자, 간질하는 자, 중풍병자들을 데려오니 그들을 고치시더라"(마 4:24)

2) 예수님이 이 세상에 오시기 전에 이사야 선지자는 그분이 죄와 질병의 문제를 해결하실 분으로 예언하였다.

"그는 실로 우리의 질고를 지고 우리의 슬픔을 당하였거늘 우리는 생각하기를 그는 징벌을 받아 하나님께 맞으며 고난을 당한다 하였노라 그가 찔림은 우리의 허물 때문이요 그가 상함은 우리의 죄악 때문이라

그가 징계를 받으므로 우리는 평화를 누리고 그가 채찍에 맞으므로 우리는 나음을 받았도다"(사 53:4-5)

3) 예수님은 공생애 기간 동안에 많은 연약한 자들을 고치셨다.
"저물매 사람들이 귀신 들린 자를 많이 데리고 예수께 오거늘 예수께서 말씀으로 귀신들을 쫓아 내시고 병든 자들을 다 고치시니"(마 8:16)

4) 예수님께서 사람의 병을 고치신 사례들이 성경에 기록되어 있다.

나병 환자를 고치심(마 8:1-4)
백부장의 하인의 중풍병을 고치심(마 8:5-13)
중풍 병자를 고치심(마 9:1-8)
한 관리의 딸과 혈루증 환자를 고치심(마 9:16-26)
소경을 고치심(마 9:27-34)
모든 병과 모든 약한 것을 고치심(마 9:35)
안식일에 손 마른 사람을 고치심(마 12:9-21)
게네사렛에서 병자들을 고치심(마 14:34-36)
귀신들린 아이를 고치심(마 17:14-20)
38년 된 병자를 고치심(요 5:1-18)
18년 동안 꼬부라져 조금도 펴지 못한 자를 고치심(눅 13:10-17)
말씀으로 귀신들을 쫓아내시고 병든 자들을 다 고치심(마 8:16)

3. 놀라운 그의 전파하심

1) 예수님은 새벽 미명에 기도하시고(막 1:35), 갈릴리 여러 곳에서 전도하셨다.

"이에 온 갈릴리에 다니시며 그들의 여러 회당에서 전도하시고" (막 1:39)

2) 예수님은 많은 무리에게 전파하셨고, 또한 개인 전도를 하셨다.

여리고 세리장 삭개오에게 전도하셨다(눅 19:1-10).

우물가의 여인에게 전도하셨다(요 4:1-42).

3) 예수님을 믿는 우리 성도들도 예수님의 본을 받아 복음을 전하는 자로 살아야 한다.

온 인류의 죄의 짐을 지시고, 십자가에서 보배로운 피를 흘려 죽으시고, 죽은 자 가운데서 사흘 만에 다시 사신 예수님을 전하고, 누구든지 죄를 회개하고, 우리를 위해 죽으시고 다시 사신 예수님을 믿으면 구원을 받는다는 사실을 전해야 한다.

"네가 만일 네 입으로 예수를 주로 시인하며 또 하나님께서 그를 죽은 자 가운데서 살리신 것을 네 마음에 믿으면 구원을 받으리라 사람이 마음으로 믿어 의에 이르고 입으로 시인하여 구원에 이르느니라"(롬 10:9-10)

4) 누구든지 예수님을 믿으면 구원을 선물로 받는다는 복된 소식을 전하여 잃어버린 영혼을 주께로 인도해야 한다.

"너희는 그 은혜에 의하여 믿음으로 말미암아 구원을 받았으니 이것은 너희에게서 난 것이 아니요 하나님의 선물이라"(엡 2:8)

5) 복음만이 영혼을 구원하는 능력이라는 사실을 전해야 한다.

"내가 복음을 부끄러워하지 아니하노니 이 복음은 모든 믿는 자에게 구원을 주시는 하나님의 능력이 됨이라 먼저는 유대인에게요 그리고 헬라인에게로다"(롬 1:16)

29장 인내

* * *

인내란 우리 그리스도인들에게 꼭 필요한 자질이다. 인내란 옳은 일을 하면서 어떤 어려운 일이나 시험에 굴복하지 않고 견디는 것이다.

1. 성도는 예수님과 같이 미래에 대한 소망을 가지고 인내해야 한다.

"믿음의 주요 또 온전하게 하시는 이인 예수를 바라보자 그는 그 앞에 있는 기쁨을 위하여 십자가를 참으사 부끄러움을 개의치 아니하시더니 하나님 보좌 우편에 앉으셨느니라"(히 12:2)

2. 인내심이 부족한 사람은 성공적인 삶을 살 수 없다.

1) 무슨 일을 하든지 인내가 필요하다.

욥의 생애를 살펴보면 기가 막힐 정도로 고난의 연속이었다. 하지만 욥은 모든 경우에 인내하는 사람이었다. 성경은 욥을 인내하는 사람으로 소개한다.

"그러므로 형제들아 주께서 강림하시기까지 길이 참으라 보라 농부가 땅에서 나는 귀한 열매를 바라고 길이 참아 이른 비와 늦은 비를 기다리나니 너희도 길이 참고 마음을 굳건하게 하라 주의 강림이 가까우니라 형제들아 서로 원망하지 말라 그리하여야 심판을 면하리라 보라 심판주가 문 밖에 서 계시니라 형제들아 주의 이름으로 말한 선지자들을 고난과 오래 참음의 본으로 삼으라 보라 인내하는 자를 우리가 복되다 하나니 너희가 욥의 인내를 들었고 주께서 주신 결말을 보았거니와 주는 가장 자비하시고 긍휼히 여기시는 이시니라"(약 5:7-11)

2) 우리들의 인생에는 어려운 일이 얼마든지 있을 수 있다.

많은 사람이 어려운 일에 직면하면 쉽게 포기하는 경향이 있다. 하지만 성경은 선을 행하다가 낙심하지 말라고 하였고, 포기하지 아니하면 때가 이르매 거둔다고 하였다(갈 6:9). 이스라엘 백성들이 출애굽 하여 약속의 땅인 가나안에 이르기까지 40년이란 세월이 지나갔다. 그들에게도 인내가 필요했기 때문이다.

3. 어려운 일을 만날 때 오래 참는 습관을 길러야 한다.

1) 사랑의 특성 가운데 인내가 있다.

"사랑은 오래 참고 사랑은 온유하며 시기하지 아니하며 사랑은 자랑하지 아니하며 교만하지 아니하며 무례히 행하지 아니하며 자기의 유익을 구하지 아니하며 성내지 아니하며 악한 것을 생각하지 아니하며 불의를 기뻐하지 아니하며 진리와 함께 기뻐하고 모든 것을 참으며 모든 것을 믿으며 모든 것을 바라며 모든 것을 견디느니라"(고전 13:4-7)

2) 사도 바울 또한 인내하는 사람이었다.

에베소 교회 장로들을 향한 그의 고별설교 중에 그는 인내의 사람으로 소개된다.

"곧 모든 겸손과 눈물이며 유대인의 간계로 말미암아 당한 시험을 참고 주를 섬긴 것과"(행 20:19)

3) 우리가 인내하고 참는 마음이 교만한 마음보다 낫다.

"일의 끝이 시작보다 낫고 참는 마음이 교만한 마음보다 나으니"
 (전 7:8)

4. 성령의 열매 중에 오래 참음이 있다.

"오직 성령의 열매는 사랑과 희락과 화평과 오래 참음과 자비와 양선과 충성과 온유와 절제니 이같은 것을 금지할 법이 없느니라"(갈 5:22-23)

5. 베드로는 신성한 성품에 참여하는 자가 갖추어야 할 자질 중에 인내를 소개했다.

"이로써 그 보배롭고 지극히 큰 약속을 우리에게 주사 이 약속으로 말미암아 너희가 정욕 때문에 세상에서 썩어질 것을 피하여 신성한 성품에 참여하는 자가 되게 하려 하셨느니라 그러므로 너희가 더욱 힘써 너희 믿음에 덕을, 덕에 지식을, 지식에 절제를, 절제에 인내를, 인내에 경건을, 경건에 형제 우애를, 형제 우애에 사랑을 더하라"(벧후 1:4-7)

6. 환난 중에도 인내하면 좋은 결말을 볼 수 있다.

"다만 이뿐 아니라 우리가 환난 중에도 즐거워하나니 이는 환난은 인내를, 인내는 연단을, 연단은 소망을 이루는 줄 앎이로다"(롬 5:3-4)

"시험을 참는 자는 복이 있나니 이는 시련을 견디어 낸 자가 주께서 자기를 사랑하는 자들에게 약속하신 생명의 면류관을 얻을 것이기 때

문이라"(약 1:12)

　　1) 옛말에 인내는 쓰나 그 열매는 달다고 하였다.

　　2) 고난 중에 하나님을 생각함으로 슬픔을 참으면 아름다운 것이다.
　"부당하게 고난을 받아도 하나님을 생각함으로 슬픔을 참으면 이는
아름다우나"(벧전 2:19)

7. 하나님도 인내하셨다.

　"주의 약속은 어떤 이들이 더디다고 생각하는 것 같이 더딘 것이 아니
라 오직 주께서는 너희를 대하여 오래 참으사 아무도 멸망하지 아니하
고 다 회개하기에 이르기를 원하시느니라"(벧후 3:9)

　　우리도 하나님의 오래 참으심을 본받아 오래 참는 사람이 되어야 한
다. 사람에 대하여 오래 참고, 주어진 환경에 대하여 오래 참는 습관을
길러야 한다. 이제 우리는 천국에 이를 때까지 오래 참는 사람이 되자.

* * *

30장 십자가

하나님의 아들 예수님은 온 세상의 죄의 짐을 지시고 십자가에서 죽으셨다. 바울 사도는 그의 생애에서 십자가를 자랑하였다.

"그러나 내게는 우리 주 예수 그리스도의 십자가 외에 결코 자랑할 것이 없으니 그리스도로 말미암아 세상이 나를 대하여 십자가에 못 박히고 내가 또한 세상을 대하여 그러하니라"(갈 6:14)

"내가 너희 중에서 예수 그리스도와 그가 십자가에 못 박히신 것 외에는 아무 것도 알지 아니하기로 작정하였음이라"(고전 2:2)

1. 십자가형은 로마의 사형제도 가운데 하나였다.

십자가는 고대 페르시아나 애굽, 앗수르에서 죄수를 처형하기 위하여 나무로 만든 형틀을 말한다. 이 십자가는 페르시아 사람들에 의해 로마에 전해졌고, 노예나 죄수를 사형에 처할 때 흔히 사용되었다. 십자가의 처형이 너무 가혹하고, 치욕적이어서 로마 사람들은 행하지 않았다고 한다. 그리고 유대인들도 나무에 달린 자는 저주를 받은 자라고 생각했다.

"사람이 만일 죽을 죄를 범하므로 네가 그를 죽여 나무 위에 달거든 그 시체를 나무 위에 밤새도록 두지 말고 그 날에 장사하여 네 하나님 여호와께서 네게 기업으로 주시는 땅을 더럽히지 말라 나무에 달린 자는 하나님께 저주를 받았음이니라"(신 21:22-23)

2. 예수님은 이 저주스러운 십자가에서 온 인류의 죄의 짐을 지시고 죽으셨다.

◆ 마 27:32-44
◆ 눅 23:26-43
◆ 요 19:17-27

3. 하나님은 예수님이 십자가에서 죽으실 것과 사탄의 패망을 예언하셨다.

"내가 너로 여자와 원수가 되게 하고 네 후손도 여자의 후손과 원수가 되게 하리니 여자의 후손은 네 머리를 상하게 할 것이요 너는 그의 발꿈치를 상하게 할 것이니라 하시고"(창 3:15)

"그는 실로 우리의 질고를 지고 우리의 슬픔을 당하였거늘 우리는 생각하기를 그는 징벌을 받아 하나님께 맞으며 고난을 당한다 하였노라 그가 찔림은 우리의 허물 때문이요 그가 상함은 우리의 죄악 때문이라 그가 징계를 받으므로 우리는 평화를 누리고 그가 채찍에 맞으므로 우리는 나음을 받았도다 우리는 다 양 같아서 그릇 행하여 각기 제 길로 갔거늘 여호와께서는 우리 모두의 죄악을 그에게 담당시키셨도다"(사 53:4-6)

4. 예수님은 자신이 십자가에서 죽으시고 사흘 후에 다시 부활하실 것을 예언하였다.

"이 때로부터 예수 그리스도께서 자기가 예루살렘에 올라가 장로들과 대제사장들과 서기관들에게 많은 고난을 받고 죽임을 당하고 제삼일에 살아나야 할 것을 제자들에게 비로소 나타내시니"(마 16:21)

"갈릴리에 모일 때에 예수께서 제자들에게 이르시되 인자가 장차 사람들의 손에 넘겨져 죽임을 당하고 제삼일에 살아나리라 하시니 제자들이 매우 근심하더라"(마 17:22-23)

"예수께서 대답하여 이르시되 너희가 이 성전을 헐라 내가 사흘 동안에 일으키리라 유대인들이 이르되 이 성전은 사십육 년 동안에 지었거늘 네가 삼 일 동안에 일으키겠느냐 하더라 그러나 예수는 성전된 자기 육체를 가리켜 말씀하신 것이라 죽은 자 가운데서 살아나신 후에야 제자들이 이 말씀하신 것을 기억하고 성경과 예수께서 하신 말씀을 믿었더라"(요 2:19-22)

5. 십자가의 도인 복음은 영혼을 구원하는 능력이다.

"내가 복음을 부끄러워하지 아니하노니 이 복음은 모든 믿는 자에게 구원을 주시는 하나님의 능력이 됨이라 먼저는 유대인에게요 그리고 헬라인에게로다 복음에는 하나님의 의가 나타나서 믿음으로 믿음에 이르게 하나니 기록된 바 오직 의인은 믿음으로 말미암아 살리라 함과 같으니라"(롬 1:16-17)

"십자가의 도가 멸망하는 자들에게는 미련한 것이요 구원을 받는 우리에게는 하나님의 능력이라" (고전 1:18)

6. 죄인을 향하신 하나님의 진한 사랑이 예수 그리스도가 지신 십자가에 잘 나타나 있다.

"우리가 아직 죄인 되었을 때에 그리스도께서 우리를 위하여 죽으심으로 하나님께서 우리에 대한 자기의 사랑을 확증하셨느니라"(롬 5:8)

7. 예수님을 믿어 구원받은 성도는 그리스도와 함께 십자가에 못 박힌 자이다.

"내가 그리스도와 함께 십자가에 못 박혔나니 그런즉 이제는 내가 사는 것이 아니요 오직 내 안에 그리스도께서 사시는 것이라 이제 내가 육체 가운데 사는 것은 나를 사랑하사 나를 위하여 자기 자신을 버리신 하나님의 아들을 믿는 믿음 안에서 사는 것이라"(갈 2:20)

8. 예수님은 우리의 죄 때문에 십자가에서 대신 죽으시고 우리를 의롭다 하시기 위해서 다시 살아나셨다.

"예수는 우리가 범죄한 것 때문에 내줌이 되고 또한 우리를 의롭다 하시기 위하여 살아나셨느니라"(롬 4:25)

9. 어둠의 세력이 예수 그리스도의 십자가의 구속을 알았다면 영광의 주님을 십자가에 못 박지 아니하였을 것이다.

"그러나 우리가 온전한 자들 중에서는 지혜를 말하노니 이는 이 세상의 지혜가 아니요 또 이 세상에서 없어질 통치자들의 지혜도 아니요 오직 은밀한 가운데 있는 하나님의 지혜를 말하는 것으로서 곧 감추어졌던 것인데 하나님이 우리의 영광을 위하여 만세 전에 미리 정하신 것이라 이 지혜는 이 세대의 통치자들이 한 사람도 알지 못하였나니 만일 알았더라면 영광의 주를 십자가에 못 박지 아니하였으리라 기록된 바 하나님이 자기를 사랑하는 자들을 위하여 예비하신 모든 것은 눈으로 보

지 못하고 귀로 듣지 못하고 사람의 마음으로 생각하지도 못하였다 함과 같으니라"(고전 2:6-9)

10. 성도의 자랑은 십자가에서 죽으시고 부활하신 예수님뿐이다.

"그러나 내게는 우리 주 예수 그리스도의 십자가 외에 결코 자랑할 것이 없으니 그리스도로 말미암아 세상이 나를 대하여 십자가에 못 박히고 내가 또한 세상을 대하여 그러하니라"(갈 6:14)

"내가 너희 중에서 예수 그리스도와 그가 십자가에 못 박히신 것 외에는 아무 것도 알지 아니하기로 작정하였음이라"(고전 2:2)

"하나님의 성령으로 봉사하며 그리스도 예수로 자랑하고 육체를 신뢰하지 아니하는 우리가 곧 할례파라"(빌 3:3)

11. 온 천하를 꾀는 마귀 사탄은 예수님의 십자가의 피와 말씀 앞에 잠잠하게 된다.

"하늘에 전쟁이 있으니 미가엘과 그의 사자들이 용과 더불어 싸울새 용과 그의 사자들도 싸우나 이기지 못하여 다시 하늘에서 그들이 있을 곳을 얻지 못한지라 큰 용이 내쫓기니 옛 뱀 곧 마귀라고도 하고 사탄이라고도 하며 온 천하를 꾀는 자라 그가 땅으로 내쫓기니 그의 사자들도 그와 함께 내쫓기니라 내가 또 들으니 하늘에 큰 음성이 있어 이르되 이제 우리 하나님의 구원과 능력과 나라와 또 그의 그리스도의 권세가 나타났으니 우리 형제들을 참소하던 자 곧 우리 하나님 앞에서 밤낮 참소하던 자가 쫓겨났고 또 우리 형제들이 어린 양의 피와 자기들이 증언하는 말씀으로써 그를 이겼으니 그들은 죽기까지 자기들의 생명을 아끼지 아니하였도다 그러므로 하늘과 그 가운데에 거하는 자들은 즐거워하라 그러나 땅과 바다는 화 있을진저 이는 마귀가 자기의 때가 얼마 남지 않은 줄을 알므로 크게 분내어 너희에게 내려갔음이라 하더라"

(계 12:7-12)

12. 예수 그리스도의 십자가의 보혈에 능력이 있다.

1) 사죄의 능력

"그들이 먹을 때에 예수께서 떡을 가지사 축복하시고 떼어 제자들에게 주시며 이르시되 받아서 먹으라 이것은 내 몸이니라 하시고 또 잔을 가지사 감사 기도 하시고 그들에게 주시며 이르시되 너희가 다 이것을 마시라 이것은 죄 사함을 얻게 하려고 많은 사람을 위하여 흘리는 바 나의 피 곧 언약의 피니라, 염소와 송아지의 피로 하지 아니하고 오직 자기의 피로 영원한 속죄를 이루사 단번에 성소에 들어가셨느니라, 율법을 따라 거의 모든 물건이 피로써 정결하게 되나니 피흘림이 없은즉 사함이 없느니라"(마 26:26-28, 히 9:12, 22)

"그는 실로 우리의 질고를 지고 우리의 슬픔을 당하였거늘 우리는 생각하기를 그는 징벌을 받아 하나님께 맞으며 고난을 당한다 하였노라 그가 찔림은 우리의 허물 때문이요 그가 상함은 우리의 죄악 때문이라 그가 징계를 받으므로 우리는 평화를 누리고 그가 채찍에 맞으므로 우리는 나음을 받았도다 우리는 다 양 같아서 그릇 행하여 각기 제 길로 갔거늘 여호와께서는 우리 모두의 죄악을 그에게 담당시키셨도다"(사 53:4-6)

2) 치유의 능력(사 53:4-6)

3) 마귀의 세력을 물리치는 능력
"하늘에 전쟁이 있으니 미가엘과 그의 사자들이 용과 더불어 싸울새 용과 그의 사자들도 싸우나 이기지 못하여 다시 하늘에서 그들이 있을 곳을 얻지 못한지라 큰 용이 내쫓기니 옛 뱀 곧 마귀라고도 하고 사탄이라고도 하며 온 천하를 꾀는 자라 그가 땅으로 내쫓기니 그의 사자들도 그와 함께 내쫓기니라 내가 또 들으니 하늘에 큰 음성이 있어 이르되 이제 우리 하나님의 구원과 능력과 나라와 또 그의 그리스도의 권세가 나타났으니 우리 형제들을 참소하던 자 곧 우리 하나님 앞에서 밤낮 참소하던 자가 쫓겨났고 또 우리 형제들이 어린 양의 피와 자기들이 증언하는 말씀으로써 그를 이겼으니 그들은 죽기까지 자기들의 생명을 아끼지 아니하였도다"(계 12:7-11)

4) 사망의 공포로부터 자유롭게 하는 능력

"자녀들은 혈과 육에 속하였으매 그도 또한 같은 모양으로 혈과 육을 함께 지니심은 죽음을 통하여 죽음의 세력을 잡은 자 곧 마귀를 멸하시며 또 죽기를 무서워하므로 한평생 매여 종 노릇 하는 모든 자들을 놓아 주려 하심이니"(히 2:14-15)

13. 성도는 예수 그리스도의 십자가의 복음을 전해야 한다.

1) 유대인들은 표적을 구하고 헬라인들은 지혜를 찾으나 우리는 십자가에 죽으시고 부활하신 예수님의 복음을 전해야 한다.

"유대인은 표적을 구하고 헬라인은 지혜를 찾으나 우리는 십자가에 못 박힌 그리스도를 전하니 유대인에게는 거리끼는 것이요 이방인에게는 미련한 것이로되 오직 부르심을 받은 자들에게는 유대인이나 헬라인이나 그리스도는 하나님의 능력이요 하나님의 지혜니라"(고전 1:22-24)

2) 예수님께서 승천하실 때 남기신 지상명령에 순종하자.

"그러므로 너희는 가서 모든 민족을 제자로 삼아 아버지와 아들과 성령의 이름으로 침례를 베풀고 내가 너희에게 분부한 모든 것을 가르쳐 지키게 하라 볼지어다 내가 세상 끝날까지 너희와 항상 함께 있으리라 하시니라"(마 28:19-20)

3) 성령으로 충만하면 예수 그리스도의 증인으로 살아갈 수 있다.

"내가 아버지께로부터 너희에게 보낼 보혜사 곧 아버지께로부터 나오시는 진리의 성령이 오실 때에 그가 나를 증언하실 것이요"(요 15:26)

4) 하나님께서 가장 기뻐하시는 것은 죄인이 죄를 회개하고, 십자가에서 죽으시고 부활하신 예수님을 믿어 구원을 받는 것이다.

"내가 너희에게 이르노니 이와 같이 죄인 한 사람이 회개하면 하늘에서는 회개할 것 없는 의인 아흔아홉으로 말미암아 기뻐하는 것보다 더하리라, 내가 너희에게 이르노니 이와 같이 죄인 한 사람이 회개하면 하나님의 사자들 앞에 기쁨이 되느니라, 이 내 아들은 죽었다가 다시 살아났으며 내가 잃었다가 다시 얻었노라 하니 그들이 즐거워하더라"(눅 15:7, 10, 24)

5) 모든 사람에게 십자가에서 죽으시고 다시 사신 예수가 필요하다.

"하나님은 모든 사람이 구원을 받으며 진리를 아는 데에 이르기를 원하시느니라 하나님은 한 분이시요 또 하나님과 사람 사이에 중보자도 한 분이시니 곧 사람이신 그리스도 예수라"(딤전 2:4-5)

* * *
31장 바람이 불면

바람은 지구상에서 기압의 변화로 일어나는 공기의 움직임을 말한다. 사람은 바람이 없으면 살아갈 수 없으며, 바람에도 방향이 있고, 바람의 종류도 다양하니 동풍, 서풍, 남풍, 북풍, 강풍, 미풍, 돌풍, 질풍, 광풍이나 회오리바람 등이 있고, 또한 성령의 바람도 있다. 이제 바람의 존재와 함께 성령의 바람에 대하여 알아보자.

1. 바람은 누가 창조하였나?

1) 바람을 창조하신 분은 하나님이시다.

"보라 산들을 지으며 바람을 창조하며 자기 뜻을 사람에게 보이며 아침을 어둡게 하며 땅의 높은 데를 밟는 이는 그의 이름이 만군의 하나님 여호와시니라"(암 4:13)

2) 바람은 하나님이 불게 하신다.

"하나님이 노아와 그와 함께 방주에 있는 모든 들짐승과 가축을 기억하사 하나님이 바람을 땅 위에 불게 하시매 물이 줄어들었고, 주께서 바람을 일으키시매 바다가 그들을 덮으니 그들이 거센 물에 납 같이 잠겼나이다, 안개를 땅 끝에서 일으키시며 비를 위하여 번개를 만드시며 바람을 그 곳간에서 내시는도다"(창 8:1, 출 15:10, 시 135:7)

2. 바람이 하는 일은 다양하다.

1) 비를 내리게 한다.
"조금 후에 구름과 바람이 일어나서 하늘이 캄캄해지며 큰 비가 내리는지라 아합이 마차를 타고 이스르엘로 가니"(왕상 18:45)

2) 바람은 파괴하는 능력이 있다.
"거친 들에서 큰 바람이 와서 집 네 모퉁이를 치매 그 청년들 위에 무너지므로 그들이 죽었나이다 나만 홀로 피하였으므로 주인께 아뢰러 왔나이다 한지라"(욥 1:19)
"주께서 동풍으로 다시스의 배를 깨뜨리시도다"(시 48:7)
"해가 뜰 때에 하나님이 뜨거운 동풍을 예비하셨고 해는 요나의 머리에 쪼이매 요나가 혼미하여 스스로 죽기를 구하여 이르되 사는 것보다 죽는 것이 내게 나으니이다 하니라"(욘 4:8)

3) 하나님은 바람을 이용하여 많은 일을 하신다.

◆ 바닷물이 갈라지게 하시고, 메뚜기를 애굽 전역에서 날아오게 하
셨다(출 10:13, 출 14:21).
　　◆ 메추라기를 바람결에 보내셔서 이스라엘 백성들을 먹이셨다
　　　(민 11:31).

3. 하나님은 성령을 바람으로 비유하셨다.

　성령의 상징 가운데 비둘기, 불, 기름, 생수나 바람이 있다.
　성령의 바람으로 다양한 일들이 일어난다.

　1) 성령의 바람으로 사람이 거듭난다.
　"바람이 임의로 불매 네가 그 소리는 들어도 어디서 와서 어디로 가는
지 알지 못하나니 성령으로 난 사람도 다 그러하니라"(요 3:8)

　2) 성령의 바람이 강력하게 임하면 다양한 변화가 일어난다.
　"오순절 날이 이미 이르매 그들이 다같이 한 곳에 모였더니 홀연히 하
늘로부터 급하고 강한 바람 같은 소리가 있어 그들이 앉은 온 집에 가득
하며 마치 불의 혀처럼 갈라지는 것들이 그들에게 보여 각 사람 위에 하
나씩 임하여 있더니 그들이 다 성령의 충만함을 받고 성령이 말하게 하
심을 따라 다른 언어들로 말하기를 시작하니라"(행 2:1-4)

3) 성령의 바람이 불면 성령에 매이게 된다.

"보라 이제 나는 성령에 매여 예루살렘으로 가는데 거기서 무슨 일을 당할는지 알지 못하노라"(행 20:22)

4) 성령의 바람이 불면 교회에 부흥이 일어난다.

"그리하여 온 유대와 갈릴리와 사마리아 교회가 평안하여 든든히 서 가고 주를 경외함과 성령의 위로로 진행하여 수가 더 많아지니라"

(행 9:31)

5) 성령의 바람이 불면 기도한다.

"이와 같이 성령도 우리의 연약함을 도우시나니 우리는 마땅히 기도 할 바를 알지 못하나 오직 성령이 말할 수 없는 탄식으로 우리를 위하여 친히 간구하시느니라 마음을 살피시는 이가 성령의 생각을 아시나니 이 는 성령이 하나님의 뜻대로 성도를 위하여 간구하심이니라"(롬 8:26-27)

6) 성령의 바람이 불면 전도한다.

"내가 아버지께로부터 너희에게 보낼 보혜사 곧 아버지께로부터 나 오시는 진리의 성령이 오실 때에 그가 나를 증언하실 것이요"(요 15:26)

7) 성령의 바람이 불면 환난 중에도 성령의 기쁨으로 도를 받는다.

"또 너희는 많은 환난 가운데서 성령의 기쁨으로 말씀을 받아 우리와 주를 본받은 자가 되었으니"(살전 1:6)

8) 성령의 바람이 불면 내적인 변화가 일어난다.

성령의 바람이 불면 육신의 소욕보다 성령의 지배를 받는다. 바람이 불면 나뭇가지가 움직인다. 바람이 세게 불면 큰 나무가 뿌리까지 뽑힌다. 바람이 불면 홍해가 갈라져 길이 생기고, 바람이 불면 바닷길이 강으로 변한다. 바람이 불면 메추라기가 몰려오고, 바람이 비를 몰고 온다. 마찬가지로 성령의 바람이 불면 성령의 능력으로 육신의 뿌리가 뽑힌다. 음란, 부정, 사욕, 탐심, 교만, 이기심, 시기, 질투, 증오심, 복수심, 술취함 등 육신에서 나오는 것들이 뿌리까지 뽑힌다. 마치 강력한 바람에 큰 나무들이 뽑히고, 단단한 건물들이 부서지는 것과 같다.

9) 성령의 바람이 불면 마침내 성령의 열매가 열린다.

"오직 성령의 열매는 사랑과 희락과 화평과 오래 참음과 자비와 양선과 충성과 온유와 절제니 이같은 것을 금지할 법이 없느니라"(갈 5:22-23)

4. 성도는 성령의 바람으로 성령 충만하도록 기도해야 한다.

"빌기를 다하매 모인 곳이 진동하더니 무리가 다 성령이 충만하여 담대히 하나님의 말씀을 전하니라, 술 취하지 말라 이는 방탕한 것이니 오직 성령으로 충만함을 받으라, 사랑하는 자들아 너희는 너희의 지극히 거룩한 믿음 위에 자신을 세우며 성령으로 기도하며"(행 4:31, 엡 5:18, 유 1:20)

우리들의 삶에 성령의 바람이 불고 또 불어 하나님과 사람 앞에서 떳 떳하게 살아가자.

* * *
32장 소원

소원은 마음에 바라는 바를 말한다. 사람에게는 누구에게나 소원이 있기 마련이다. 소원이 없는 사람은 없다. 사람들은 자기가 뜻한바 소원이 이루어지면 기뻐한다.

1. 소원이란 무엇인가?

소원은 마음에 바라는 소망이다. 누구에게나 소원이 있다. 다윗은 여호와의 전을 지으려는 소원이 있었으나 그의 소원이 이루어지지 않았다.

"다윗이 이스라엘 모든 고관들 곧 각 지파의 어른과 왕을 섬기는 반장들과 천부장들과 백부장들과 및 왕과 왕자의 모든 소유와 가축의 감독과 내시와 장사와 모든 용사를 예루살렘으로 소집하고 이에 다윗 왕이 일어서서 이르되 나의 형제들, 나의 백성들아 내 말을 들으라 나는 여호와의 언약궤 곧 우리 하나님의 발판을 봉안할 성전을 건축할 마음이 있어서 건축할 재료를 준비하였으나 하나님이 내게 이르시되 너는 전쟁을 많이 한 사람이라 피를 많이 흘렸으니 내 이름을 위하여 성전을 건축

254 성도의 삶

하지 못하리라 하셨느니라"(대상 28:1-3)

우리들이 유의하여야 할 점은 모든 소원이 다 이루진 것이 아니라는 사실이다. 어떤 소원은 하나님께서 이루어주시나 어떤 소원은 들어주시지 않는다.

2. 하나님은 우리에게 소원을 두고 행하게 하신다.

"너희 안에서 행하시는 이는 하나님이시니 자기의 기쁘신 뜻을 위하여 너희에게 소원을 두고 행하게 하시나니"(빌 2:13)

3. 소원을 이루게 하시는 이는 하나님이다.

"또 여호와를 기뻐하라 그가 네 마음의 소원을 네게 이루어 주시리로다"(시 37:4)

4. 하나님께 자신의 소원을 말하고 기도하라.

"내가 두 가지 일을 주께 구하였사오니 내가 죽기 전에 내게 거절하지 마시옵소서 곧 헛된 것과 거짓말을 내게서 멀리 하옵시며 나를 가난하게도 마옵시고 부하게도 마옵시고 오직 필요한 양식으로 나를 먹이시옵소서"(잠 30:7-8)

1) 이삭은 자녀를 달라고 20년 동안 기도하였다(창 25:19-26).
결국 이삭은 그가 기도한지 20년 만에 쌍둥이 에서와 야곱을 얻었다.
"네 마음의 소원대로 허락하시고 네 모든 계획을 이루어 주시기를 원하노라"(시 20:4)

2) 솔로몬은 지혜와 지식이 필요하여 기도하였고, 그의 소원대로 이루어졌다(대하 1:7-13).

3) 야베스도 많은 소원을 가지고 기도하였고, 그의 기도가 이루어졌다.

"야베스가 이스라엘 하나님께 아뢰어 이르되 주께서 내게 복을 주시려거든 나의 지역을 넓히시고 주의 손으로 나를 도우사 나로 환난을 벗어나 내게 근심이 없게 하옵소서 하였더니 하나님이 그가 구하는 것을 허락하셨더라"(대상 4:10)

4) 바울의 놀라운 소원은 복음을 전하는 것이었다.
"그러므로 나는 할 수 있는 대로 로마에 있는 너희에게도 복음 전하기를 원하노라 내가 복음을 부끄러워하지 아니하노니 이 복음은 모든 믿는 자에게 구원을 주시는 하나님의 능력이 됨이라 먼저는 유대인에게요 그리고 헬라인에게로다"(롬 1:15-16)

5) 바울은 복음 전하는 것에 그의 목숨을 걸었다.

"사람을 택하여 우리 주 예수 그리스도의 이름을 위하여 생명을 아끼지 아니하는 자인 우리가 사랑하는 바나바와 바울과 함께 너희에게 보내기를 만장일치로 결정하였노라, 내가 달려갈 길과 주 예수께 받은 사명 곧 하나님의 은혜의 복음을 증언하는 일을 마치려 함에는 나의 생명조차 조금도 귀한 것으로 여기지 아니하노라, 바울이 대답하되 여러분이 어찌하여 울어 내 마음을 상하게 하느냐 나는 주 예수의 이름을 위하여 결박 당할 뿐 아니라 예루살렘에서 죽을 것도 각오하였노라 하니"(행 15:25, 20:24, 21:13)

6) 느헤미야는 예루살렘의 무너진 성벽을 건축하기 위한 소원이 있었다.

하나님은 느헤미야를 통하여 무너진 성벽을 52일 만에 재건하게 하였다.

"성벽 역사가 오십이 일 만인 엘룰월 이십오일에 끝나매"(느 6:15)

7) 나병 환자는 예수님께 소원을 말했고, 그의 소원이 이루어졌다.

"예수께서 산에서 내려 오시니 수많은 무리가 따르니라 한 나병환자가 나아와 절하며 이르되 주여 원하시면 저를 깨끗하게 하실 수 있나이다 하거늘 예수께서 손을 내밀어 그에게 대시며 이르시되 내가 원하노니 깨끗함을 받으라 하시니 즉시 그의 나병이 깨끗하여진지라 예수께서 이르시되 삼가 아무에게도 이르지 말고 다만 가서 제사장에게 네 몸을 보이고 모세가 명한 예물을 드려 그들에게 입증하라 하시니라"

(마 8:1-4)

그러므로 소원을 가지라. 하나님의 마음에 합당한 소원을 가지라. 자신의 소원을 하나님께 아뢰라. 하나님의 때에 마음의 소원이 이루어진다.

"네 마음의 소원대로 허락하시고 네 모든 계획을 이루어 주시기를 원하노라"(시 20:4)

33장 또 다른 나라

사람은 이 세상에서 영원토록 살 수 없다. 하나님께서 그렇게 정하셨기 때문이다.

"한번 죽는 것은 사람에게 정해진 것이요 그 후에는 심판이 있으리니"(히 9:27)

우리는 언제인지 모르지만, 반드시 이 세상을 떠난다. 어떤 사람도 예외일 수 없다. 죽음 이후의 세계가 있다.

"주께서 사람을 티끌로 돌아가게 하시고 말씀하시기를 너희 인생들은 돌아가라 하셨사오니"(시 90:3)

인생은 사후에 돌아가는 곳이 있다. 신자는 하나님 계신 곳으로 가고, 모든 불신자는 하나님 나라에 갈 수 없다.

1. 인생은 사는 날이 적다.

"여인에게서 태어난 사람은 생애가 짧고 걱정이 가득하며 그는 꽃

과 같이 자라나서 시들며 그림자 같이 지나가며 머물지 아니하거늘"(욥 14:1-2)

2. 인생의 연수는 70이요 강건하면 80이라고 하였다.

"우리의 연수가 칠십이요 강건하면 팔십이라도 그 연수의 자랑은 수고와 슬픔뿐이요 신속히 가니 우리가 날아가나이다"(시 90:10)

3. 우리 육체의 장막 집이 무너질 때가 있다.

"우리가 주목하는 것은 보이는 것이 아니요 보이지 않는 것이니 보이는 것은 잠깐이요 보이지 않는 것은 영원함이라, 만일 땅에 있는 우리의 장막 집이 무너지면 하나님께서 지으신 집 곧 손으로 지은 것이 아니요 하늘에 있는 영원한 집이 우리에게 있는 줄 아느니라 참으로 우리가 여기 있어 탄식하며 하늘로부터 오는 우리 처소로 덧입기를 간절히 사모하노라"(고후 4:18, 5:1-2)

4. 우리의 육체의 장막 집이 무너지면 예수님을 믿는 자와 믿지 않는 자가 가는 곳이 각각 다르다.

예수님은 누가복음 16장 19-31절에서 거지 나사로는 사후에 천사들에게 받들려 아브라함의 품에 들어갔다고 했고, 회개하지 않는 부자는 사후에 고통스러운 곳인 불꽃 가운데 괴로움으로 가득 찬 곳으로 갔다고 했다.

5. 죄를 회개하지 않고 죽으면 반드시 불꽃이 있는 지옥에 간다.

1) 예수님께서는 부자가 고통받는 곳과 목마름이 있는 곳으로 들어간 이유를 말씀하셨다.

"이르되 그렇지 아니하니이다 아버지 아브라함이여 만일 죽은 자에게서 그들에게 가는 자가 있으면 회개하리이다 이르되 모세와 선지자들에게 듣지 아니하면 비록 죽은 자 가운데서 살아나는 자가 있을지라도 권함을 받지 아니하리라 하였다 하시니라"(눅 16:30-31)

그러므로 우리는 하나님의 말씀을 가볍게 여기지 말아야 한다.

2) 하나님을 모르는 사람들과 복음을 믿지 않는 자들이 가는 곳이 정해져 있다.

"환난을 받는 너희에게는 우리와 함께 안식으로 갚으시는 것이 하나님의 공의시니 주 예수께서 자기의 능력의 천사들과 함께 하늘로부터 불꽃 가운데에 나타나실 때에 하나님을 모르는 자들과 우리 주 예수의 복음에 복종하지 않는 자들에게 형벌을 내리시리니 이런 자들은 주

의 얼굴과 그의 힘의 영광을 떠나 영원한 멸망의 형벌을 받으리로다"(
살후 1:7-9)

3) 모든 불신자는 마귀와 그 사자들을 위하여 예비된 영원한 불 못에
들어간다.
"또 왼편에 있는 자들에게 이르시되 저주를 받은 자들아 나를 떠나 마
귀와 그 사자들을 위하여 예비된 영원한 불에 들어가라"(마 25:41)

6. 죄를 회개하고 복음을 믿어 구원받을 기회는 우리들이 이 세상에 살아 있을 때이다.

이 사실이 예수님의 말씀에 확실히 나타나 있다(눅 16:26-31). 그러므
로 사후에 천국 갈 수 있는 기회가 있다는 것과 사람이 죽은 후에 구원받
을 수 있다는 달콤한 거짓말에 속지 말아야 한다.

7. 성도는 불신자를 대상으로 복음을 전해야 하는 책임이 있다.

1) 예수님은 이렇게 말씀하셨다.
"또 이르시되 너희는 온 천하에 다니며 만민에게 복음을 전파하라"(
막 16:15)

2) 죄인이 복음을 듣고 믿으면 약속의 성령으로 인치심을 받는다.

"그 안에서 너희도 진리의 말씀 곧 너희의 구원의 복음을 듣고 그 안에서 또한 믿어 약속의 성령으로 인치심을 받았으니 이는 우리 기업의 보증이 되사 그 얻으신 것을 속량하시고 그의 영광을 찬송하게 하려 하심이라"(엡 1:13-14)

34장 하나님께 맡기라

우리가 의지할 분은 하나님이시다. 우리는 결코 사람이나 재물이나 하나님이 아닌 어떤 다른 신도 믿을 수 없다. 많은 사람이 하나님이 아닌 다른 신들을 예배하며, 복을 빌고 있지만 그런 다른 신이나 우상이 사람들에게 복을 주거나 화를 줄 수 없다.

"그것이 둥근 기둥 같아서 말도 못하며 걸어다니지도 못하므로 사람이 메어야 하느니라 그것이 그들에게 화를 주거나 복을 주지 못하나니 너희는 두려워하지 말라 하셨느니라"(렘 10:5)

오직 유일하신 하나님이 우리에게 복을 주실 수 있다. 하나님께 내 인생의 모든 것을 맡기는 자가 지혜로운 선택을 한 사람이다. 성경에서 말씀하고 있는 "맡기다, 의지하다, 신뢰하다, 의뢰하다, 의탁하다"는 말은 모두 같은 의미를 지닌 단어들이다.

1. 사람은 믿을만한 존재가 못 된다.

"할렐루야 내 영혼아 여호와를 찬양하라 나의 생전에 여호와를 찬양하며 나의 평생에 내 하나님을 찬송하리로다 귀인들을 의지하지 말며 도울 힘이 없는 인생도 의지하지 말지니, 너희는 인생을 의지하지 말라 그의 호흡은 코에 있나니 셈할 가치가 어디 있느냐, 여호와께서 이와 같이 말씀하시니라 무릇 사람을 믿으며 육신으로 그의 힘을 삼고 마음이 여호와에게서 떠난 그 사람은 저주를 받을 것이라 그는 사막의 떨기나무 같아서 좋은 일이 오는 것을 보지 못하고 광야 간조한 곳, 건건한 땅, 사람이 살지 않는 땅에 살리라"(시 146:1-3, 사 2:22, 렘 17:5-6)

2. 재물도 의지할 것이 못 된다.

"부자 되기에 애쓰지 말고 네 사사로운 지혜를 버릴지어다 네가 어찌 허무한 것에 주목하겠느냐 정녕히 재물은 스스로 날개를 내어 하늘을 나는 독수리처럼 날아가리라"(잠 23:4-5)

3. 오직 하나님만이 우리들이 믿을 만한 대상이다.

"이스라엘아 여호와를 의지하라 그는 너희의 도움이시요 너희의 방패시로다 아론의 집이여 여호와를 의지하라 그는 너희의 도움이시요 너희의 방패시로다 여호와를 경외하는 자들아 너희는 여호와를 의지하여라 그는 너희의 도움이시요 너희의 방패시로다 여호와께서 우리를 생각하사 복을 주시되 이스라엘 집에도 복을 주시고 아론의 집에도 복을 주시며 높은 사람이나 낮은 사람을 막론하고 여호와를 경외하는 자들에게 복을 주시리로다"(시 115:9-13)

4. 내 인생을 하나님께 맡길 만한 충분한 이유가 있다.

1) 행사를 하나님께 맡기라.

"너의 행사를 여호와께 맡기라 그리하면 네가 경영하는 것이 이루어지리라"(잠 16:3)

◆ 하나님을 의지하는 자에게 복이 주어진다.
"삼가 말씀에 주의하는 자는 좋은 것을 얻나니 여호와를 의지하는 자는 복이 있느니라"(잠 16:20)

◆ 히스기야는 모든 상황에서 하나님을 의지하였다.
"이스라엘의 왕 엘라의 아들 호세아 제삼년에 유다 왕 아하스의 아들 히스기야가 왕이 되니 그가 왕이 될 때에 나이가 이십오 세라 예루살렘에서 이십구 년간 다스리니라 그의 어머니의 이름은 아비요 스가리야의 딸이더라 히스기야가 그의 조상 다윗의 모든 행위와 같이 여호와께서 보시기에 정직하게 행하여 그가 여러 산당들을 제거하며 주상을 깨뜨리며 아세라 목상을 찍으며 모세가 만들었던 놋뱀을 이스라엘 자손이 이때까지 향하여 분향하므로 그것을 부수고 느후스단이라 일컬었더라 히스기야가 이스라엘 하나님 여호와를 의지하였는데 그의 전후 유다 여러 왕 중에 그러한 자가 없었으니 곧 그가 여호와께 연합하여 그에게서 떠나지 아니하고 여호와께서 모세에게 명령하신 계명을 지켰더라 여호와께서 그와 함께 하시매 그가 어디로 가든지 형통하였더라 저가 앗수르 왕을 배반하고 섬기지 아니하였고 그가 블레셋 사람들을 쳐서 가사와 그 사방에 이르고 망대에서부터 견고한 성까지 이르렀더라"(왕하 18:1-8)

2) 하나님은 우리의 길을 여호와께 맡기라고 하였고, 그를 의지하면 그가 이루신다고 약속하셨다.

"네 길을 여호와께 맡기라 그를 의지하면 그가 이루시고 네 의를 빛같이 나타내시며 네 공의를 정오의 빛 같이 하시리로다"(시 37:5-6)

◆ 우리의 길을 하나님께 맡기면 하나님께서 갈 길을 가르쳐 보이신다.
"내가 네 갈 길을 가르쳐 보이고 너를 주목하여 훈계하리로다"(시 32:8)

◆ 우리의 길을 하나님께 맡기고 하나님을 경외하면 하나님의 보호하심을 받는다.

다윗이 사울 왕을 피하여 십광야 수풀에 있었을 때 사울의 아들 요나단이 다윗에게 하나님을 힘 있게 의지하게 하였다.

"다윗이 사울이 자기의 생명을 빼앗으려고 나온 것을 보았으므로 그가 십 광야 수풀에 있었더니 사울의 아들 요나단이 일어나 수풀에 들어가서 다윗에게 이르러 그에게 하나님을 힘 있게 의지하게 하였는데 곧 요나단이 그에게 이르기를 두려워하지 말라 내 아버지 사울의 손이 네게 미치지 못할 것이요 너는 이스라엘 왕이 되고 나는 네 다음이 될 것을 내 아버지 사울도 안다 하니라 두 사람이 여호와 앞에서 언약하고 다윗은 수풀에 머물고 요나단은 자기 집으로 돌아가니라"(삼상 23:15-18)

3) 모든 염려를 다 하나님께 맡기라.

"너희 염려를 다 주께 맡기라 이는 그가 너희를 돌보심이라"(벧전 5:7)

◆ 어떠한 경우에도 하나님을 신뢰하면 견고하게 설 수 있다.
"이에 백성들이 아침에 일찍이 일어나서 드고아 들로 나가니라 나갈 때에 여호사밧이 서서 이르되 유다와 예루살렘 주민들아 내 말을 들을지어다 너희는 너희 하나님 여호와를 신뢰하라 그리하면 견고히 서리라 그의 선지자들을 신뢰하라 그리하면 형통하리라 하고"(대하 20:20)

◆ 예수님은 염려함으로 키를 더 자라게 할 수 없다고 가르치셨다.
"너희 중에 누가 염려함으로 그 키를 한 자라도 더할 수 있겠느냐"(

마 6:27)

◆ 아무것도 염려하지 말고 염려 대신에 기도하라.

"아무 것도 염려하지 말고 다만 모든 일에 기도와 간구로, 너희 구할 것을 감사함으로 하나님께 아뢰라 그리하면 모든 지각에 뛰어난 하나님의 평강이 그리스도 예수 안에서 너희 마음과 생각을 지키시리라"(빌 4:6-7)

4) 모든 짐을 하나님께 맡기라.

"네 짐을 여호와께 맡기라 그가 너를 붙드시고 의인의 요동함을 영원히 허락하지 아니하시리로다"(시 55:22)

◆ 날마다 우리의 짐을 지시는 하나님께 다 맡기라.

"날마다 우리 짐을 지시는 주 곧 우리의 구원이신 하나님을 찬송할지로다"(시 68:19)

◆ 인생의 길이 자기에게 있지 않다.

"여호와여 내가 알거니와 사람의 길이 자신에게 있지 아니하니 걸음을 지도함이 걷는 자에게 있지 아니하니이다"(렘 10:23)

◆ 하나님 의지하는 자에게 약속하신 복이 있다.

"그러나 무릇 여호와를 의지하며 여호와를 의뢰하는 그 사람은 복을 받을 것이라 그는 물 가에 심어진 나무가 그 뿌리를 강변에 뻗치고 더위가 올지라도 두려워하지 아니하며 그 잎이 청청하며 가무는 해에도 걱정이 없고 결실이 그치지 아니함 같으리라"(렘 17:7-8)

◆ 아사왕은 전쟁의 위기에 처해 있을 때 하나님만 의지하고 기도하였다.

"아사의 군대는 유다 중에서 큰 방패와 창을 잡는 자가 삼십만 명이요 베냐민 중에서 작은 방패를 잡으며 활을 당기는 자가 이십팔만 명이라 그들은 다 큰 용사였더라 구스 사람 세라가 그들을 치려 하여 군사 백만 명과 병거 삼백 대를 거느리고 마레사에 이르매 아사가 마주 나가서 마레사의 스바다 골짜기에 전열을 갖추고 아사가 그의 하나님 여호와께 부르짖어 이르되 여호와여 힘이 강한 자와 약한 자 사이에는 주밖에 도와 줄 이가 없사오니 우리 하나님 여호와여 우리를 도우소서 우리가 주를 의지하오며 주의 이름을 의탁하옵고 이 많은 무리를 치러 왔나이다 여호와여 주는 우리 하나님이시오니 원하건대 사람이 주를 이기지 못하게 하옵소서 하였더니 여호와께서 구스 사람들을 아사와 유다 사람들 앞에서 치시니 구스 사람들이 도망하는지라 아사와 그와 함께 한 백성이 구스 사람들을 추격하여 그랄까지 이르매 이에 구스 사람들이 엎드러지고 살아 남은 자가 없었으니 이는 여호와 앞에서와 그의 군대 앞에서 패망하였음이라 노략한 물건이 매우 많았더라"(대하 14:8-13)

5. 인생의 행사, 길, 염려나 짐을 가지고 예수님께 나아가면 예수님께서 다 해결해 주신다.

"수고하고 무거운 짐 진 자들아 다 내게로 오라 내가 너희를 쉬게 하리라 나는 마음이 온유하고 겸손하니 나의 멍에를 메고 내게 배우라 그리하면 너희 마음이 쉼을 얻으리니 이는 내 멍에는 쉽고 내 짐은 가벼움이라 하시니라"(마 11:28-30)

35장 환난이 와도

우리들의 인생길에 환난이 있다. 환난이란 근심과 재난을 말한다. 환난은 괴로운 상황들 곧 고통이나 고민스러운 것들이다. 내가 원하지 않아도 많은 환난을 만날 수 있다. 철 따라 변화무쌍한 날씨를 만나듯이 우리의 인생길에도 반갑지 않는 손님을 만나듯 예기치 않은 환난을 만날 수 있다. 문제는 우리가 환난을 만났을 때 환난을 대하는 자세와 태도가 중요하다.

1. 모든 사람에게 환난이 있을 수 있다.

1) 예수께서 그의 제자들에게 하신 말씀을 기억하라!

"이것을 너희에게 이르는 것은 너희로 내 안에서 평안을 누리게 하려 함이라 세상에서는 너희가 환난을 당하나 담대하라 내가 세상을 이기었노라"(요 16:33)

2) 바울은 아시아에서 살아갈 소망까지 끊어진 것 같은 환난을 만났다.

"형제들아 우리가 아시아에서 당한 환난을 너희가 모르기를 원하지 아니하노니 힘에 겹도록 심한 고난을 당하여 살 소망까지 끊어지고"(고후 1:8)

3) 데살로니가 교회 성도들도 많은 환난이 있었다.
"또 너희는 많은 환난 가운데서 성령의 기쁨으로 말씀을 받아 우리와 주를 본받은 자가 되었으니"(살전 1:6)

2. 경건하게 살고자 하는 성도도 환난이나 박해를 만난다.

바울은 믿음의 디모데에게 보낸 편지에서 이 사실을 확인 시켜 주었다.
"무릇 그리스도 예수 안에서 경건하게 살고자 하는 자는 박해를 받으리라"(딤후 3:12)

3. 바울은 그의 제자들에게 하나님의 나라에 들어가려면 많은 환난을 겪어야 할 것이라고 가르쳤다.

"제자들의 마음을 굳게 하여 이 믿음에 머물러 있으라 권하고 또 우리가 하나님의 나라에 들어가려면 많은 환난을 겪어야 할 것이라 하고"(행 14:22)

4. 하나님은 이스라엘 백성이 환난을 당하다가 끝날에 하나님께로 돌아와서 말씀을 청종할 것이라고 하였다.

"이 모든 일이 네게 임하여 환난을 당하다가 끝날에 네가 네 하나님 여호와께로 돌아와서 그의 말씀을 청종하리니"(신 4:30)

1) 예수님께서도 끝날에 환난이 있을 것이라고 예언하셨다.
"이는 그 때에 큰 환난이 있겠음이라 창세로부터 지금까지 이런 환난이 없었고 후에도 없으리라" (마 24:21)

5. 하나님께서 성도들에게 환난을 허락하신 이유가 있다.

1) 환난 중에 받은 위로로 환난 중에 있는 자들을 위로하도록 환난을 허락하신다.
"찬송하리로다 그는 우리 주 예수 그리스도의 하나님이시요 자비의 아버지시요 모든 위로의 하나님이시며 우리의 모든 환난 중에서 우리를 위로하사 우리로 하여금 하나님께 받는 위로로써 모든 환난 중에 있는 자들을 능히 위로하게 하시는 이시로다"(고후 1:3-4)

2) 자기를 의뢰하지 말고 오직 죽은 자를 살리시는 하나님만 의지하도록 환난을 허락하신다.

"형제들아 우리가 아시아에서 당한 환난을 너희가 모르기를 원하지 아니하노니 힘에 겹도록 심한 고난을 당하여 살 소망까지 끊어지고 우리는 우리 자신이 사형 선고를 받은 줄 알았으니 이는 우리로 자기를 의지하지 말고 오직 죽은 자를 다시 살리시는 하나님만 의지하게 하심이라"(고후 1:8-9)

3) 인내의 사람으로 만들어주시려고 환난을 허락하신다.
"다만 이뿐 아니라 우리가 환난 중에도 즐거워하나니 이는 환난은 인내를, 인내는 연단을, 연단은 소망을 이루는 줄 앎이로다"(롬 5:3-4)

4) 정금과 같이 연단 하여 하나님이 귀하게 쓰시려고 환난을 허락하신다.
"그러나 내가 가는 길을 그가 아시나니 그가 나를 단련하신 후에는 내가 순금 같이 되어 나오리라"(욥 23:10) 그러므로 위대한 사공은 바다에서 만들어진다는 말이 있다.

6. 환난을 만났을 때 우리가 하나님 앞에서 취해야 할 자세와 태도가 있다.

1) 어떤 환경에서도 하나님으로부터 받은 사명을 망각하지 말아야 한다.
"오직 성령이 각 성에서 내게 증언하여 결박과 환난이 나를 기다린다 하시나 내가 달려갈 길과 주 예수께 받은 사명 곧 하나님의 은혜의 복음

을 증언하는 일을 마치려 함에는 나의 생명조차 조금도 귀한 것으로 여기지 아니하노라"(행 20:23-24)

2) 우리는 환난 중에도 기뻐해야 한다.

"다만 이뿐 아니라 우리가 환난 중에도 즐거워하나니 이는 환난은 인내를, 인내는 연단을, 연단은 소망을 이루는 줄 앎이로다, 또 너희는 많은 환난 가운데서 성령의 기쁨으로 말씀을 받아 우리와 주를 본받은 자가 되었으니"(롬 5:3-4, 살전 1:6)

3) 우리는 환난 중에도 기도해야 한다.

"환난 날에 나를 부르라 내가 너를 건지리니 네가 나를 영화롭게 하리로다, 나의 환난 날에 내가 주께 부르짖으리니 주께서 내게 응답하시리이다"(시 50:15, 86:7)

4) 우리는 환난 중에도 담대해야 한다.

"이것을 너희에게 이르는 것은 너희로 내 안에서 평안을 누리게 하려 함이라 세상에서는 너희가 환난을 당하나 담대하라 내가 세상을 이기었노라"(요 16:33)

5) 하나님께서 자기 백성들이 환난을 당할 때 동참한다는 사실을 믿어야 한다.

"그들의 모든 환난에 동참하사 자기 앞의 사자로 하여금 그들을 구원

하시며 그의 사랑과 그의 자비로 그들을 구원하시고 옛적 모든 날에 그들을 드시며 안으셨으나"(사 63:9)

6) 때에 따라서는 모든 환난을 면하게 하신다는 사실을 믿어야 한다.

"여호와께서 너를 지켜 모든 환난을 면하게 하시며 또 네 영혼을 지키시리로다"(시 121:7)

7) 욥처럼 하나님께 예배하고 찬양하며 하나님을 원망하지 말아야 한다.

"욥이 일어나 겉옷을 찢고 머리털을 밀고 땅에 엎드려 예배하며 이르되 내가 모태에서 알몸으로 나왔사온즉 또한 알몸이 그리로 돌아가올지라 주신 이도 여호와시요 거두신 이도 여호와시오니 여호와의 이름이 찬송을 받으실지니이다 하고 이 모든 일에 욥이 범죄하지 아니하고 하나님을 향하여 원망하지 아니하니라"(욥 1:20-22)

8) 우리는 환난 중에도 신앙을 지켜야 한다.

"또 어떤 이들은 조롱과 채찍질뿐 아니라 결박과 옥에 갇히는 시련도 받았으며 돌로 치는 것과 톱으로 켜는 것과 시험과 칼로 죽임을 당하고 양과 염소의 가죽을 입고 유리하여 궁핍과 환난과 학대를 받았으니 (이런 사람은 세상이 감당하지 못하느니라) 그들이 광야와 산과 동굴과 토굴에 유리하였느니라"(히 11:36-38)

"네가 어디에 사는지를 내가 아노니 거기는 사탄의 권좌가 있는 데라 네가 내 이름을 굳게 잡아서 내 충성된 증인 안디바가 너희 가운데 곧 사탄이 사는 곳에서 죽임을 당할 때에도 나를 믿는 믿음을 저버리지 아니하였도다"(계 2:13)

9) 하나님에 대하여, 사람에 대하여, 주어진 환경에 대하여 원망하지 말고 독수리처럼 훈련받아야 한다.

"여호와께서 그를 황무지에서, 짐승이 부르짖는 광야에서 만나시고 호위하시며 보호하시며 자기의 눈동자 같이 지키셨도다 마치 독수리가 자기의 보금자리를 어지럽게 하며 자기의 새끼 위에 너풀거리며 그의 날개를 펴서 새끼를 받으며 그의 날개 위에 그것을 업는 것 같이 여호와께서 홀로 그를 인도하셨고 그와 함께 한 다른 신이 없었도다"(신 32:10-12)

독수리 새끼는 고된 훈련을 통하여 새들의 왕이 된다.

* * *

36장 주가 내 편에

죄를 회개하고, 십자가에서 피 흘려 죽으시고, 다시 사신 예수님을 믿는 자에게 하나님이 내 편이 되어 주신다. 그러나 모든 불신자는 하나님 편이 아니다. 모든 불신자의 영혼의 아비는 마귀이다.

"너희는 너희 아비 마귀에게서 났으니 너희 아비의 욕심대로 너희도 행하고자 하느니라 그는 처음부터 살인한 자요 진리가 그 속에 없으므로 진리에 서지 못하고 거짓을 말할 때마다 제 것으로 말하나니 이는 그가 거짓말쟁이요 거짓의 아비가 되었음이라"(요 8:44)

1. 하나님께 속한 자가 있고 악한 자 곧 마귀에게 속한 자가 있다.

"또 아는 것은 우리는 하나님께 속하고 온 세상은 악한 자 안에 처한 것이며 또 아는 것은 하나님의 아들이 이르러 우리에게 지각을 주사 우리로 참된 자를 알게 하신 것과 또한 우리가 참된 자 곧 그의 아들 예수 그리스도 안에 있는 것이니 그는 참 하나님이시요 영생이시라"(요일 5:19-20)

2. 모든 본질상 진노의 자녀요 하나님이 없는 자이다.

"그 때에 너희는 그 가운데서 행하여 이 세상 풍조를 따르고 공중의 권세 잡은 자를 따랐으니 곧 지금 불순종의 아들들 가운데서 역사하는 영이라 전에는 우리도 다 그 가운데서 우리 육체의 욕심을 따라 지내며 육체와 마음의 원하는 것을 하여 다른 이들과 같이 본질상 진노의 자녀 이었더니, 그 때에 너희는 그리스도 밖에 있었고 이스라엘 나라 밖의 사람이라 약속의 언약들에 대하여는 외인이요 세상에서 소망이 없고 하나님도 없는 자이더니 이제는 전에 멀리 있던 너희가 그리스도 예수 안에서 그리스도의 피로 가까워졌느니라"(엡 2:2-3, 12-13)

3. 죄인이 죄를 회개하고 예수를 믿으면 하나님의 자녀요 하나님께 속한 자가 된다.

"영접하는 자 곧 그 이름을 믿는 자들에게는 하나님의 자녀가 되는 권세를 주셨으니 이는 혈통으로나 육정으로나 사람의 뜻으로 나지 아니하고 오직 하나님께로부터 난 자들이니라"(요 1:12-13)

4. 하나님이 내 편에 계시면 나를 도우신다.

"여호와는 내 편이시라 내가 두려워하지 아니하리니 사람이 내게 어찌할까 여호와께서 내 편이 되사 나를 돕는 자들 중에 계시니 그러므로 나를 미워하는 자들에게 보응하시는 것을 내가 보리로다 여호와께 피하는 것이 사람을 신뢰하는 것보다 나으며 여호와께 피하는 것이 고관들을 신뢰하는 것보다 낫도다"(시 118:6-9)

5. 하나님이 내 편에 계시지 않으면 나는 절망할 수 있다.

"이스라엘은 이제 말하기를 여호와께서 우리 편에 계시지 아니하셨더라면 우리가 어떻게 하였으랴 사람들이 우리를 치러 일어날 때에 여호와께서 우리 편에 계시지 아니하셨더라면 그 때에 그들의 노여움이 우리에게 맹렬하여 우리를 산채로 삼켰을 것이며 그 때에 물이 우리를 휩쓸며 시내가 우리 영혼을 삼켰을 것이며 그 때에 넘치는 물이 우리 영혼을 삼켰을 것이라 할 것이로다 우리를 내주어 그들의 이에 씹히지 아니하게 하신 여호와를 찬송할지로다 우리의 영혼이 사냥꾼의 올무에서 벗어난 새 같이 되었나니 올무가 끊어지므로 우리가 벗어났도다 우리의 도움은 천지를 지으신 여호와의 이름에 있도다"(시 124:1-8)

6. 하나님이 내 편에 계시고 나를 돕는 자 중에 계시면 염려할 필요가 없다.

"그런즉 이 일에 대하여 우리가 무슨 말 하리요 만일 하나님이 우리를 위하시면 누가 우리를 대적하리요 자기 아들을 아끼지 아니하시고 우리 모든 사람을 위하여 내주신 이가 어찌 그 아들과 함께 모든 것을 우리에게 주시지 아니하겠느냐 누가 능히 하나님께서 택하신 자들을 고발하리요 의롭다 하신 이는 하나님이시니 누가 정죄하리요 죽으실 뿐 아니라 다시 살아나신 이는 그리스도 예수시니 그는 하나님 우편에 계신 자요 우리를 위하여 간구하시는 자시니라 누가 우리를 그리스도의 사랑에서 끊으리요 환난이나 곤고나 박해나 기근이나 적신이나 위험이나 칼이랴 기록된 바 우리가 종일 주를 위하여 죽임을 당하게 되며 도살 당할 양 같이 여김을 받았나이다 함과 같으니라 그러나 이 모든 일에 우리를 사랑하시는 이로 말미암아 우리가 넉넉히 이기느니라 내가 확신하노니 사망이나 생명이나 천사들이나 권세자들이나 현재 일이나 장래 일이나 능력이나 높음이나 깊음이나 다른 어떤 피조물이라도 우리를 우리 주 그리스도 예수 안에 있는 하나님의 사랑에서 끊을 수 없으리라"(롬 8:31-39)

7. 성도는 내 편 되신 하나님께 모든 도움을 청할 수 있다.

1) 다니엘은 위기에 처해 있을 때 하나님이 도와주실 줄 믿고 기도

했다.

"다니엘이 이 조서에 왕의 도장이 찍힌 것을 알고도 자기 집에 돌아가서는 윗방에 올라가 예루살렘으로 향한 창문을 열고 전에 하던 대로 하루 세 번씩 무릎을 꿇고 기도하며 그의 하나님께 감사하였더라"(단 6:10)

2) 다윗은 블레셋의 골리앗과 맞섰을 때 하나님의 도움을 구했다.

"다윗이 블레셋 사람에게 이르되 너는 칼과 창과 단창으로 내게 나아오거니와 나는 만군의 여호와의 이름 곧 네가 모욕하는 이스라엘 군대의 하나님의 이름으로 네게 나아가노라 오늘 여호와께서 너를 내 손에 넘기시리니 내가 너를 쳐서 네 목을 베고 블레셋 군대의 시체를 오늘 공중의 새와 땅의 들짐승에게 주어 온 땅으로 이스라엘에 하나님이 계신 줄 알게 하겠고 또 여호와의 구원하심이 칼과 창에 있지 아니함을 이 무리에게 알게 하리라 전쟁은 여호와께 속한 것인즉 그가 너희를 우리 손에 넘기시리라"(삼상 17:45-47)

3) 히스기야는 국가적인 위기를 만났을 때 하나님의 도움을 구했다(사 37:14-20)

8. 내가 하나님의 기뻐하시는 대로 살면서 내 편에 계신 하나님께 구하면 모든 필요가 채워진다.

1) 하나님의 평강

"아무 것도 염려하지 말고 다만 모든 일에 기도와 간구로, 너희 구할 것을 감사함으로 하나님께 아뢰라 그리하면 모든 지각에 뛰어난 하나님의 평강이 그리스도 예수 안에서 너희 마음과 생각을 지키시리라"(빌 4:6-7)

2) 지혜와 지식

"주는 이제 내게 지혜와 지식을 주사 이 백성 앞에서 출입하게 하옵소서 이렇게 많은 주의 백성을 누가 능히 재판하리이까 하니 하나님이 솔로몬에게 이르시되 이런 마음이 네게 있어서 부나 재물이나 영광이나 원수의 생명 멸하기를 구하지 아니하며 장수도 구하지 아니하고 오직 내가 네게 다스리게 한 내 백성을 재판하기 위하여 지혜와 지식을 구하였으니 그러므로 내가 네게 지혜와 지식을 주고 부와 재물과 영광도 주리니 네 전의 왕들도 이런 일이 없었거니와 네 후에도 이런 일이 없으리라 하시니라"(대하 1:10-12)

3) 건강

"장로인 나는 사랑하는 가이오 곧 내가 참으로 사랑하는 자에게 편지하노라 사랑하는 자여 네 영혼이 잘됨 같이 네가 범사에 잘되고 강건하기를 내가 간구하노라"(요삼 1:1-2)

4) 재물

"겸손과 여호와를 경외함의 보상은 재물과 영광과 생명이니라"(잠 22:4)

5) 은사

"은사는 여러 가지나 성령은 같고 직분은 여러 가지나 주는 같으며 또 사역은 여러 가지나 모든 것을 모든 사람 가운데서 이루시는 하나님은 같으니 각 사람에게 성령을 나타내심은 유익하게 하려 하심이라 어떤 사람에게는 성령으로 말미암아 지혜의 말씀을, 어떤 사람에게는 같은 성령을 따라 지식의 말씀을, 다른 사람에게는 같은 성령으로 믿음을, 어떤 사람에게는 한 성령으로 병 고치는 은사를, 어떤 사람에게는 능력 행함을, 어떤 사람에게는 예언함을, 어떤 사람에게는 영들 분별함을, 다른 사람에게는 각종 방언 말함을, 어떤 사람에게는 방언들 통역함을 주시나니 이 모든 일은 같은 한 성령이 행하사 그의 뜻대로 각 사람에게 나누어 주시는 것이니라, 너희도 우리를 위하여 간구함으로 도우라 이는 우리가 많은 사람의 기도로 얻은 은사로 말미암아 많은 사람이 우리를 위하여 감사하게 하려 함이라"(고전 12:4-11, 고후 1:11)

6) 하나님의 능력

"여호와와 그의 능력을 구할지어다 그의 얼굴을 항상 구할지어다"(시 105:4)

* * *
37장 날마다

예수님을 믿어 구원받은 성도는 날마다 해야 할 일이 있다. 우리 성도들이 날마다 기본적으로 해야 할 일이 무엇일까? 우리는 날마다 성경 읽고, 날마다 기도하고, 날마다 전도하고, 날마다 찬양하고, 날마다 베풀고, 날마다 가르치고, 날마다 모이기를 힘써야 하고, 날마다 영혼이 구원받는 것을 경험해야 한다.

1. 날마다 영의 양식인 성경을 상고하라.

"베뢰아에 있는 사람들은 데살로니가에 있는 사람들보다 더 너그러워서 간절한 마음으로 말씀을 받고 이것이 그러한가 하여 날마다 성경을 상고하므로"(행 17:11)

성경은 성도들을 능히 세우는 놀라운 능력이 있다.

"그러므로 여러분이 일깨어 내가 삼 년이나 밤낮 쉬지 않고 눈물로 각사람을 훈계하던 것을 기억하라 지금 내가 여러분을 주와 및 그 은혜의 말씀에 부탁하노니 그 말씀이 여러분을 능히 든든히 세우사 거룩하게 하심을 입은 모든 자 가운데 기업이 있게 하시리라"(행 20:31-32)

2. 날마다 기도하라.

"기도를 계속하고 기도에 감사함으로 깨어 있으라, 쉬지 말고 기도하라, 예수께서 그들에게 항상 기도하고 낙심하지 말아야 할 것을 비유로 말씀하여"(골 4:2, 살전 5:17, 눅 18:1)

3. 날마다 전도하라

"사도들은 그 이름을 위하여 능욕 받는 일에 합당한 자로 여기심을 기뻐하면서 공회 앞을 떠나니라 그들이 날마다 성전에 있든지 집에 있든지 예수는 그리스도라고 가르치기와 전도하기를 그치지 아니하니라"(행 5:41-42)

1) 전도는 주님의 지상명령이다.

"그러므로 너희는 가서 모든 민족을 제자로 삼아 아버지와 아들과 성령의 이름으로 침례를 베풀고 내가 너희에게 분부한 모든 것을 가르쳐 지키게 하라 볼지어다 내가 세상 끝날까지 너희와 항상 함께 있으리라

하시니라"(마 28:19-20)

2) 예수님은 매우 귀중한 전도를 실천하셨다.

"이에 온 갈릴리에 다니시며 그들의 여러 회당에서 전도하시고"(막 1:39)

4. 날마다 찬양하라.

"주의 의로운 규례들로 말미암아 내가 하루 일곱 번씩 주를 찬양하나이다, 그러므로 우리는 예수로 말미암아 항상 찬송의 제사를 하나님께 드리자 이는 그 이름을 증언하는 입술의 열매니라"(시 119:164, 히 13:15)

하나님은 찬양을 기뻐하신다.

"내가 노래로 하나님의 이름을 찬송하며 감사함으로 하나님을 위대하시다 하리니 이것이 소 곧 뿔과 굽이 있는 황소를 드림보다 여호와를 더욱 기쁘시게 함이 될 것이라"(시 69:30-31)

5. 날마다 베풀라

"그 때에 제자가 더 많아졌는데 헬라파 유대인들이 자기의 과부들이 매일의 구제에 빠지므로 히브리파 사람을 원망하니 열두 사도가 모든 제자를 불러 이르되 우리가 하나님의 말씀을 제쳐 놓고 접대를 일삼는 것이 마땅하지 아니하니"(행 6:1-2)

6. 날마다 가르치라

"그들이 날마다 성전에 있든지 집에 있든지 예수는 그리스도라고 가르치기와 전도하기를 그치지 아니하니라"(행 5:42)

"우리가 그를 전파하여 각 사람을 권하고 모든 지혜로 각 사람을 가르침은 각 사람을 그리스도 안에서 완전한 자로 세우려 함이니 이를 위하여 나도 내 속에서 능력으로 역사하시는 이의 역사를 따라 힘을 다하여 수고하노라"(골 1:28-29)

7. 날마다 모이기를 힘쓰라.

"날마다 마음을 같이하여 성전에 모이기를 힘쓰고 집에서 떡을 떼며 기쁨과 순전한 마음으로 음식을 먹고"(행 2:46)

"서로 돌아보아 사랑과 선행을 격려하며 모이기를 폐하는 어떤 사람들의 습관과 같이 하지 말고 오직 권하여 그 날이 가까움을 볼수록 더욱 그리하자"(히 10:24-25)

* * *

38장 그릇

　그릇에는 깨끗한 그릇이 있고 더러운 그릇이 있다. 하나님은 인간의 마음을 그릇에 비유했다. 하나님은 바울을 나의 택한 그릇이라고 하였다.

　"주께서 이르시되 가라 이 사람은 내 이름을 이방인과 임금들과 이스라엘 자손들에게 전하기 위하여 택한 나의 그릇이라"(행 9:15)

　내가 그릇이라면 나는 어떠한 그릇일까? 깨끗한 그릇일까? 아니면 더러운 그릇일까? 깨끗한 그릇으로 하나님으로부터 귀하게 쓰임 받자.

1. 아담 안에서 태어난 모든 인간은 하나님 보시기에 더러운 옷과 같다.

　"무릇 우리는 다 부정한 자 같아서 우리의 의는 다 더러운 옷 같으며 우리는 다 잎사귀 같이 시들므로 우리의 죄악이 바람 같이 우리를 몰아가나이다"(사 64:6)

2. 하나님이 토기장이라면 우리 인간은 진흙으로 망가진 그릇과 같다.

"여호와께로부터 예레미야에게 임한 말씀에 이르시되 너는 일어나 토기장이의 집으로 내려가라 내가 거기에서 내 말을 네게 들려 주리라 하시기로 내가 토기장이의 집으로 내려가서 본즉 그가 녹로로 일을 하는데 진흙으로 만든 그릇이 토기장이의 손에서 터지매 그가 그것으로 자기 의견에 좋은 대로 다른 그릇을 만들더라 그 때에 여호와의 말씀이 내게 임하니라 이르시되 여호와의 말씀이니라 이스라엘 족속아 이 토기장이가 하는 것 같이 내가 능히 너희에게 행하지 못하겠느냐 이스라엘 족속아 진흙이 토기장이의 손에 있음 같이 너희가 내 손에 있느니라"(렘 18:1-6)

3. 예수님은 사람의 마음에서 나오는 것이 사람을 더럽게 한다고 하였다.

"속에서 곧 사람의 마음에서 나오는 것은 악한 생각 곧 음란과 도둑질과 살인과 간음과 탐욕과 악독과 속임과 음탕과 질투와 비방과 교만과 우매함이니 이 모든 악한 것이 다 속에서 나와서 사람을 더럽게 하느니라"(막7:21-23)

사람의 마음은 더러운 것들로 가득 차 있다.

4. 하나님은 깨끗한 그릇을 귀하게 쓰신다.

"큰 집에는 금 그릇과 은 그릇뿐 아니라 나무 그릇과 질그릇도 있어 귀하게 쓰는 것도 있고 천하게 쓰는 것도 있나니 그러므로 누구든지 이런 것에서 자기를 깨끗하게 하면 귀히 쓰는 그릇이 되어 거룩하고 주인의 쓰심에 합당하며 모든 선한 일에 준비함이 되리라"(딤후 2:20-21)

하나님은 하나님의 일에 더러운 그릇을 쓰지 않으신다. 그러므로 하나님께 쓰임을 받으려면 깨끗해야 한다.

5. 하나님은 우리의 마음이 깨끗해지기를 원하신다.

"마음이 청결한 자는 복이 있나니 그들이 하나님을 볼 것임이요, 끝으로 형제들아 무엇에든지 참되며 무엇에든지 경건하며 무엇에든지 옳으며 무엇에든지 정결하며 무엇에든지 사랑 받을 만하며 무엇에든지 칭찬 받을 만하며 무슨 덕이 있든지 무슨 기림이 있든지 이것들을 생각하라"(마 5:8, 빌 4:8)

6. 청결한 양심으로 하나님을 섬겨야 한다.

"내가 밤낮 간구하는 가운데 쉬지 않고 너를 생각하여 청결한 양심으

로 조상적부터 섬겨 오는 하나님께 감사하고"(딤후 1:3)

　　1) 깨끗한 양심에 믿음의 비밀을 가진 자라야 집사의 자질이 있는 자이다.

　"깨끗한 양심에 믿음의 비밀을 가진 자라야 할지니 이에 이 사람들을 먼저 시험하여 보고 그 후에 책망할 것이 없으면 집사의 직분을 맡게 할 것이요"(딤전 3:9-10)

　　2) 더러운 양심을 버려야 한다.

　"깨끗한 자들에게는 모든 것이 깨끗하나 더럽고 믿지 아니하는 자들에게는 아무 것도 깨끗한 것이 없고 오직 그들의 마음과 양심이 더러운지라"(딛 1:15)

7. 하나님은 우리들의 온 영과 혼과 몸이 흠 없게 보전되기를 원하신다.

　"평강의 하나님이 친히 너희를 온전히 거룩하게 하시고 또 너희의 온 영과 혼과 몸이 우리 주 예수 그리스도께서 강림하실 때에 흠 없게 보전되기를 원하노라, 그런즉 사랑하는 자들아 이 약속을 가진 우리는 하나님을 두려워하는 가운데서 거룩함을 온전히 이루어 육과 영의 온갖 더러운 것에서 자신을 깨끗하게 하자"(살전 5:23, 고후 7:1)

8. 더러운 것이 깨끗해질 수 있는 길이 있다.

1) 사람의 방법으로는 깨끗해질 수 없다.

2) 예수님의 보혈의 능력으로 된다.

"율법을 따라 거의 모든 물건이 피로써 정결하게 되나니 피흘림이 없은즉 사함이 없느니라"(히 9:22)

3) 말씀의 능력으로 된다.

"이는 곧 물로 씻어 말씀으로 깨끗하게 하사 거룩하게 하시고"(엡 5:26)

4) 지은 죄를 회개함으로, 기도의 능력으로 된다.

◆ 다윗의 통곡(시 51장)
◆ 베드로의 통곡(마 26:75)
◆ 느헤미야의 통곡(느 1장)
◆ 예수님의 통곡(히 5:7)

39장 약속

* * *

하나님께서 사람들에게 약속하신 수많은 약속이 있다. 하나님은 약속하시고 그 약속을 반드시 지키시는 분이시다. 하나님께서 우리에게 약속하신 눈부신 약속을 알아봄으로 은혜를 나누자.

1. 예수님의 십자가의 승리와 사탄의 멸망을 약속하셨다.

"내가 너로 여자와 원수가 되게 하고 네 후손도 여자의 후손과 원수가 되게 하리니 여자의 후손은 네 머리를 상하게 할 것이요 너는 그의 발꿈치를 상하게 할 것이니라 하시고"(창 3:15)

2. 예수 그리스도가 처녀의 몸에서 탄생하실 것을 약속하셨다.

"그러므로 주께서 친히 징조를 너희에게 주실 것이라 보라 처녀가 잉태하여 아들을 낳을 것이요 그의 이름을 임마누엘이라 하리라"(사 7:14)

3. 예수님이 유다 베들레헴에서 탄생하실 것을 약속하셨다.

"베들레헴 에브라다야 너는 유다 족속 중에 작을지라도 이스라엘을 다스릴 자가 네게서 내게로 나올 것이라 그의 근본은 상고에, 영원에 있느니라"(미 5:2)

4. 예수님의 십자가의 죽으심과 부활을 약속하셨다.

"이 때로부터 예수 그리스도께서 자기가 예루살렘에 올라가 장로들과 대제사장들과 서기관들에게 많은 고난을 받고 죽임을 당하고 제삼일에 살아나야 할 것을 제자들에게 비로소 나타내시니"(마 16:21)

5. 예수 그리스도의 승천을 약속하셨다.

"주께서 높은 곳으로 오르시며 사로잡은 자들을 취하시고 선물들을 사람들에게서 받으시며 반역자들로부터도 받으시니 여호와 하나님이 그들과 함께 계시기 때문이로다"(시 68:18)

"그러므로 이르기를 그가 위로 올라가실 때에 사로잡혔던 자들을 사로잡으시고 사람들에게 선물을 주셨다 하였도다"(엡 4:8)

6. 예수 그리스도의 재림을 약속하셨다.

"이 말씀을 마치시고 그들이 보는데 올려져 가시니 구름이 그를 가리어 보이지 않게 하더라 올라가실 때에 제자들이 자세히 하늘을 쳐다보고 있는데 흰 옷 입은 두 사람이 그들 곁에 서서 이르되 갈릴리 사람들아 어찌하여 서서 하늘을 쳐다보느냐 너희 가운데서 하늘로 올려지신 이 예수는 하늘로 가심을 본 그대로 오시리라 하였느니라"(행 1:9-11)

7. 예수 믿는 자에게 주어진 영생을 약속하셨다.

"하나님이 세상을 이처럼 사랑하사 독생자를 주셨으니 이는 그를 믿는 자마다 멸망하지 않고 영생을 얻게 하려 하심이라, 그가 우리에게 약속하신 것은 이것이니 곧 영원한 생명이니라"(요 3:16, 요일 2:25)

8. 보혜사 성령을 약속하셨다.

"그 후에 내가 내 영을 만민에게 부어 주리니 너희 자녀들이 장래 일을 말할 것이며 너희 늙은이는 꿈을 꾸며 너희 젊은이는 이상을 볼 것이며 그 때에 내가 또 내 영을 남종과 여종에게 부어 줄 것이며, 내가 아버지께 구하겠으니 그가 또 다른 보혜사를 너희에게 주사 영원토록 너희와 함께 있게 하리니 그는 진리의 영이라 세상은 능히 그를 받지 못하나니 이는 그를 보지도 못하고 알지도 못함이라 그러나 너희는 그를 아나니 그는 너희와 함께 거하심이요 또 너희 속에 계시겠음이라"(욜 2:28-29, 요 14:16-17)

9. 예수님의 대속의 죽으심과 부활을 믿는 자에게 구원을 약속하셨다.

"네가 만일 네 입으로 예수를 주로 시인하며 또 하나님께서 그를 죽은 자 가운데서 살리신 것을 네 마음에 믿으면 구원을 받으리라 사람이 마음으로 믿어 의에 이르고 입으로 시인하여 구원에 이르느니라, 너희는 그 은혜에 의하여 믿음으로 말미암아 구원을 받았으니 이것은 너희에게서 난 것이 아니요 하나님의 선물이라 행위에서 난 것이 아니니 이는 누구든지 자랑하지 못하게 함이라"(롬 10:9-10, 엡 2:8-9)

10. 한 번 구원받으면 구원을 잃어버릴 수 없음을 약속하셨다.

"내가 진실로 진실로 너희에게 이르노니 내 말을 듣고 또 나 보내신 이를 믿는 자는 영생을 얻었고 심판에 이르지 아니하나니 사망에서 생명으로 옮겼느니라, 아버지께서 내게 주시는 자는 다 내게로 올 것이요 내게 오는 자는 내가 결코 내쫓지 아니하리라, 내가 그들에게 영생을 주노니 영원히 멸망하지 아니할 것이요 또 그들을 내 손에서 빼앗을 자가 없느니라 그들을 주신 내 아버지는 만물보다 크시매 아무도 아버지 손에서 빼앗을 수 없느니라"(요 5:24, 6:37, 10:28-29)

11. 예수 믿는 자의 이름이 생명책에 있음을 약속하셨다.

"또 참으로 나와 멍에를 같이한 네게 구하노니 복음에 나와 함께 힘쓰던 저 여인들을 돕고 또한 글레멘드와 그 외에 나의 동역자들을 도우라 그 이름들이 생명책에 있느니라, 이기는 자는 이와 같이 흰 옷을 입을 것이요 내가 그 이름을 생명책에서 결코 지우지 아니하고 그 이름을 내 아버지 앞과 그의 천사들 앞에서 시인하리라, 누구든지 생명책에 기록되지 못한 자는 불못에 던져지더라"(빌 4:3, 계 3:5, 20:15)

12. 사람의 말이 하나님의 귀에 들린 대로 행하심을 약속하셨다.

"그들에게 이르기를 여호와의 말씀에 내 삶을 두고 맹세하노라 너희 말이 내 귀에 들린 대로 내가 너희에게 행하리니"(민 14:28)

13. 여호와를 경외하는 자들의 말을 여호와 앞에 있는 기념 책에 기록하실 것을 약속하셨다.

"그 때에 여호와를 경외하는 자들이 피차에 말하매 여호와께서 그것을 분명히 들으시고 여호와를 경외하는 자와 그 이름을 존중히 여기는 자를 위하여 여호와 앞에 있는 기념책에 기록하셨느니라"(말 3:16)

14. 죄를 용서해 주실 것을 약속하셨다.

"여호와께서 말씀하시되 오라 우리가 서로 변론하자 너희의 죄가 주홍 같을지라도 눈과 같이 희어질 것이요 진홍 같이 붉을지라도 양털 같이 희게 되리라, 염소와 송아지의 피로 하지 아니하고 오직 자기의 피로 영원한 속죄를 이루사 단번에 성소에 들어가셨느니라, 오직 그리스도는 죄를 위하여 한 영원한 제사를 드리시고 하나님 우편에 앉으사"(사 1:18, 히 9:12, 10:12)

15. 기도의 응답을 약속하셨다.

"지금까지는 너희가 내 이름으로 아무 것도 구하지 아니하였으나 구하라 그리하면 받으리니 너희 기쁨이 충만하리라"(요 16:24)

16. 모든 필요를 채워주실 것을 약속하셨다.

"내게는 모든 것이 있고 또 풍부한지라 에바브로디도 편에 너희가 준 것을 받으므로 내가 풍족하니 이는 받으실 만한 향기로운 제물이요 하나님을 기쁘시게 한 것이라 나의 하나님이 그리스도 예수 안에서 영광 가운데 그 풍성한 대로 너희 모든 쓸 것을 채우시리라"(빌 4:18-19)

17. 심는 대로 거두게 해 주실 것을 약속하셨다.

"스스로 속이지 말라 하나님은 업신여김을 받지 아니하시나니 사람이 무엇으로 심든지 그대로 거두리라"(갈 6:7)

18. 즐거운 마음으로 드리는 자에게 축복을 약속하셨다.

"이것이 곧 적게 심는 자는 적게 거두고 많이 심는 자는 많이 거둔다 하는 말이로다 각각 그 마음에 정한 대로 할 것이요 인색함으로나 억지로 하지 말지니 하나님은 즐겨 내는 자를 사랑하시느니라 하나님이 능히 모든 은혜를 너희에게 넘치게 하시나니 이는 너희로 모든 일에 항상 모든 것이 넉넉하여 모든 착한 일을 넘치게 하게 하려 하심이라"(고후 9:6-8)

19. 주면 받되 더 많이 받는다고 약속하셨다.

"주라 그리하면 너희에게 줄 것이니 곧 후히 되어 누르고 흔들어 넘치도록 하여 너희에게 안겨 주리라 너희가 헤아리는 그 헤아림으로 너희도 헤아림을 도로 받을 것이니라"(눅 6:38)

20. 행한 대로 갚아주실 것을 약속하셨다.

"하나님께서 각 사람에게 그 행한 대로 보응하시되, 심는 이와 물 주는 이는 한가지이나 각각 자기가 일한 대로 자기의 상을 받으리라"(롬 2:6, 고전 3:8)

21. 주 안에서 하는 수고는 헛되지 않음을 약속하셨다.

"그러므로 내 사랑하는 형제들아 견실하며 흔들리지 말고 항상 주의 일에 더욱 힘쓰는 자들이 되라 이는 너희 수고가 주 안에서 헛되지 않은 줄 앎이라"(고전 18:58)

22. 우리의 선행을 기억해 주시겠다고 약속하셨다.

"하나님은 불의하지 아니하사 너희 행위와 그의 이름을 위하여 나타낸 사랑으로 이미 성도를 섬긴 것과 이제도 섬기고 있는 것을 잊어버리지 아니하시느니라 우리가 간절히 원하는 것은 너희 각 사람이 동일한 부지런함을 나타내어 끝까지 소망의 풍성함에 이르러 게으르지 아니하고 믿음과 오래 참음으로 말미암아 약속들을 기업으로 받는 자들을 본받는 자 되게 하려는 것이니라"(히 6:10-12)

23. 계명을 지키는 자에게 천대의 복을 약속하셨다.

"나를 사랑하고 내 계명을 지키는 자에게는 천 대까지 은혜를 베푸느니라"(출 20:6)

24. 부모공경에 대하여 축복을 약속하셨다.

"네 부모를 공경하라 그리하면 네 하나님 여호와가 네게 준 땅에서 네 생명이 길리라"(출 20:12)

25. 장수와 평강의 축복을 약속하셨다.

"내 아들아 나의 법을 잊어버리지 말고 네 마음으로 나의 명령을 지키라 그리하면 그것이 네가 장수하여 많은 해를 누리게 하며 평강을 더하게 하리라, 여호와를 경외하면 장수하느니라 그러나 악인의 수명은 짧아지느니라"(잠 3:1-2, 10:27)

26. 행복의 조건을 약속하셨다.

"이스라엘아 네 하나님 여호와께서 네게 요구하시는 것이 무엇이냐 곧 네 하나님 여호와를 경외하여 그의 모든 도를 행하고 그를 사랑하며 마음을 다하고 뜻을 다하여 네 하나님 여호와를 섬기고 내가 오늘 네 행복을 위하여 네게 명하는 여호와의 명령과 규례를 지킬 것이 아니냐"(신 10:12-13)

27. 가난한 사람을 불쌍히 여기는 자를 하나님께서 그 선행을 갚아 주실 것을 약속하셨다.

"가난한 자를 불쌍히 여기는 것은 여호와께 꾸어 드리는 것이니 그의 선행을 그에게 갚아 주시리라"(잠 19:17)

28. 하나님을 신뢰하는 자를 견고하게 세워주시겠다고 약속하셨다.

"이에 백성들이 아침에 일찍이 일어나서 드고아 들로 나가니라 나갈 때에 여호사밧이 서서 이르되 유다와 예루살렘 주민들아 내 말을 들을 지어다 너희는 너희 하나님 여호와를 신뢰하라 그리하면 견고히 서리라 그의 선지자들을 신뢰하라 그리하면 형통하리라 하고"(대하 20:20)

29. 죽어야 많은 결실을 거둔다고 약속하셨다.

"내가 진실로 진실로 너희에게 이르노니 한 알의 밀이 땅에 떨어져 죽지 아니하면 한 알 그대로 있고 죽으면 많은 열매를 맺느니라"(요 12:24)

30. 하나님을 섬기는 자에게 물과 양식에 복을 주시어 건강하게 하심을 약속하셨다.

"네 하나님 여호와를 섬기라 그리하면 여호와가 너희의 양식과 물에 복을 내리고 너희 중에서 병을 제하리니"(출 23:25)

31. 사람의 심령으로 병을 이길 수 있다고 약속하셨다.

"사람의 심령은 그의 병을 능히 이기려니와 심령이 상하면 그것을 누가 일으키겠느냐"(잠 18:14)

32. 계명을 지키는 자에게 상이 있다고 약속하셨다.

"여호와의 교훈은 정직하여 마음을 기쁘게 하고 여호와의 계명은 순결하여 눈을 밝게 하시도다 여호와를 경외하는 도는 정결하여 영원까지 이르고 여호와의 법도 진실하여 다 의로우니 금 곧 많은 순금보다 더 사모할 것이며 꿀과 송이꿀보다 더 달도다 또 주의 종이 이것으로 경고를 받고 이것을 지킴으로 상이 크니이다"(시 19:8-11)

33. 지은 죄를 자백하면 용서하심을 약속하셨다.

"자기의 죄를 숨기는 자는 형통하지 못하나 죄를 자복하고 버리는 자는 불쌍히 여김을 받으리라, 만일 우리가 우리 죄를 자백하면 그는 미쁘시고 의로우사 우리 죄를 사하시며 우리를 모든 불의에서 깨끗하게 하실 것이요"(잠 28:13, 요일 1:9)

34. 하나님을 경외하는 자들의 소원을 이루어주시겠다고 약속하셨다.

"그는 자기를 경외하는 자들의 소원을 이루시며 또 그들의 부르짖음을 들으사 구원하시리로다"(시 145:19)

35. 하나님은 상심한 자를 고치시고 상처를 싸매어주심을 약속하셨다.

"상심한 자들을 고치시며 그들의 상처를 싸매시는도다"(시 147:3)

36. 죄를 회개하고 악한 길에서 떠나는 자에게 축복을 약속하셨다.

"혹 내가 하늘을 닫고 비를 내리지 아니하거나 혹 메뚜기들에게 토산을 먹게 하거나 혹 전염병이 내 백성 가운데에 유행하게 할 때에 내 이름으로 일컫는 내 백성이 그들의 악한 길에서 떠나 스스로 낮추고 기도하여 내 얼굴을 찾으면 내가 하늘에서 듣고 그들의 죄를 사하고 그들의 땅을 고칠지라"(대하 7:13-14)

37. 날마다 우리의 짐을 져 주시겠다고 약속하셨다.

"날마다 우리 짐을 지시는 주 곧 우리의 구원이신 하나님을 찬송할지로다, 수고하고 무거운 짐 진 자들아 다 내게로 오라 내가 너희를 쉬게 하리라 나는 마음이 온유하고 겸손하니 나의 멍에를 메고 내게 배우라 그리하면 너희 마음이 쉼을 얻으리니"(시 68:19, 마 11:28-29)

38. 교만한 자를 물리치시고 겸손한 자에게 은혜를 베풀어 주심을 약속하셨다.

"그러나 더욱 큰 은혜를 주시나니 그러므로 일렀으되 하나님이 교만한 자를 물리치시고 겸손한 자에게 은혜를 주신다 하였느니라, 젊은 자들아 이와 같이 장로들에게 순종하고 다 서로 겸손으로 허리를 동이라 하나님은 교만한 자를 대적하시되 겸손한 자들에게는 은혜를 주시느니라 그러므로 하나님의 능하신 손 아래에서 겸손하라 때가 되면 너희를 높이시리라"(약 4:6, 벧전 5:5-6)

39. 심지가 견고한 자에게 평강으로 지키심을 약속하셨다.

"주께서 심지가 견고한 자를 평강하고 평강하도록 지키시리니 이는

그가 주를 신뢰함이니이다"(사 26:3)

40. 성령으로 기도하게 하심을 약속하셨다.

"이와 같이 성령도 우리의 연약함을 도우시나니 우리는 마땅히 기도할 바를 알지 못하나 오직 성령이 말할 수 없는 탄식으로 우리를 위하여 친히 간구하시느니라 마음을 살피시는 이가 성령의 생각을 아시나니 이는 성령이 하나님의 뜻대로 성도를 위하여 간구하심이니라"(롬 8:26-27, 엡 6:18, 유 1:20)

41. 하나님의 것을 드리는 자에게 하늘의 축복을 약속하셨다.

"사람이 어찌 하나님의 것을 도둑질하겠느냐 그러나 너희는 나의 것을 도둑질하고도 말하기를 우리가 어떻게 주의 것을 도둑질하였나이까 하는도다 이는 곧 십일조와 봉헌물이라 너희 곧 온 나라가 나의 것을 도둑질하였으므로 너희가 저주를 받았느니라 만군의 여호와가 이르노라 너희의 온전한 십일조를 창고에 들여 나의 집에 양식이 있게 하고 그것으로 나를 시험하여 내가 하늘 문을 열고 너희에게 복을 쌓을 곳이 없도록 붓지 아니하나 보라"(말 3:8-10)

42. 감당치 못할 시험을 허락하시지 않으심을 약속하셨다.

"사람이 감당할 시험 밖에는 너희가 당한 것이 없나니 오직 하나님은 미쁘사 너희가 감당하지 못할 시험 당함을 허락하지 아니하시고 시험 당할 즈음에 또한 피할 길을 내사 너희로 능히 감당하게 하시느니라"(고전 10:13)

43. 하나님은 선을 행함과 서로 나눠주는 제사를 기뻐하심을 약속하셨다.

"오직 선을 행함과 서로 나누어 주기를 잊지 말라 하나님은 이같은 제사를 기뻐하시느니라"(히 13:16)

* * *
40장 때(시기)

천하 범사에 때가 있다. 꽃이 필 때가 있고 질 때가 있다. 해가 뜰 때가 있고 해가 질 때가 있다.

이와 같이 인생의 길에도 때가 있다.

1. 천하 범사에 기한이 있고 천하만사에 다 때가 있다.

"범사에 기한이 있고 천하 만사가 다 때가 있나니 날 때가 있고 죽을 때가 있으며 심을 때가 있고 심은 것을 뽑을 때가 있으며 죽일 때가 있고 치료할 때가 있으며 헐 때가 있고 세울 때가 있으며 울 때가 있고 웃을 때가 있으며 슬퍼할 때가 있고 춤출 때가 있으며 돌을 던져 버릴 때가 있고 돌을 거둘 때가 있으며 안을 때가 있고 안는 일을 멀리 할 때가 있으며 찾을 때가 있고 잃을 때가 있으며 지킬 때가 있고 버릴 때가 있으며 찢을 때가 있고 꿰맬 때가 있으며 잠잠할 때가 있고 말할 때가 있으며 사랑할 때가 있고 미워할 때가 있으며 전쟁할 때가 있고 평화할 때가 있느니라"(전 3:1-8)

2. 씨를 심을 때가 있다.

"너는 아침에 씨를 뿌리고 저녁에도 손을 놓지 말라 이것이 잘 될는지, 저것이 잘 될는지, 혹 둘이 다 잘 될는지 알지 못함이니라"(전 11:6)

예수님께서 씨 뿌리는 비유를 말씀하셨다(마 13:1-9)

3. 씨가 자라는 과정이 있다.

"또 이르시되 하나님의 나라는 사람이 씨를 땅에 뿌림과 같으니 그가 밤낮 자고 깨고 하는 중에 씨가 나서 자라되 어떻게 그리 되는지를 알지 못하느니라 땅이 스스로 열매를 맺되 처음에는 싹이요 다음에는 이삭이요 그 다음에는 이삭에 충실한 곡식이라 열매가 익으면 곧 낫을 대나니 이는 추수 때가 이르렀음이라"(막 4:26-29)

4. 농부가 씨를 뿌리고 열매를 얻기까지 인내해야 한다.

"그러므로 형제들아 주께서 강림하시기까지 길이 참으라 보라 농부가 땅에서 나는 귀한 열매를 바라고 길이 참아 이른 비와 늦은 비를 기다리나니 너희도 길이 참고 마음을 굳건하게 하라 주의 강림이 가까우니라 형제들아 서로 원망하지 말라 그리하여야 심판을 면하리라 보라 심판주가 문 밖에 서 계시니라 형제들아 주의 이름으로 말한 선지자들을 고난과 오래 참음의 본으로 삼으라 보라 인내하는 자를 우리가 복되다 하나니 너희가 욥의 인내를 들었고 주께서 주신 결말을 보았거니와 주는 가장 자비하시고 긍휼히 여기시는 이시니라"(약 5:7-11)

1) 땅에 묻힌 씨는 많은 과정을 겪는다.

땅에 뿌려진 씨는 죽어야 하고, 움이 돋고, 싹이 나고, 꽃이 피고, 열매를 맺기까지 많은 과정을 겪는다.

2) 신앙의 성장에도 많은 과정이 있다.

죄인이 거듭나서 장성한 믿음의 분량에 이르기까지 성장하는 과정이 있다. 영적인 유년기, 소년기, 청년기, 장년기와 노년기가 있다.

"자녀들아 내가 너희에게 쓰는 것은 너희 죄가 그의 이름으로 말미암아 사함을 받았음이요 아비들아 내가 너희에게 쓰는 것은 너희가 태초부터 계신 이를 알았음이요 청년들아 내가 너희에게 쓰는 것은 너희가 악한 자를 이기었음이라 아이들아 내가 너희에게 쓴 것은 너희가 아버지를 알았음이요 아비들아 내가 너희에게 쓴 것은 너희가 태초부터 계신 이를 알았음이요 청년들아 내가 너희에게 쓴 것은 너희가 강하고 하나님의 말씀이 너희 안에 거하시며 너희가 흉악한 자를 이기었음이라"(요일 2:12-14)

3) 교회가 세워지는 과정도 마찬가지다.

심는 자가 있고, 물을 주는 자가 있고, 자라게 하는 이가 있다.

"나는 심었고 아볼로는 물을 주었으되 오직 하나님께서 자라나게 하셨나니 그런즉 심는 이나 물 주는 이는 아무 것도 아니로되 오직 자라게 하시는 이는 하나님뿐이니라 심는 이와 물 주는 이는 한가지이나 각각 자기가 일한 대로 자기의 상을 받으리라"(고전 3:6-8)

4) 이 모든 과정에 하나님의 도우심의 손길이 절대적으로 필요하다.

그냥 스스로 열매 맺는 경우는 없다.

"여호와께서 집을 세우지 아니하시면 세우는 자의 수고가 헛되며 여호와께서 성을 지키지 아니하시면 파수꾼의 깨어 있음이 헛되도다"(시 127:1)

5) 한 알의 씨가 땅에 떨어져 열매를 맺기까지 많은 과정이 필요하다.

그 중에 눈물이 있다.

6) 우리는 성경에서 많은 눈물의 사람들을 만난다.

야곱, 다윗, 히스기야, 예레미야, 에스라, 느헤미야, 욥, 베드로, 바울, 많은 여인들과 또한 예수님이 있다.

"눈물을 흘리며 씨를 뿌리는 자는 기쁨으로 거두리로다 울며 씨를 뿌리러 나가는 자는 반드시 기쁨으로 그 곡식 단을 가지고 돌아오리로다"(시 126:5-6)

5. 추수 때가 되면 기쁨으로 열매를 수확한다.

1) 부지런한 농부는 시기를 알고 씨를 뿌리고 수확한다. 그러므로 변명하지 말라!

"풍세를 살펴보는 자는 파종하지 못할 것이요 구름만 바라보는 자는 거두지 못하리라"(전 11:4)

2) 하나님은 게으른 사람에 대하여 일침을 가하셨다.

"게으른 자는 그 부리는 사람에게 마치 이에 식초 같고 눈에 연기 같으니라"(잠 10:26)

6. 주님을 위하여 많은 열매를 맺자.

1) 성령의 열매

"오직 성령의 열매는 사랑과 희락과 화평과 오래 참음과 자비와 양선과 충성과 (23) 온유와 절제니 이같은 것을 금지할 법이 없느니라"(갈 5:22-23)

2) 빛의 열매

"빛의 열매는 모든 착함과 의로움과 진실함에 있느니라"(엡 5:9)

3) 의의 열매

"예수 그리스도로 말미암아 의의 열매가 가득하여 하나님의 영광과 찬송이 되기를 원하노라"(빌 1:11)

4) 선한 열매

"오직 위로부터 난 지혜는 첫째 성결하고 다음에 화평하고 관용하고 양순하며 긍휼과 선한 열매가 가득하고 편견과 거짓이 없나니"(약 3:17)

5) 입술의 열매

"그러므로 우리는 예수로 말미암아 항상 찬송의 제사를 하나님께 드리자 이는 그 이름을 증언하는 입술의 열매니라"(히 13:15)

6) 전도의 열매

"또 저의 집에 있는 교회에도 문안하라 내가 사랑하는 에배네도에게 문안하라 그는 아시아에서 그리스도께 처음 맺은 열매니라"(롬 16:5)

41장 소금

소금은 짠맛을 내는 무색의 천연 광물성 식품이다. 소금은 우리에게 꼭 필요하다. 공기나 물처럼 소금이 우리의 생존에 영향을 미친다. 우리의 인체에도 염분이 있다. 소금은 음식물의 맛을 내는 데 쓰인다. 예수님은 그를 따르는 제자들을 이 세상의 소금이라고 하셨다.

"너희는 세상의 소금이니 소금이 만일 그 맛을 잃으면 무엇으로 짜게 하리요 후에는 아무 쓸 데 없어 다만 밖에 버려져 사람에게 밟힐 뿐이니라"(마 5:13)

1. 소금은 그 맛이 언제나 짜다.

소금의 짠맛은 시간과 환경에 따라 영향을 받지 않는다.

2. 소금은 썩는 것을 막아준다.

죄로 타락한 인간이 사는 세상은 점점 썩어져 가기 때문에 성도는 예수님의 이름과 보혈의 능력과 말씀과 기도의 능력과 성령의 능력을 힘입어 썩어져 냄새나는 세상의 부패를 막아야 한다.

3. 성도가 이 세상의 소금이라면 소금의 고유한 맛을 잃어버리지 않아야 한다.

예수님 가르치신 교훈처럼 소금이 그 맛을 잃어버리면 세상 사람들에게 밟히게 된다.

4. 성도가 소금의 사명을 감당하지 못할 때 영향력을 잃어버린다.

5. 성도는 이 세상의 소금이다.

빛이 있는 곳에 어둠이 물러가듯 성도가 있는 곳에 싱거움이 물러가고 썩는 것이 물러나야 한다.

"너희는 세상의 소금이니 소금이 만일 그 맛을 잃으면 무엇으로 짜게 하리요 후에는 아무 쓸 데 없어 다만 밖에 버려져 사람에게 밟힐 뿐이니라"(마 5:13)

6. 우리가 알아야 할 것은 소금이 맛을 내려면 반드시 녹아야 한다.

소금은 반드시 녹아야 맛을 낼 수 있는 것처럼 우리 성도들도 희생으로 녹아져야 성도로서 맛을 낼 수 있고, 썩어져 가는 세상의 부패도 막을 수 있다. 이론이나 자기 지식으로 안 된다. 소금이 녹아서 맛을 내듯이 세상의 소금인 성도도 희생적인 삶을 통해서만 성도의 맛을 낼 수 있고, 세상의 부패도 막을 수 있다.

7. 세상의 소금인 성도는 생각과 말과 행동이 세상 사람들과 구별되어야 한다.

우리 성도들이 이 세상의 소금이기 때문이다.

* * *
42장 용기

우리가 사는 세상에는 어렵고 힘든 일들이 많이 있다. 내 의지와는 상관없이 사정없이 몰아치는 풍파에 우리는 놀라기도 한다. 사시사철 계절이 변해도 식물들은 성장하면서 철 따라 꽃을 피우고 야무진 열매가 맺는다. 따라서 우리 성도들도 어떤 상황에서도 용기를 잃지 말아야 한다. 성경이 소개하는 수많은 믿음의 용사들은 용기를 잃지 않았다. 이들의 생애를 통해서 교훈을 배우자.

1. 용기가 무엇인가?

용기란 씩씩하고 굳센 기운을 말한다. 용기란 하나님을 힘입어 얻어진 기운이다.

1) 다윗은 위기를 만났을 때 하나님을 힘입어 용기를 얻었다.
하나님은 종종 사람들에게 상상할 수 없는 용기와 새 힘을 주신다.
"오직 여호와를 앙망하는 자는 새 힘을 얻으리니 독수리가 날개치며 올라감 같을 것이요 달음박질하여도 곤비하지 아니하겠고 걸어가도 피

곤하지 아니하리로다"(사 40:31)

2. 용기가 없는 사람은 환난 날에 낙담한다.

"네가 만일 환난 날에 낙담하면 네 힘이 미약함을 보임이니라"(잠 24:10)

1) 예수님은 제자들을 향하여 세상에서는 환난을 당하나 담대하라고 하셨다.

"이것을 너희에게 이르는 것은 너희로 내 안에서 평안을 누리게 하려 함이라 세상에서는 너희가 환난을 당하나 담대하라 내가 세상을 이기었노라"(요 16:33)

2) 우리는 환난 날에 담대함인 용기를 잃지 말아야 한다.

3. 용기 있는 사람이 하나님의 뜻을 이루어 낸다.

다윗은 이스라엘 역사상 가장 강력한 이스라엘 왕국을 건설하였다. 다윗은 용기가 있는 사람이었다. 이스라엘 군대가 골리앗 앞에 모두 무릎을 꿇고 있었을 때 홍안의 소년이었던 다윗이 홀로 도전하였다. 세상은 힘의 논리에 지배를 당하고 굴복한다. 사울 왕과 그의 군대 역시 강력한 힘을 가진 골리앗 앞에서 겁을 먹고 벌벌 떨고 있었다. 이러한 상황에서 다윗은 하나님을 의지하고 용기를 내어 이렇게 선포했다.

"다윗이 블레셋 사람에게 이르되 너는 칼과 창과 단창으로 내게 나아오거니와 나는 만군의 여호와의 이름 곧 네가 모욕하는 이스라엘 군대의 하나님의 이름으로 네게 나아가노라 오늘 여호와께서 너를 내 손에 넘기시리니 내가 너를 쳐서 네 목을 베고 블레셋 군대의 시체를 오늘 공중의 새와 땅의 들짐승에게 주어 온 땅으로 이스라엘에 하나님이 계신 줄 알게 하겠고 또 여호와의 구원하심이 칼과 창에 있지 아니함을 이 무리에게 알게 하리라 전쟁은 여호와께 속한 것인즉 그가 너희를 우리 손에 넘기시리라"(삼상 17:45-47)

4. 용기 있는 사람은 다윗처럼 예배에 승리한다.

다윗은 자신의 바지가 내려가는 줄을 모르고 기뻐 뛰며 하나님을 찬양하였다. 다윗은 어린아이처럼 하나님 앞에서 춤추며 찬양하며, 예배자로 살았다. 예배에 가장 중요한 요소는 말씀과 기도와 찬양이다. 이러한 말씀과 기도와 찬양이 문제를 푸는 열쇠가 된다.

다윗의 아내는 왕이 체통 없이 행동한다고 다윗을 멸시하다가 하나님의 진노를 받았다.

"여호와의 궤가 다윗 성으로 들어올 때에 사울의 딸 미갈이 창으로 내다보다가 다윗 왕이 여호와 앞에서 뛰놀며 춤추는 것을 보고 심중에 그를 업신여기니라 여호와의 궤를 메고 들어가서 다윗이 그것을 위하여 친 장막 가운데 그 준비한 자리에 그것을 두매 다윗이 번제와 화목제를 여호와 앞에 드리니라 다윗이 번제와 화목제 드리기를 마치고 만군의 여호와의 이름으로 백성에게 축복하고 모든 백성 곧 온 이스라엘 무리에게 남녀를 막론하고 떡 한 개와 고기 한 조각과 건포도 떡 한 덩이씩 나누어 주매 모든 백성이 각기 집으로 돌아가니라, 그러므로 사울의 딸 미갈이 죽는 날까지 그에게 자식이 없으니라"(삼하 6:16-19, 23)

5. 용기 있는 아브라함은 하나님 말씀에 조건 없이 순종했다.

"여호와께서 아브람에게 이르시되 너는 너의 고향과 친척과 아버지의 집을 떠나 내가 네게 보여 줄 땅으로 가라 내가 너로 큰 민족을 이루고 네게 복을 주어 네 이름을 창대하게 하리니 너는 복이 될지라 너를 축복하는 자에게는 내가 복을 내리고 너를 저주하는 자에게는 내가 저주하리니 땅의 모든 족속이 너로 말미암아 복을 얻을 것이라 하신지라 이에 아브람이 여호와의 말씀을 따라갔고 롯도 그와 함께 갔으며 아브람이 하란을 떠날 때에 칠십오 세였더라"(창 12:1-4)

6. 용기 있는 다니엘과 그의 세 친구는 믿음의 모험을 했다.

1) 다니엘은 초월 반응을 보이면서 굶주린 사자가 기다리는 상황에서 기도하였다.

"다니엘이 이 조서에 왕의 도장이 찍힌 것을 알고도 자기 집에 돌아가서는 윗방에 올라가 예루살렘으로 향한 창문을 열고 전에 하던 대로 하루 세 번씩 무릎을 꿇고 기도하며 그의 하나님께 감사하였더라"(단 6:10)

2) 사드락, 메삭, 아벳느고는 믿음의 용기로 모든 것을 극복한다.

"느부갓네살 왕이 노하고 분하여 사드락과 메삭과 아벳느고를 끌어오라 말하매 드디어 그 사람들을 왕의 앞으로 끌어온지라 느부갓네살이 그들에게 물어 이르되 사드락, 메삭, 아벳느고야 너희가 내 신을 섬기지 아니하며 내가 세운 금 신상에게 절하지 아니한다 하니 사실이냐 이제라도 너희가 준비하였다가 나팔과 피리와 수금과 삼현금과 양금과 생황과 및 모든 악기 소리를 들을 때 내가 만든 신상 앞에 엎드려 절하면 좋거니와 너희가 만일 절하지 아니하면 즉시 너희를 맹렬히 타는 풀무불 가운데에 던져 넣을 것이니 능히 너희를 내 손에서 건져낼 신이 누구이겠느냐 하니 사드락과 메삭과 아벳느고가 왕에게 대답하여 이르되 느부갓네살이여 우리가 이 일에 대하여 왕에게 대답할 필요가 없나이다 왕이여 우리가 섬기는 하나님이 계시다면 우리를 맹렬히 타는 풀무불 가운데에서 능히 건져내시겠고 왕의 손에서도 건져내시리이다 그렇게 하지 아니하실지라도 왕이여 우리가 왕의 신들을 섬기지도 아니하고

왕이 세우신 금 신상에게 절하지도 아니할 줄을 아옵소서"(단 3:13-18)

결국 사드락, 메삭, 아벳느고는 불 가운데서도 하나님의 지키심을 경험한다.

"그 때에 느부갓네살 왕이 놀라 급히 일어나서 모사들에게 물어 이르되 우리가 결박하여 불 가운데에 던진 자는 세 사람이 아니었느냐 하니 그들이 왕에게 대답하여 이르되 왕이여 옳소이다 하더라 왕이 또 말하여 이르되 내가 보니 결박되지 아니한 네 사람이 불 가운데로 다니는데 상하지도 아니하였고 그 넷째의 모양은 신들의 아들과 같도다 하고 느부갓네살이 맹렬히 타는 풀무불 아귀 가까이 가서 불러 이르되 지극히 높으신 하나님의 종 사드락, 메삭, 아벳느고야 나와서 이리로 오라 하매 사드락과 메삭과 아벳느고가 불 가운데에서 나온지라 총독과 지사와 행정관과 왕의 모사들이 모여 이 사람들을 본즉 불이 능히 그들의 몸을 해하지 못하였고 머리털도 그을리지 아니하였고 겉옷 빛도 변하지 아니하였고 불 탄 냄새도 없었더라"(단 3:24-27)

7. 용기 있는 사람은 더 중요한 일을 위하여 모든 것을 버리고 주님의 부르심에 응한다.

"갈릴리 해변에 다니시다가 두 형제 곧 베드로라 하는 시몬과 그의 형

제 안드레가 바다에 그물 던지는 것을 보시니 그들은 어부라 말씀하시
되 나를 따라오라 내가 너희를 사람을 낚는 어부가 되게 하리라 하시니
그들이 곧 그물을 버려 두고 예수를 따르니라 거기서 더 가시다가 다른
두 형제 곧 세베대의 아들 야고보와 그의 형제 요한이 그의 아버지 세베
대와 함께 배에서 그물 깁는 것을 보시고 부르시니 그들이 곧 배와 아버
지를 버려 두고 예수를 따르니라"(마 4:18-22)

베드로와 안드레와 야고보와 요한은 더 중요한 일을 위하여 주님의
부르심에 순종하였다. 예수님이 갈릴리 어부들에게 "나를 따라오라"고
하였을 때 어부들은 지금까지 자신들을 지탱해 주었던 생활 도구와 심
지어는 아버지까지 버려두고 예수님을 따랐다. 어떤 경우에 버리는 것
은 더 나은 것을 얻는 결과를 가져온다. 예수님의 부르심에 순종했던 그
들은 예수님으로부터 많은 것들을 얻을 수 있었다. 그들은 마침내 사람
을 낚는 어부로 쓰임을 받았으며, 성경을 남기는 기자들로 쓰임을 받았
다. 하나님은 용기 있는 사람들을 귀하게 쓰신다.

43장 예수님에 대한 다양한 표현들

하나님의 아들 예수님에 대한 다양한 표현들이 성경에 기록되어 있다. 예수님이 과연 누구신가? 예수님에 대하여 어떠한 명칭들이 성경에 기록되어 있는가? 예수님에 관한 다양한 표현을 알아보자.

1. 예수님은 하나님이시다.

"본래 하나님을 본 사람이 없으되 아버지 품 속에 있는 독생하신 하나님이 나타내셨느니라"(요 1:18)

2. 예수님은 사람이시다.

"하나님은 한 분이시요 또 하나님과 사람 사이에 중보자도 한 분이시니 곧 사람이신 그리스도 예수라"(딤전 2:5)

3. 예수님은 이 세상의 빛이 되신다.

"예수께서 또 말씀하여 이르시되 나는 세상의 빛이니 나를 따르는 자는 어둠에 다니지 아니하고 생명의 빛을 얻으리라"(요 8:12)

4. 예수님은 생명의 떡이 되신다.

"예수께서 이르시되 나는 생명의 떡이니 내게 오는 자는 결코 주리지 아니할 터이요 나를 믿는 자는 영원히 목마르지 아니하리라"(요 6:35)

5. 예수님은 부활이요 생명이시다.

"예수께서 이르시되 나는 부활이요 생명이니 나를 믿는 자는 죽어도 살겠고"(요 11:25)

6. 예수님은 양의 문이 되신다.

"그러므로 예수께서 다시 이르시되 내가 진실로 진실로 너희에게 말하노니 나는 양의 문이라 나보다 먼저 온 자는 다 절도요 강도니 양들이 듣지 아니하였느니라 내가 문이니 누구든지 나로 말미암아 들어가면 구원을 받고 또는 들어가며 나오며 꼴을 얻으리라"(요 10:7-9)

7. 예수님은 선한 목자가 되신다.

"나는 선한 목자라 선한 목자는 양들을 위하여 목숨을 버리거니와"(요 10:11)

8. 예수님은 길이요 진리요 생명이 되신다.

"예수께서 이르시되 내가 곧 길이요 진리요 생명이니 나로 말미암지 않고는 아버지께로 올 자가 없느니라"(요 14:6)

9. 예수님은 참 포도나무가 되신다.

"나는 참포도나무요 내 아버지는 농부라"(요 15:1)

10. 예수님은 만왕의 왕이요 만주의 주가 되신다.

"그 옷과 그 다리에 이름을 쓴 것이 있으니 만왕의 왕이요 만주의 주라 하였더라"(계 19:16)

11. 예수님은 알파와 오메가이시다.

"주 하나님이 이르시되 나는 알파와 오메가라 이제도 있고 전에도 있었고 장차 올 자요 전능한 자라 하시더라"(계 1:8)

12. 예수님은 사망과 음부의 열쇠를 가지신 자가 되신다.

"곧 살아 있는 자라 내가 전에 죽었었노라 볼지어다 이제 세세토록 살아 있어 사망과 음부의 열쇠를 가졌노니"(계 1:18)

13. 예수님은 구원자가 되신다.

"아들을 낳으리니 이름을 예수라 하라 이는 그가 자기 백성을 그들의 죄에서 구원할 자이심이라 하니라"(마 1:21)

14. 예수님은 구원의 근원이 되신다.

"온전하게 되셨은즉 자기에게 순종하는 모든 자에게 영원한 구원의 근원이 되시고"(히 5:9)

15. 예수님은 구원의 창시자가 되신다.

"그러므로 만물이 그를 위하고 또한 그로 말미암은 이가 많은 아들들을 이끌어 영광에 들어가게 하시는 일에 그들의 구원의 창시자를 고난을 통하여 온전하게 하심이 합당하도다"(히 2:10)

16. 예수님은 기묘자, 모사, 평강의 왕이 되신다.

"이는 한 아기가 우리에게 났고 한 아들을 우리에게 주신 바 되었는데 그의 어깨에는 정사를 메었고 그의 이름은 기묘자라, 모사라, 전능하신 하나님이라, 영존하시는 아버지라, 평강의 왕이라 할 것임이라"(사 9:6)

17. 예수님은 영생을 주시는 분이 되신다.

"내가 그들에게 영생을 주노니 영원히 멸망하지 아니할 것이요 또 그들을 내 손에서 빼앗을 자가 없느니라 그들을 주신 내 아버지는 만물보다 크시매 아무도 아버지 손에서 빼앗을 수 없느니라"(요 10:28-29)

18. 예수님은 대제사장이 되신다.

"우리에게 있는 대제사장은 우리의 연약함을 동정하지 못하실 이가
아니요 모든 일에 우리와 똑같이 시험을 받으신 이로되 죄는 없으시니
라"(히 4:15)

19. 예수님은 선지자가 되신다.

"네 하나님 여호와께서 너희 가운데 네 형제 중에서 너를 위하여 나
와 같은 선지자 하나를 일으키시리니 너희는 그의 말을 들을지니라"(
신 18:15)

20. 예수님은 사도가 되신다.

"그러므로 함께 하늘의 부르심을 받은 거룩한 형제들아 우리가 믿는
도리의 사도이시며 대제사장이신 예수를 깊이 생각하라"(히 3:1)

44장 하나님을 기쁘시게

성도는 이 세상의 소금으로, 빛으로, 그리스도의 향기와 편지의 역할을 할 때 하나님이 기뻐하시는 삶을 살 수 있다. 하나님은 감정을 가지신 분이시다. 우리는 성경을 통하여 종종 하나님이 기뻐하신 사실들을 발견한다.

"너의 하나님 여호와가 너의 가운데에 계시니 그는 구원을 베푸실 전능자이시라 그가 너로 말미암아 기쁨을 이기지 못하시며 너를 잠잠히 사랑하시며 너로 말미암아 즐거이 부르며 기뻐하시리라 하리라"(습 3:17)

예수님께서도 매우 기뻐하셨다.

"그 때에 예수께서 성령으로 기뻐하시며 이르시되 천지의 주재이신 아버지여 이것을 지혜롭고 슬기 있는 자들에게는 숨기시고 어린 아이들에게는 나타내심을 감사하나이다 옳소이다 이렇게 된 것이 아버지의 뜻이니이다"(눅 10:21)

하나님께서 기뻐하시는 것이 무엇인지 성경을 통해서 알아보자.

"주를 기쁘시게 할 것이 무엇인가 시험하여 보라"(엡 5:10)

1. 예배에 성공할 때 하나님이 기뻐하신다.

1) 하나님은 예배를 기뻐하신다.

"그러므로 형제들아 내가 하나님의 모든 자비하심으로 너희를 권하노니 너희 몸을 하나님이 기뻐하시는 거룩한 산 제물로 드리라 이는 너희가 드릴 영적 예배니라"(롬 12:1)

2) 하나님은 예배하는 자를 찾으신다(요 4:23-24, 시 50:23)

◆ 노아는 방주에서 나와 제일 먼저 하나님께 예배하였다.

"땅 위의 동물 곧 모든 짐승과 모든 기는 것과 모든 새도 그 종류대로 방주에서 나왔더라 노아가 여호와께 제단을 쌓고 모든 정결한 짐승과 모든 정결한 새 중에서 제물을 취하여 번제로 제단에 드렸더니 여호와께서 그 향기를 받으시고 그 중심에 이르시되 내가 다시는 사람으로 말미암아 땅을 저주하지 아니하리니 이는 사람의 마음이 계획하는 바가 어려서부터 악함이라 내가 전에 행한 것 같이 모든 생물을 다시 멸하지 아니하리니 땅이 있을 동안에는 심음과 거둠과 추위와 더위와 여름과 겨울과 낮과 밤이 쉬지 아니하리라"(창 8:19-22)

◆ 아브라함도 예배자로 살았다.

"여호와께서 아브람에게 나타나 이르시되 내가 이 땅을 네 자손에게 주리라 하신지라 자기에게 나타나신 여호와께 그가 그 곳에서 제단을 쌓고 거기서 벧엘 동쪽 산으로 옮겨 장막을 치니 서쪽은 벧엘이요 동쪽은 아이라 그가 그 곳에서 여호와께 제단을 쌓고 여호와의 이름을 부르더니"(창 12:7-8)

◆ 야곱도 예배자로 살았다.

"하나님이 야곱에게 이르시되 일어나 벧엘로 올라가서 거기 거주하며 네가 네 형 에서의 낯을 피하여 도망하던 때에 네게 나타났던 하나님께 거기서 제단을 쌓으라 하신지라 야곱이 이에 자기 집안 사람과 자기와 함께 한 모든 자에게 이르되 너희 중에 있는 이방 신상들을 버리고 자신을 정결하게 하고 너희들의 의복을 바꾸어 입으라 우리가 일어나 벧엘로 올라가자 내 환난 날에 내게 응답하시며 내가 가는 길에서 나와 함께 하신 하나님께 내가 거기서 제단을 쌓으려 하노라 하매 그들이 자기 손에 있는 모든 이방 신상들과 자기 귀에 있는 귀고리들을 야곱에게 주는지라 야곱이 그것들을 세겜 근처 상수리나무 아래에 묻고 그들이 떠났으나 하나님이 그 사면 고을들로 크게 두려워하게 하셨으므로 야곱의 아들들을 추격하는 자가 없었더라"(창 35:1-5)

◆ 다윗이나 욥이나 경건하게 살았던 자들은 예배를 매우 중요하게 생각하였다.

3) 우리의 진정한 예배의 대상은 하나님이시다.

2. 하나님을 경외할 때 하나님이 기뻐하신다.

1) 하나님은 경외하는 자들을 기뻐하신다.

"여호와는 말의 힘이 세다 하여 기뻐하지 아니하시며 사람의 다리가 억세다 하여 기뻐하지 아니하시고 여호와는 자기를 경외하는 자들과 그의 인자하심을 바라는 자들을 기뻐하시는도다"(시 147:10-11)

하나님을 경외하는 것은 하나님의 요구이다(신 10:12-13)

하나님을 경외하는 것은 인간의 본분이다(전 12:13)

하나님을 경외하는 것이 보배이다(사 33:6)

2) 하나님을 경외하는 것은 하나님의 말씀을 조건 없이 순종하는 것으로 나타난다.

"사자가 이르시되 그 아이에게 네 손을 대지 말라 그에게 아무 일도 하지 말라 네가 네 아들 네 독자까지도 내게 아끼지 아니하였으니 내가 이제야 네가 하나님을 경외하는 줄을 아노라"(창 22:12)

3) 하나님을 경외하는 자에게 주어진 복이 있다.

◆ 보호(시 34:7)

◆ 재물(잠 22:4)

◆ 소원성취(시 145:19)

◆ 치료(말 4:3)

◆ 하나님의 기념 책에 기록됨(말 3:16)

◆ 장수(잠 10:27)

3. 기도할 때 하나님이 기뻐하신다.

1) 하나님은 기도를 기뻐하신다.

"악인의 제사는 여호와께서 미워하셔도 정직한 자의 기도는 그가 기뻐하시느니라"(잠 15:8)

2) 기도는 하나님의 명령이며 필수이다(눅 18:1-8).

"구하라 그리하면 너희에게 주실 것이요 찾으라 그리하면 찾아낼 것이요 문을 두드리라 그리하면 너희에게 열릴 것이니 구하는 이마다 받을 것이요 찾는 이는 찾아낼 것이요 두드리는 이에게는 열릴 것이니라 너희 중에 누가 아들이 떡을 달라 하는데 돌을 주며 생선을 달라 하는데 뱀을 줄 사람이 있겠느냐 너희가 악한 자라도 좋은 것으로 자식에게 줄 줄 알거든 하물며 하늘에 계신 너희 아버지께서 구하는 자에게 좋은 것으로 주시지 않겠느냐 그러므로 무엇이든지 남에게 대접을 받고자 하는 대로 너희도 남을 대접하라 이것이 율법이요 선지자니라"(마 7:7-12)

"아무 것도 염려하지 말고 다만 모든 일에 기도와 간구로, 너희 구할 것을 감사함으로 하나님께 아뢰라 그리하면 모든 지각에 뛰어난 하나님의 평강이 그리스도 예수 안에서 너희 마음과 생각을 지키시리라"(빌 4:6-7)

3) 기도하고 기도하면 기적이 일어난다.

4) 기도가 대안이며 기도가 답이다.

4. 전도할 때 하나님이 기뻐하신다.

하나님은 죄인이 복음을 듣고 회개와 믿음을 통해서 구원받는 것을 기뻐하신다. 복음 전하는 것은 무엇보다 가치 있는 일이며, 중요한 일이며, 시급함 일이다. 복음을 전하여 하나님을 기쁘시게 해드리자.

"내가 너희에게 이르노니 이와 같이 죄인 한 사람이 회개하면 하늘에서는 회개할 것 없는 의인 아흔아홉으로 말미암아 기뻐하는 것보다 더 하리라, 내가 너희에게 이르노니 이와 같이 죄인 한 사람이 회개하면 하나님의 사자들 앞에 기쁨이 되느니라, 이 네 동생은 죽었다가 살아났으며 내가 잃었다가 얻었기로 우리가 즐거워하고 기뻐하는 것이 마땅하다 하니라"(눅 15:7, 10, 32)

"너희 생각에는 어떠하냐 만일 어떤 사람이 양 백 마리가 있는데 그 중의 하나가 길을 잃었으면 그 아흔아홉 마리를 산에 두고 가서 길 잃은 양을 찾지 않겠느냐 진실로 너희에게 이르노니 만일 찾으면 길을 잃지 아니한 아흔아홉 마리보다 이것을 더 기뻐하리라"(마 18:12-13)

1) 주의 일에 공짜가 없기 때문에 복음 전하는 자들에게 상급이 있다.

"지혜 있는 자는 궁창의 빛과 같이 빛날 것이요 많은 사람을 옳은 데로 돌아오게 한 자는 별과 같이 영원토록 빛나리라"(단 12:3)

"내가 복음을 위하여 모든 것을 행함은 복음에 참여하고자 함이라 운동장에서 달음질하는 자들이 다 달릴지라도 오직 상을 받는 사람은 한 사람인 줄을 너희가 알지 못하느냐 너희도 상을 받도록 이와 같이 달음질하라"(고전 9:23-24)

5. 찬양할 때 하나님이 기뻐하신다.

하나님은 찬양을 받으신다. 하나님은 성도들이 드리는 찬양을 기뻐하신다.

"내가 노래로 하나님의 이름을 찬송하며 감사함으로 하나님을 위대하시다 하리니 이것이 소 곧 뿔과 굽이 있는 황소를 드림보다 여호와를 더욱 기쁘시게 함이 될 것이라"(시 69:30-31)

1) 하나님은 찬송 중에 거하신다.

"이스라엘의 찬송 중에 계시는 주여 주는 거룩하시니이다"(시 22:3)

2) 악기로 드려진 찬양으로 악령이 떠났다.

"하나님께서 부리시는 악령이 사울에게 이를 때에 다윗이 수금을 들고 와서 손으로 탄즉 사울이 상쾌하여 낫고 악령이 그에게서 떠나더라"(삼상 16:23)

3) 하나님께서 사람을 창조하신 목적은 우리의 찬양을 받으시기 위함이다.

"이 백성은 내가 나를 위하여 지었나니 나를 찬송하게 하려 함이니라"(사 43:21)

4) 찬양은 기도와 함께 옥문을 열고, 죄인을 구원으로 인도하는데 한몫을 했다.

"한밤중에 바울과 실라가 기도하고 하나님을 찬송하매 죄수들이 듣더라 이에 갑자기 큰 지진이 나서 옥터가 움직이고 문이 곧 다 열리며 모든 사람의 매인 것이 다 벗어진지라"(행 16:25-26)

5) 시인은 하루 일곱 번씩 찬양하였다.

"주의 의로운 규례들로 말미암아 내가 하루 일곱 번씩 주를 찬양하나이다"(시 119:164)

6) 찬양은 제사이며, 그 이름을 증언하는 입술의 열매이다.

"그러므로 우리는 예수로 말미암아 항상 찬송의 제사를 하나님께 드리자 이는 그 이름을 증언하는 입술의 열매니라"(히 13:15)

7) 찬양은 전쟁을 승리로 이끈다.

"백성과 더불어 의논하고 노래하는 자들을 택하여 거룩한 예복을 입히고 군대 앞에서 행진하며 여호와를 찬송하여 이르기를 여호와께 감사하세 그의 인자하심이 영원하도다 하게 하였더니 그 노래와 찬송이 시작될 때에 여호와께서 복병을 두어 유다를 치러 온 암몬 자손과 모압과 세일 산 주민들을 치게 하시므로 그들이 패하였으니"(대하 20:21-22)

8) 찬양은 성도가 평생에 드려야 한다.

"할렐루야 내 영혼아 여호와를 찬양하라 나의 생전에 여호와를 찬양하며 나의 평생에 내 하나님을 찬송하리로다"(시 146:1-2)

6. 선교할 때 하나님이 기뻐하신다.

1) 하나님은 선교를 기뻐하시고, 특히 기쁨으로 드리는 선교헌금을 기뻐하신다.

"빌립보 사람들아 너희도 알거니와 복음의 시초에 내가 마게도냐를 떠날 때에 주고 받는 내 일에 참여한 교회가 너희 외에 아무도 없었느니라 데살로니가에 있을 때에도 너희가 한 번뿐 아니라 두 번이나 나의 쓸 것을 보내었도다 내가 선물을 구함이 아니요 오직 너희에게 유익하도록 풍성한 열매를 구함이라 내게는 모든 것이 있고 또 풍부한지라 에바브로디도 편에 너희가 준 것을 받으므로 내가 풍족하니 이는 받으실 만한 향기로운 제물이요 하나님을 기쁘시게 한 것이라"(빌 4:15-18)

2) 선교는 주님의 지상명령에서 매우 강하게 강조하고 있다.

"그러므로 너희는 가서 모든 민족을 제자로 삼아 아버지와 아들과 성령의 이름으로 침례를 베풀고 내가 너희에게 분부한 모든 것을 가르쳐 지키게 하라 볼지어다 내가 세상 끝날까지 너희와 항상 함께 있으리라 하시니라"(마 28:19-20)

3) 안디옥교회는 선교사를 파송하고 후원하는 교회로 모범을 보였다.

"안디옥교회에 선지자들과 교사들이 있으니 곧 바나바와 니게르라 하는 시므온과 구레네 사람 루기오와 분봉 왕 헤롯의 젖동생 마나엔과 및 사울이라 주를 섬겨 금식할 때에 성령이 이르시되 내가 불러 시키는 일을 위하여 바나바와 사울을 따로 세우라 하시니 이에 금식하며 기도하고 두 사람에게 안수하여 보내니라"(행 13:1-3)

7. 구제할 때 하나님이 기뻐하신다.

구제란 어려운 처치에 있는 사람을 도와주는 것이다. 하나님은 구제를 기뻐하신다.

"오직 선을 행함과 서로 나누어 주기를 잊지 말라 하나님은 이같은 제사를 기뻐하시느니라"(히 13:16)

우리 예수님께서도 구제에 대해 교훈하셨다.

"사람에게 보이려고 그들 앞에서 너희 의를 행하지 않도록 주의하라 그리하지 아니하면 하늘에 계신 너희 아버지께 상을 받지 못하느니라 그러므로 구제할 때에 외식하는 자가 사람에게서 영광을 받으려고 회당과 거리에서 하는 것 같이 너희 앞에 나팔을 불지 말라 진실로 너희에게 이르노니 그들은 자기 상을 이미 받았느니라 너는 구제할 때에 오른손이 하는 것을 왼손이 모르게 하여 네 구제함을 은밀하게 하라 은밀한 중에 보시는 너의 아버지께서 갚으시리라"(마 6:1-4)

1) 구제를 실천하면 풍족하게 된다.

"흩어 구제하여도 더욱 부하게 되는 일이 있나니 과도히 아껴도 가난하게 될 뿐이니라 구제를 좋아하는 자는 풍족하여질 것이요 남을 윤택하게 하는 자는 자기도 윤택하여지리라"(잠 11:24-25)

"가난한 자를 구제하는 자는 궁핍하지 아니하려니와 못 본 체하는 자에게는 저주가 크리라"(잠 28:27)

2) 가난한 사람을 불쌍히 여기는 자는 하나님께 꾸어드리는 것이다.

"가난한 자를 불쌍히 여기는 것은 여호와께 꾸어 드리는 것이니 그의 선행을 그에게 갚아 주시리라"(잠 19:17)

3) 필요를 나누는 삶이 정상적인 그리스도인의 삶이다.

"그러나 이제는 내가 성도를 섬기는 일로 예루살렘에 가노니 이는 마게도냐와 아가야 사람들이 예루살렘 성도 중 가난한 자들을 위하여 기쁘게 얼마를 연보하였음이라"(롬 15:25-26)

"땅에는 언제든지 가난한 자가 그치지 아니하겠으므로 내가 네게 명령하여 이르노니 너는 반드시 네 땅 안에 네 형제 중 곤란한 자와 궁핍한 자에게 네 손을 펼지니라"(신 15:11)

4) 초대교회는 구제를 실천하였다.

"그 때에 제자가 더 많아졌는데 헬라파 유대인들이 자기의 과부들이 매일의 구제에 빠지므로 히브리파 사람을 원망하니 열두 사도가 모든 제자를 불러 이르되 우리가 하나님의 말씀을 제쳐 놓고 접대를 일삼는 것이 마땅하지 아니하니"(행 6:1-2)

◆ 다비다의 구제

"욥바에 다비다라 하는 여제자가 있으니 그 이름을 번역하면 도르가라 선행과 구제하는 일이 심히 많더니"(행 9:36)

◆ 백부장 고넬료의 구제

"가이사랴에 고넬료라 하는 사람이 있으니 이달리야 부대라 하는 군대의 백부장이라 그가 경건하여 온 집안과 더불어 하나님을 경외하며 백성을 많이 구제하고 하나님께 항상 기도하더니"(행 10:1-2)

◆ 안디옥 교회의 구제

"그 때에 선지자들이 예루살렘에서 안디옥에 이르니 그 중에 아가보라 하는 한 사람이 일어나 성령으로 말하되 천하에 큰 흉년이 들리라 하더니 글라우디오 때에 그렇게 되니라 제자들이 각각 그 힘대로 유대에 사는 형제들에게 부조를 보내기로 작정하고 이를 실행하여 바나바와 사울의 손으로 장로들에게 보내니라"(행 11:27-30)

하나님이 기뻐하시는 것이 무엇인지 배워 실천하자. 하나님이 기뻐하시는 삶을 사는 것은 쉬운 일은 아니지만 불가능한 일은 아니다. 하나님은 진정한 예배자, 하나님을 경외하는 자, 기도하는 자, 전도하는 자, 찬양의 제사를 드리는 자, 선교적인 삶을 사는 자, 구제를 좋아하는 자를 기뻐하신다.

* * *
45장 지혜

하나님은 성경을 통하여 지혜에 대해 많은 교훈을 남겼다.

1. 지혜가 무엇인가?

일반적으로 사물의 도리나 선과 악을 분별하는 마음의 작용을 말한다.

2. 지혜를 주시는 분은 우리 하나님이시다.

"대저 여호와는 지혜를 주시며 지식과 명철을 그 입에서 내심이며 그
는 정직한 자를 위하여 완전한 지혜를 예비하시며 행실이 온전한 자에
게 방패가 되시나니"(잠 2:6-7)

1) 하나님은 솔로몬에게 지혜와 지식을 주셨다.
"그러므로 내가 네게 지혜와 지식을 주고 부와 재물과 영광도 주리니
네 전의 왕들도 이런 일이 없었거니와 네 후에도 이런 일이 없으리라 하

시니라"(대하 1:12)

2) 하나님께서 다니엘과 세 친구에게 지혜를 주셨다.

"하나님이 이 네 소년에게 학문을 주시고 모든 서적을 깨닫게 하시고 지혜를 주셨으니 다니엘은 또 모든 환상과 꿈을 깨달아 알더라 왕이 말한 대로 그들을 불러들일 기한이 찼으므로 환관장이 그들을 느부갓네살 앞으로 데리고 가니 왕이 그들과 말하여 보매 무리 중에 다니엘과 하나냐와 미사엘과 아사랴와 같은 자가 없으므로 그들을 왕 앞에 서게 하고 왕이 그들에게 모든 일을 묻는 중에 그 지혜와 총명이 온 나라 박수와 술객보다 십 배나 나은 줄을 아니라"(단 1:17-20)

3. 위로부터 오는 지혜가 있고 이 세상의 지혜가 있다.

"너희 중에 지혜와 총명이 있는 자가 누구냐 그는 선행으로 말미암아 지혜의 온유함으로 그 행함을 보일지니라 그러나 너희 마음 속에 독한 시기와 다툼이 있으면 자랑하지 말라 진리를 거슬러 거짓말하지 말라 이러한 지혜는 위로부터 내려온 것이 아니요 땅 위의 것이요 정욕의 것이요 귀신의 것이니 시기와 다툼이 있는 곳에는 혼란과 모든 악한 일이 있음이라 오직 위로부터 난 지혜는 첫째 성결하고 다음에 화평하고 관용하고 양순하며 긍휼과 선한 열매가 가득하고 편견과 거짓이 없나니 화평하게 하는 자들은 화평으로 심어 의의 열매를 거두느니라"(약 3:13-18)

4. 지혜는 자랑할 것이 못 된다.

"여호와께서 이와 같이 말씀하시되 지혜로운 자는 그의 지혜를 자랑하지 말라 용사는 그의 용맹을 자랑하지 말라 부자는 그의 부함을 자랑하지 말라 자랑하는 자는 이것으로 자랑할지니 곧 명철하여 나를 아는 것과 나 여호와는 사랑과 정의와 공의를 땅에 행하는 자인 줄 깨닫는 것이라 나는 이 일을 기뻐하노라 여호와의 말씀이니라"(렘 9:23-24)

5. 하나님의 지혜가 마음에 들어간다.

"곧 지혜가 네 마음에 들어가며 지식이 네 영혼을 즐겁게 할 것이요"(잠 2:10)
　사람의 가슴속에 지혜가 있다.
"가슴 속의 지혜는 누가 준 것이냐 수탉에게 슬기를 준 자가 누구냐"(욥 38:36)

6. 지혜의 가치는 값으로 계산할 수 없다.

"그러나 지혜는 어디서 얻으며 명철이 있는 곳은 어디인고 그 길을 사람이 알지 못하나니 사람 사는 땅에서는 찾을 수 없구나 깊은 물이 이르기를 내 속에 있지 아니하다 하며 바다가 이르기를 나와 함께 있지 아니하다 하느니라 순금으로도 바꿀 수 없고 은을 달아도 그 값을 당하지 못하리니 오빌의 금이나 귀한 청옥수나 남보석으로도 그 값을 당하지 못하겠고 황금이나 수정이라도 비교할 수 없고 정금 장식품으로도 바꿀 수 없으며 진주와 벽옥으로도 비길 수 없나니 지혜의 값은 산호보다 귀하구나 구스의 황옥으로도 비교할 수 없고 순금으로도 그 값을 헤아리지 못하리라"(욥 28:12-19)

1) 지혜가 제일이다.

"지혜가 제일이니 지혜를 얻으라 네가 얻은 모든 것을 가지고 명철을 얻을지니라"(잠 4:7)

2) 지혜는 진주보다 귀하고 우리들이 사모하는 모든 것으로도 이에 비교할 수 없다.

"지혜는 진주보다 귀하니 네가 사모하는 모든 것으로도 이에 비교할 수 없도다"(잠 3:15)

7. 지혜를 가진 자는 복이 있다.

"지혜는 그 얻은 자에게 생명 나무라 지혜를 가진 자는 복되도다"(잠 3:18)

8. 지혜로운 자가 되려면 어떻게 해야 하는가?

1) 하나님을 경외하는 자로 살아야 한다.

"여호와를 경외함이 지혜의 근본이라 그의 계명을 지키는 자는 다 훌륭한 지각을 가진 자이니 여호와를 찬양함이 영원히 계속되리로다"(시 111:10)

"또 사람에게 말씀하셨도다 보라 주를 경외함이 지혜요 악을 떠남이 명철이니라"(욥 28:28)

2) 지혜를 위하여 하나님께 기도해야 한다.

"너희 중에 누구든지 지혜가 부족하거든 모든 사람에게 후히 주시고 꾸짖지 아니하시는 하나님께 구하라 그리하면 주시리라"(약 1:5)

3) 솔로몬은 지혜를 구하여 전무후무한 지혜로운 자가 되었다.

"솔로몬이 여호와를 사랑하고 그의 아버지 다윗의 법도를 행하였으나 산당에서 제사하며 분향하더라 이에 왕이 제사하러 기브온으로 가니 거기는 산당이 큼이라 솔로몬이 그 제단에 일천 번제를 드렸더니 기브온에서 밤에 여호와께서 솔로몬의 꿈에 나타나시니라 하나님이 이르시되 내가 네게 무엇을 줄꼬 너는 구하라 솔로몬이 이르되 주의 종 내 아버지 다윗이 성실과 공의와 정직한 마음으로 주와 함께 주 앞에서 행하므로 주께서 그에게 큰 은혜를 베푸셨고 주께서 또 그를 위하여 이 큰 은혜를 항상 주사 오늘과 같이 그의 자리에 앉을 아들을 그에게 주셨나이다 나의 하나님 여호와여 주께서 종으로 종의 아버지 다윗을 대신하여 왕이 되게 하셨사오나 종은 작은 아이라 출입할 줄을 알지 못하고 주께서 택하신 백성 가운데 있나이다 그들은 큰 백성이라 수효가 많아서 셀 수도 없고 기록할 수도 없사오니 누가 주의 이 많은 백성을 재판할 수 있사오리이까 듣는 마음을 종에게 주사 주의 백성을 재판하여 선악을 분별하게 하옵소서 솔로몬이 이것을 구하매 그 말씀이 주의 마음에 든지라 이에 하나님이 그에게 이르시되 네가 이것을 구하도다 자기를 위하여 장수하기를 구하지 아니하며 부도 구하지 아니하며 자기 원수의 생명을 멸하기도 구하지 아니하고 오직 송사를 듣고 분별하는 지혜를 구하였으니 내가 네 말대로 하여 네게 지혜롭고 총명한 마음을 주노니 네 앞에도 너와 같은 자가 없었거니와 네 뒤에도 너와 같은 자가 일어남이 없으리라"(왕상 3:3-12)

9. 예수님 안에 지혜와 지식의 모든 보화가 감추어져 있다.

"그 안에는 지혜와 지식의 모든 보화가 감추어져 있느니라"(골 2:3)

1) 하나님의 아들 예수님이 하나님의 능력이요 지혜이다.
"오직 부르심을 받은 자들에게는 유대인이나 헬라인이나 그리스도는 하나님의 능력이요 하나님의 지혜니라"(고전1:24)

10. 지혜는 성공하기에 유익하다.

"철 연장이 무디어졌는데도 날을 갈지 아니하면 힘이 더 드느니라 오직 지혜는 성공하기에 유익하니라"(전 10:10)

* * *
46장 연합

　연합이란 두 개 이상의 것을 합하거나 연결하는 것을 말한다. 하나님은 결혼의 신비를 연합이라는 단어로 표현하였다.

　"여호와 하나님이 아담을 깊이 잠들게 하시니 잠들매 그가 그 갈빗대하나를 취하고 살로 대신 채우시고 여호와 하나님이 아담에게서 취하신 그 갈빗대로 여자를 만드시고 그를 아담에게로 이끌어 오시니 아담이 이르되 이는 내 뼈 중의 뼈요 살 중의 살이라 이것을 남자에게서 취하였은즉 여자라 부르리라 하니라 이러므로 남자가 부모를 떠나 그의 아내와 합하여 둘이 한 몸을 이룰지로다 아담과 그의 아내 두 사람이 벌거벗었으나 부끄러워하지 아니하니라"(창 2:21-25)

　"그가 또 임신하여 아들을 낳고 이르되 내가 그에게 세 아들을 낳았으니 내 남편이 지금부터 나와 연합하리로다 하고 그의 이름을 레위라하였으며"(창 29:34)

1. 연합 중의 최고의 연합은 예수 그리스도와의 연합이다.

"무릇 그리스도 예수와 합하여 침례를 받은 우리는 그의 죽으심과 합하여 침례를 받은 줄을 알지 못하느냐 그러므로 우리가 그의 죽으심과 합하여 침례를 받음으로 그와 함께 장사되었나니 이는 아버지의 영광으로 말미암아 그리스도를 죽은 자 가운데서 살리심과 같이 우리로 또한 새 생명 가운데서 행하게 하려 함이라 만일 우리가 그의 죽으심과 같은 모양으로 연합한 자가 되었으면 또한 그의 부활과 같은 모양으로 연합한 자도 되리라"(롬 6:3-5)

2. 죄를 회개하고 예수님을 믿는 자는 그리스도 예수와 연합한 자이다.

예수님은 참 포도나무, 예수님을 믿는 성도는 가지이다.
누구든지 그리스도 안에 있는 자는 새로운 피조물이며 그리스도와 연합한 자이다(고후 5:17).

"나는 포도나무요 너희는 가지라 그가 내 안에, 내가 그 안에 거하면 사람이 열매를 많이 맺나니 나를 떠나서는 너희가 아무 것도 할 수 없음이라"(요 15:5)

3. 그리스도와 성도의 연합은 신비적이며, 초자연적인 방식인 하나님의 말씀과 성령의 능력으로 이루어진다.

"예수께서 대답하시되 진실로 진실로 네게 이르노니 사람이 물과 성령으로 나지 아니하면 하나님의 나라에 들어갈 수 없느니라 육으로 난 것은 육이요 영으로 난 것은 영이니 내가 네게 거듭나야 하겠다 하는 말을 놀랍게 여기지 말라 바람이 임의로 불매 네가 그 소리는 들어도 어디서 와서 어디로 가는지 알지 못하나니 성령으로 난 사람도 다 그러하니라"(요 3:5-8)

4. 하나님은 형제가 연합하여 동거함이 선하고 아름답다고 하였다.

"보라 형제가 연합하여 동거함이 어찌 그리 선하고 아름다운고 머리에 있는 보배로운 기름이 수염 곧 아론의 수염에 흘러서 그의 옷깃까지 내림 같고 헐몬의 이슬이 시온의 산들에 내림 같도다 거기서 여호와께서 복을 명령하셨나니 곧 영생이로다"(시 133:1-3)

5. 경건한 사람들의 연합은 유익하고 큰 힘을 발휘한다.

"두 사람이 한 사람보다 나음은 그들이 수고함으로 좋은 상을 얻을 것임이라 혹시 그들이 넘어지면 하나가 그 동무를 붙들어 일으키려니와 홀로 있어 넘어지고 붙들어 일으킬 자가 없는 자에게는 화가 있으리라 또 두 사람이 함께 누우면 따뜻하거니와 한 사람이면 어찌 따뜻하랴 한 사람이면 패하겠거니와 두 사람이면 맞설 수 있나니 세 겹 줄은 쉽게 끊어지지 아니하느니라"(전 4:9-12)

6. 바울 사도는 골로새 교회 성도들에게 연합의 능력에 대하여 교훈하였다.

"내가 너희와 라오디게아에 있는 자들과 무릇 내 육신의 얼굴을 보지 못한 자들을 위하여 얼마나 힘쓰는지를 너희가 알기를 원하노니 이는 그들로 마음에 위안을 받고 사랑 안에서 연합하여 확실한 이해의 모든 풍성함과 하나님의 비밀인 그리스도를 깨닫게 하려 함이니 그 안에는 지혜와 지식의 모든 보화가 감추어져 있느니라, 머리를 붙들지 아니하는지라 온 몸이 머리로 말미암아 마디와 힘줄로 공급함을 받고 연합하여 하나님이 자라게 하시므로 자라느니라"(골 2:1-3, 19)

7. 접붙임의 신비를 말할 때 둘이 하나가 되었다는 의미에서 연합을 말했다.

"그들도 믿지 아니하는 데 머무르지 아니하면 접붙임을 받으리니 이는 그들을 접붙이실 능력이 하나님께 있음이라 네가 원 돌감람나무에서 찍힘을 받고 본성을 거슬러 좋은 감람나무에 접붙임을 받았으니 원 가지인 이 사람들이야 얼마나 더 자기 감람나무에 접붙이심을 받으랴"(롬 11:23-24)

8. 히스기야가 여호와께 연합하여 떠나지 아니하는 삶을 살았던 것처럼 우리도 그렇게 살아야 한다.

"히스기야가 이스라엘 하나님 여호와를 의지하였는데 그의 전후 유다 여러 왕 중에 그러한 자가 없었으니 곧 그가 여호와께 연합하여 그에게서 떠나지 아니하고 여호와께서 모세에게 명령하신 계명을 지켰더라"(왕하 18:5-6)

* * *
47장 아브라함과 같이

성경은 믿음으로 말미암는 사람은 아브라함과 함께 복을 받는다고 하였다.

"그러므로 믿음으로 말미암은 자는 믿음이 있는 아브라함과 함께 복을 받느니라"(갈 3:9)

아브라함은 어떠한 사람이며, 우리가 본받아야 할 부분이 무엇인지 알아보자.

1. 순종의 사람이었다.

"여호와께서 아브람에게 이르시되 너는 너의 고향과 친척과 아버지의 집을 떠나 내가 네게 보여 줄 땅으로 가라 내가 너로 큰 민족을 이루고 네게 복을 주어 네 이름을 창대하게 하리니 너는 복이 될지라 너를 축복하는 자에게는 내가 복을 내리고 너를 저주하는 자에게는 내가 저주하리니 땅의 모든 족속이 너로 말미암아 복을 얻을 것이라 하신지라 이에 아브람이 여호와의 말씀을 따라갔고 롯도 그와 함께 갔으며 아브람이 하란을 떠날 때에 칠십오 세였더라"(창 12:1-4, 22:1-12)

2. 예배에 성공한 사람이었다.

"여호와께서 아브람에게 나타나 이르시되 내가 이 땅을 네 자손에게 주리라 하신지라 자기에게 나타나신 여호와께 그가 그 곳에서 제단을 쌓고 거기서 벧엘 동쪽 산으로 옮겨 장막을 치니 서쪽은 벧엘이요 동쪽은 아이라 그가 그 곳에서 여호와께 제단을 쌓고 여호와의 이름을 부르더니, 이에 아브람이 장막을 옮겨 헤브론에 있는 마므레 상수리 수풀에 이르러 거주하며 거기서 여호와를 위하여 제단을 쌓았더라"(창 12:7-8, 13:18)

3, 믿음의 사람이었다.

"아브람이 여호와를 믿으니 여호와께서 이를 그의 의로 여기시고"(창 15:6)

"믿음으로 아브라함은 부르심을 받았을 때에 순종하여 장래의 유업으로 받을 땅에 나아갈새 갈 바를 알지 못하고 나아갔으며 믿음으로 그가 이방의 땅에 있는 것 같이 약속의 땅에 거류하여 동일한 약속을 유업으로 함께 받은 이삭 및 야곱과 더불어 장막에 거하였으니 이는 그가 하나님이 계획하시고 지으실 터가 있는 성을 바랐음이라 믿음으로 사라 자신도 나이가 많아 단산하였으나 잉태할 수 있는 힘을 얻었으니 이는 약속하신 이를 미쁘신 줄 알았음이라 이러므로 죽은 자와 같은 한 사람으로 말미암아 하늘의 허다한 별과 또 해변의 무수한 모래와 같이 많은 후손이 생육하였느니라 이 사람들은 다 믿음을 따라 죽었으며 약속을 받지 못하였으되 그것들을 멀리서 보고 환영하며 또 땅에서는 외국인과 나그네임을 증언하였으니 그들이 이같이 말하는 것은 자기들이 본향 찾는 자임을 나타냄이라 그들이 나온 바 본향을 생각하였더라면 돌아갈 기회가 있었으려니와 그들이 이제는 더 나은 본향을 사모하니 곧 하늘에 있는 것이라 이러므로 하나님이 그들의 하나님이라 일컬음 받으심을 부끄러워하지 아니하시고 그들을 위하여 한 성을 예비하셨느니라"(히 11:8-16)

4. 선택을 잘할 줄 아는 사람이었다.

"롯이 아브람을 떠난 후에 여호와께서 아브람에게 이르시되 너는 눈을 들어 너 있는 곳에서 북쪽과 남쪽 그리고 동쪽과 서쪽을 바라보라 보이는 땅을 내가 너와 네 자손에게 주리니 영원히 이르리라 내가 네 자손이 땅의 티끌 같게 하리니 사람이 땅의 티끌을 능히 셀 수 있을진대 네 자손도 세리라 너는 일어나 그 땅을 종과 횡으로 두루 다녀 보라 내가 그것을 네게 주리라 (18) 이에 아브람이 장막을 옮겨 헤브론에 있는 마므레 상수리 수풀에 이르러 거주하며 거기서 여호와를 위하여 제단을 쌓았더라"(창 13:14-18)

5. 준비성이 있는 사람이었다.

"도망한 자가 와서 히브리 사람 아브람에게 알리니 그 때에 아브람이 아모리 족속 마므레의 상수리 수풀 근처에 거주하였더라 마므레는 에스골의 형제요 또 아넬의 형제라 이들은 아브람과 동맹한 사람들이더라 아브람이 그의 조카가 사로잡혔음을 듣고 집에서 길리고 훈련된 자 삼백십팔 명을 거느리고 단까지 쫓아가서 그와 그의 가신들이 나뉘어 밤에 그들을 쳐부수고 다메섹 왼편 호바까지 쫓아가 모든 빼앗겼던 재물과 자기의 조카 롯과 그의 재물과 또 부녀와 친척을 다 찾아왔더라"(창 14:13-16)

6. 최초로 십일조를 실천한 사람이었다.

"아브람이 그돌라오멜과 그와 함께 한 왕들을 쳐부수고 돌아올 때에 소돔 왕이 사웨 골짜기 곧 왕의 골짜기로 나와 그를 영접하였고 살렘 왕 멜기세덱이 떡과 포도주를 가지고 나왔으니 그는 지극히 높으신 하나님의 제사장이었더라 그가 아브람에게 축복하여 이르되 천지의 주재이시요 지극히 높으신 하나님이여 아브람에게 복을 주옵소서 너희 대적을 네 손에 붙이신 지극히 높으신 하나님을 찬송할지로다 하매 아브람이 그 얻은 것에서 십분의 일을 멜기세덱에게 주었더라"(창 14:17-20)

7. 손 대접에 힘썼던 사람이었다.

"여호와께서 마므레의 상수리나무들이 있는 곳에서 아브라함에게 나타나시니라 날이 뜨거울 때에 그가 장막 문에 앉아 있다가 눈을 들어 본즉 사람 셋이 맞은편에 서 있는지라 그가 그들을 보자 곧 장막 문에서 달려나가 영접하며 몸을 땅에 굽혀 이르되 내 주여 내가 주께 은혜를 입었사오면 원하건대 종을 떠나 지나가지 마시옵고 물을 조금 가져오게 하사 당신들의 발을 씻으시고 나무 아래에서 쉬소서 내가 떡을 조금 가져오리니 당신들의 마음을 상쾌하게 하신 후에 지나가소서 당신들이 종에게 오셨음이니이다 그들이 이르되 네 말대로 그리하라 아브라함이 급히 장막으로 가서 사라에게 이르되 속히 고운 가루 세 스아를 가져다가 반죽하여 떡을 만들라 하고 아브라함이 또 가축 떼 있는 곳으로 달려가서 기름지고 좋은 송아지를 잡아 하인에게 주니 그가 급히 요리한지라 아브라함이 엉긴 젖과 우유와 하인이 요리한 송아지를 가져다가 그들 앞에 차려 놓고 나무 아래에 모셔 서매 그들이 먹으니라"(창 18:1-8)

8. 기도의 사람이었다(창 18:16-33)

"아브라함이 하나님께 기도하매 하나님이 아비멜렉과 그의 아내와 여종을 치료하사 출산하게 하셨으니 여호와께서 이왕에 아브라함의 아내 사라의 일로 아비멜렉의 집의 모든 태를 닫으셨음이더라"(창 20:17-18)

9. 하나님의 요구에 조건 없는 순종을 실천한 사람이었다.

"그 일 후에 하나님이 아브라함을 시험하시려고 그를 부르시되 아브라함아 하시니 그가 이르되 내가 여기 있나이다 여호와께서 이르시되 네 아들 네 사랑하는 독자 이삭을 데리고 모리아 땅으로 가서 내가 네게 일러 준 한 산 거기서 그를 번제로 드리라 아브라함이 아침에 일찍이 일어나 나귀에 안장을 지우고 두 종과 그의 아들 이삭을 데리고 번제에 쓸 나무를 쪼개어 가지고 떠나 하나님이 자기에게 일러 주신 곳으로 가더니 제삼일에 아브라함이 눈을 들어 그 곳을 멀리 바라본지라 이에 아브라함이 종들에게 이르되 너희는 나귀와 함께 여기서 기다리라 내가 아이와 함께 저기 가서 예배하고 우리가 너희에게로 돌아오리라 하고 아브라함이 이에 번제 나무를 가져다가 그의 아들 이삭에게 지우고 자기는 불과 칼을 손에 들고 두 사람이 동행하더니 이삭이 그 아버지 아브라함에게 말하여 이르되 내 아버지여 하니 그가 이르되 내 아들아 내가 여기 있노라 이삭이 이르되 불과 나무는 있거니와 번제할 어린 양은 어디 있나이까 아브라함이 이르되 내 아들아 번제할 어린 양은 하나님이 자기를 위하여 친히 준비하시리라 하고 두 사람이 함께 나아가서 하나님이 그에게 일러 주신 곳에 이른지라 이에 아브라함이 그 곳에 제단을 쌓고 나무를 벌여 놓고 그의 아들 이삭을 결박하여 제단 나무 위에 놓고 손을 내밀어 칼을 잡고 그 아들을 잡으려 하니 여호와의 사자가 하늘에서부터 그를 불러 이르시되 아브라함아 아브라함아 하시는지라 아브라함이 이르되 내가 여기 있나이다 하매 사자가 이르시되 그 아이에게 네

47장 아브라함과 같이 363

손을 대지 말라 그에게 아무 일도 하지 말라 네가 네 아들 네 독자까지
도 내게 아끼지 아니하였으니 내가 이제야 네가 하나님을 경외하는 줄
을 아노라"(창 22:1-12)

* * *

48장 요셉과 같이

요셉은 30세에 애굽의 총리가 되었다(창 41:46).

하나님은 요셉과 함께하셨다(창 39:2-3, 21, 25).

야곱은 모든 형제들 보다 요셉에게 더 많은 복을 빌었다(창 49:22-26). 요셉이 하나님의 놀라운 축복을 누렸던 이유를 성경을 통하여 확인해 보자.

1. 부지런한 사람이었다.

"야곱의 족보는 이러하니라 요셉이 십칠 세의 소년으로서 그의 형들과 함께 양을 칠 때에 그의 아버지의 아내들 빌하와 실바의 아들들과 더불어 함께 있었더니 그가 그들의 잘못을 아버지에게 말하더라"(창 37:2)

2. 꿈이 있는 사람이었다.

"요셉이 꿈을 꾸고 자기 형들에게 말하매 그들이 그를 더욱 미워하였더라 요셉이 그들에게 이르되 청하건대 내가 꾼 꿈을 들으시오 우리가 밭에서 곡식 단을 묶더니 내 단은 일어서고 당신들의 단은 내 단을 둘러 서서 절하더이다 그의 형들이 그에게 이르되 네가 참으로 우리의 왕이 되겠느냐 참으로 우리를 다스리게 되겠느냐 하고 그의 꿈과 그의 말로 말미암아 그를 더욱 미워하더니 요셉이 다시 꿈을 꾸고 그의 형들에게 말하여 이르되 내가 또 꿈을 꾼즉 해와 달과 열한 별이 내게 절하더이다 하니라 그가 그의 꿈을 아버지와 형들에게 말하매 아버지가 그를 꾸짖고 그에게 이르되 네가 꾼 꿈이 무엇이냐 나와 네 어머니와 네 형들이 참으로 가서 땅에 엎드려 네게 절하겠느냐 그의 형들은 시기하되 그의 아버지는 그 말을 간직해 두었더라"(창 37:5-11)

3. 권위에 순종한 사람이었다.

"그의 형들이 세겜에 가서 아버지의 양 떼를 칠 때에 이스라엘이 요셉에게 이르되 네 형들이 세겜에서 양을 치지 아니하느냐 너를 그들에게로 보내리라 요셉이 아버지에게 대답하되 내가 그리하겠나이다 이스라엘이 그에게 이르되 가서 네 형들과 양 떼가 다 잘 있는지를 보고 돌아와 내게 말하라 하고 그를 헤브론 골짜기에서 보내니 그가 세겜으로 가니라 어떤 사람이 그를 만난즉 그가 들에서 방황하는지라 그 사람이 그에게 물어 이르되 네가 무엇을 찾느냐 그가 이르되 내가 내 형들을 찾으오니 청하건대 그들이 양치는 곳을 내게 가르쳐 주소서 그 사람이 이르되 그들이 여기서 떠났느니라 내가 그들의 말을 들으니 도단으로 가자 하더라 하니라 요셉이 그의 형들의 뒤를 따라 가서 도단에서 그들을 만나니라"(창 37:12-17)

4. 섬기는 사람이었다.

"요셉이 그의 주인에게 은혜를 입어 섬기매 그가 요셉을 가정 총무로 삼고 자기의 소유를 다 그의 손에 위탁하니"(창 39:4)

5. 절제할 줄 아는 사람이었다.

"그 후에 그의 주인의 아내가 요셉에게 눈짓하다가 동침하기를 청하니 요셉이 거절하며 자기 주인의 아내에게 이르되 내 주인이 집안의 모든 소유를 간섭하지 아니하고 다 내 손에 위탁하였으니 이 집에는 나보다 큰 이가 없으며 주인이 아무것도 내게 금하지 아니하였어도 금한 것은 당신뿐이니 당신은 그의 아내임이라 그런즉 내가 어찌 이 큰 악을 행하여 하나님께 죄를 지으리이까 여인이 날마다 요셉에게 청하였으나 요셉이 듣지 아니하여 동침하지 아니할 뿐더러 함께 있지도 아니하니라 그러할 때에 요셉이 그의 일을 하러 그 집에 들어갔더니 그 집 사람들은 하나도 거기에 없었더라 그 여인이 그의 옷을 잡고 이르되 나와 동침하자 그러나 요셉이 자기의 옷을 그 여인의 손에 버려두고 밖으로 나가매 그 여인이 요셉이 그의 옷을 자기 손에 버려두고 도망하여 나감을 보고 그 여인의 집 사람들을 불러서 그들에게 이르되 보라 주인이 히브리 사람을 우리에게 데려다가 우리를 희롱하게 하는도다 그가 나와 동침하고자 내게로 들어오므로 내가 크게 소리 질렀더니 그가 나의 소리 질러 부름을 듣고 그의 옷을 내게 버려두고 도망하여 나갔느니라 하고 그의 옷을 곁에 두고 자기 주인이 집으로 돌아오기를 기다려 이 말로 그에게 말하여 이르되 당신이 우리에게 데려온 히브리 종이 나를 희롱하려고 내게로 들어왔으므로 내가 소리 질러 불렀더니 그가 그의 옷을 내게 버려두고 밖으로 도망하여 나갔나이다"(창 39:7-18)

6. 고난 중에도 잘 인내하는 사람이었다.

"그의 주인이 자기 아내가 자기에게 이르기를 당신의 종이 내게 이같이 행하였다 하는 말을 듣고 심히 노한지라 이에 요셉의 주인이 그를 잡아 옥에 가두니 그 옥은 왕의 죄수를 가두는 곳이었더라 요셉이 옥에 갇혔으나 여호와께서 요셉과 함께 하시고 그에게 인자를 더하사 간수장에게 은혜를 받게 하시매 간수장이 옥중 죄수를 다 요셉의 손에 맡기므로 그 제반 사무를 요셉이 처리하고 간수장은 그의 손에 맡긴 것을 무엇이든지 살펴보지 아니하였으니 이는 여호와께서 요셉과 함께 하심이라 여호와께서 그를 범사에 형통하게 하셨더라"(창 39:19-23)

7. 하나님을 경외한 사람이었다.

 "사흘 만에 요셉이 그들에게 이르되 나는 하나님을 경외하노니 너희는 이같이 하여 생명을 보전하라"(창 42:18)

8. 눈물의 사람이었다.

 "요셉이 큰 소리로 우니 애굽 사람에게 들리며 바로의 궁중에 들리더라, 너희는 이같이 요셉에게 이르라 네 형들이 네게 악을 행하였을지라도 이제 바라건대 그들의 허물과 죄를 용서하라 하셨나니 당신 아버지의 하나님의 종들인 우리 죄를 이제 용서하소서 하매 요셉이 그들이 그에게 하는 말을 들을 때에 울었더라"(창 45:2, 50:17)

9. 하나님의 영에 감동을 입은 사람이었다.

 "바로가 그의 신하들에게 이르되 이와 같이 하나님의 영에 감동된 사람을 우리가 어찌 찾을 수 있으리요 하고"(창 41:38)

10. 범사에 하나님의 뜻을 인정한 사람이었다.

"당신들이 나를 이 곳에 팔았다고 해서 근심하지 마소서 한탄하지 마소서 하나님이 생명을 구원하시려고 나를 당신들보다 먼저 보내셨나이다"(창 45:5)

49장 하나님이 쓰시는 사람

과거 옛날이나 지금이나 하나님은 사람을 찾고 계신다. 하나님의 일에 귀하게 쓰시려고 사람을 찾고 계신다. 바울이 믿음의 아들 디모데에게 보낸 서신을 통하여 하나님이 쓰시기에 괜찮은 사람은 어떠한 사람인지 알아보자. 하나님께서 당신의 일에 귀하게 쓰시는 사람은 어떠한 사람인가?

1. 충성스러운 사람이다.

"내 아들아 그러므로 너는 그리스도 예수 안에 있는 은혜 가운데서 강하고 또 네가 많은 증인 앞에서 내게 들은 바를 충성된 사람들에게 부탁하라 그들이 또 다른 사람들을 가르칠 수 있으리라"(딤후 2:1-2)

하나님은 충성스러운 사람을 하나님의 일에 귀하게 쓰신다.

하나님의 일에 귀하게 쓰임 받은 충성스러운 사람들이 있다.

1) 아브라함

"주는 하나님 여호와시라 옛적에 아브람을 택하시고 갈대아 우르에서 인도하여 내시고 아브라함이라는 이름을 주시고 그의 마음이 주 앞에서 충성됨을 보시고 그와 더불어 언약을 세우사 가나안 족속과 헷 족속과 아모리 족속과 브리스 족속과 여부스 족속과 기르가스 족속의 땅을 그의 씨에게 주리라 하시더니 그 말씀대로 이루셨사오매 주는 의로우심이로소이다"(느 9:7-8)

2) 모세
"내 종 모세와는 그렇지 아니하니 그는 내 온 집에 충성함이라"(민 12:7)

3) 갈렙
"나와 함께 올라갔던 내 형제들은 백성의 간담을 녹게 하였으나 나는 내 하나님 여호와께 충성하였으므로 그 날에 모세가 맹세하여 이르되 네가 내 하나님 여호와께 충성하였은즉 네 발로 밟는 땅은 영원히 너와 네 자손의 기업이 되리라 하였나이다"(수 14:8-9)

2. 좋은 군사같이 잘 훈련된 사람이다.

"너는 그리스도 예수의 좋은 병사로 나와 함께 고난을 받으라 병사로 복무하는 자는 자기 생활에 얽매이는 자가 하나도 없나니 이는 병사로 모집한 자를 기쁘게 하려 함이라"(딤후 2:3-4)

3. 믿음의 경주에서 법대로 경기하는 사람이다.

"경기하는 자가 법대로 경기하지 아니하면 승리자의 관을 얻지 못할 것이며"(딤후 2:5)

4. 수고하는 농부처럼 부지런한 사람이다.

"수고하는 농부가 곡식을 먼저 받는 것이 마땅하니라"(딤후 2:6)

5. 부끄러운 것이 없는 일꾼이다.

"너는 진리의 말씀을 옳게 분별하며 부끄러울 것이 없는 일꾼으로 인정된 자로 자신을 하나님 앞에 드리기를 힘쓰라"(딤후 2:15)

6. 하나님 보시기에 깨끗한 그릇처럼 정결한 사람이다.

"큰 집에는 금 그릇과 은 그릇뿐 아니라 나무 그릇과 질그릇도 있어 귀하게 쓰는 것도 있고 천하게 쓰는 것도 있나니 그러므로 누구든지 이런 것에서 자기를 깨끗하게 하면 귀히 쓰는 그릇이 되어 거룩하고 주인의 쓰심에 합당하며 모든 선한 일에 준비함이 되리라"(딤후 2:20-21)

50장 바꿀 수 없는 원리나 법칙들

하나님께서 정하신 법칙이 있다. 자연의 법칙이 있는가 하면 신앙의 법칙이 있다. 바다가 육지를 범하지 못한 이유는 하나님이 그렇게 정하였기 때문인데 그것이 바로 하나님이 정하신 법칙이다.

"바다의 한계를 정하여 물이 명령을 거스르지 못하게 하시며 또 땅의 기초를 정하실 때에"(잠 8:29)

만물은 주의 종이 된 까닭에 모든 것들이 하나님의 정하신 대로 주의 종이 되어 움직인다.

"천지가 주의 규례들대로 오늘까지 있음은 만물이 주의 종이 된 까닭이니이다"(시 119:91)

이 세상에는 여러 가지 원리와 법칙들이 있다.

1. 해는 동쪽에서 떠서 서쪽으로 진다.

"해는 그의 신방에서 나오는 신랑과 같고 그의 길을 달리기 기뻐하는 장사 같아서 하늘 이 끝에서 나와서 하늘 저 끝까지 운행함이여 그의 열기에서 피할 자가 없도다"(시 19:5-6)

2. 꽃이 피고 진다.

"말하는 자의 소리여 이르되 외치라 대답하되 내가 무엇이라 외치리이까 하니 이르되 모든 육체는 풀이요 그의 모든 아름다움은 들의 꽃과 같으니 풀은 마르고 꽃이 시듦은 여호와의 기운이 그 위에 붊이라 이 백성은 실로 풀이로다 풀은 마르고 꽃은 시드나 우리 하나님의 말씀은 영원히 서리라 하라"(사 40:6-8)

3. 사람은 태어나서 반드시 죽는다.

"한번 죽는 것은 사람에게 정해진 것이요 그 후에는 심판이 있으리니"(히 9:27)

4. 죽어야 산다.

"내가 진실로 진실로 너희에게 이르노니 한 알의 밀이 땅에 떨어져 죽지 아니하면 한 알 그대로 있고 죽으면 많은 열매를 맺느니라"(요 12:24)

5. 주면 받는다.

"주라 그리하면 너희에게 줄 것이니 곧 후히 되어 누르고 흔들어 넘치도록 하여 너희에게 안겨 주리라 너희가 헤아리는 그 헤아림으로 너희도 헤아림을 도로 받을 것이니라"(눅 6:38)

6. 섬겨야 큰 자가 되고 종처럼 살면 으뜸이 된다.

"너희 중에는 그렇지 않아야 하나니 너희 중에 누구든지 크고자 하는 자는 너희를 섬기는 자가 되고 너희 중에 누구든지 으뜸이 되고자 하는 자는 너희의 종이 되어야 하리라 인자가 온 것은 섬김을 받으려 함이 아니라 도리어 섬기려 하고 자기 목숨을 많은 사람의 대속물로 주려 함이니라" (마 20:26-28)

7. 심는 대로 거둔다.

"스스로 속이지 말라 하나님은 업신여김을 받지 아니하시나니 사람이 무엇으로 심든지 그대로 거두리라"(갈 6:7)

8. 믿음으로 구원을 받는다.

"네가 만일 네 입으로 예수를 주로 시인하며 또 하나님께서 그를 죽은 자 가운데서 살리신 것을 네 마음에 믿으면 구원을 받으리라 사람이 마음으로 믿어 의에 이르고 입으로 시인하여 구원에 이르느니라"(롬 10:9-10)

9. 재물은 없어질 때가 있다

"부자 되기에 애쓰지 말고 네 사사로운 지혜를 버릴지어다 네가 어찌 허무한 것에 주목하겠느냐 정녕히 재물은 스스로 날개를 내어 하늘을 나는 독수리처럼 날아가리라"(잠 23:4-5)

10. 믿음으로 세상을 이긴다.

"무릇 하나님께로부터 난 자마다 세상을 이기느니라 세상을 이기는 승리는 이것이니 우리의 믿음이니라"(요일 5:4)

51장 시기와 기회

시기와 기회가 있고, 시기와 기회는 지나가기 때문에 성도는 시기와 기회를 잘 붙잡아야 한다. 기회가 찾아왔을 때에 잘 붙들라.

1. 모든 사람에게 시기와 기회가 찾아온다.

"내가 다시 해 아래에서 보니 빠른 경주자들이라고 선착하는 것이 아니며 용사들이라고 전쟁에 승리하는 것이 아니며 지혜자들이라고 음식물을 얻는 것도 아니며 명철자들이라고 재물을 얻는 것도 아니며 지식인들이라고 은총을 입는 것이 아니니 이는 시기와 기회는 그들 모두에게 임함이니라"(전 9:11)

2. 하나님의 생각과 사람의 생각은 다르다.

여호와를 만날 만한 때가 있다. "너희는 여호와를 만날 만한 때에 찾으라 가까이 계실 때에 그를 부르라 악인은 그의 길을, 불의한 자는 그의 생각을 버리고 여호와께로 돌아오라 그리하면 그가 긍휼히 여기시리라 우리 하나님께로 돌아오라 그가 너그럽게 용서하시리라 이는 내 생각이 너희의 생각과 다르며 내 길은 너희의 길과 다름이니라 여호와의 말씀이니라 이는 하늘이 땅보다 높음 같이 내 길은 너희의 길보다 높으며 내 생각은 너희의 생각보다 높음이니라"(사 55:6-9)

3. 우리의 시대가 주의 손에 달려 있다.

"나의 앞날이 주의 손에 있사오니 내 원수들과 나를 핍박하는 자들의 손에서 나를 건져 주소서, 여호와여 내가 알거니와 사람의 길이 자신에게 있지 아니하니 걸음을 지도함이 걷는 자에게 있지 아니하니이다"(시 31:15, 렘 10:23)

4. 기회가 주어졌을 때 최선을 다하라.

"네 손이 일을 얻는 대로 힘을 다하여 할지어다 네가 장차 들어갈 스올에는 일도 없고 계획도 없고 지식도 없고 지혜도 없음이니라, 우리가 그를 전파하여 각 사람을 권하고 모든 지혜로 각 사람을 가르침은 각 사람을 그리스도 안에서 완전한 자로 세우려 함이니 이를 위하여 나도 내 속에서 능력으로 역사하시는 이의 역사를 따라 힘을 다하여 수고하노라, 부지런하여 게으르지 말고 열심을 품고 주를 섬기라"(전 9:10, 골 1:28-29, 롬 12:11)

5. 주의 일을 하는 것은 헛수고가 아니다.

"그러므로 내 사랑하는 형제들아 견실하며 흔들리지 말고 항상 주의 일에 더욱 힘쓰는 자들이 되라 이는 너희 수고가 주 안에서 헛되지 않은 줄 앎이라"(고전 15:58)

* * *

52장 건강

　우리 성도들의 삶에 필요한 것이 참으로 많은데, 그 중에 참으로 필요한 것이 건강이다. 건강은 돈으로도 살 수 없다. 우리는 영과 혼과 몸이 건강해야 한다.

　요한은 가이오의 속 사람과 겉 사람이 건강하기를 빌었다.

　"장로인 나는 사랑하는 가이오 곧 내가 참으로 사랑하는 자에게 편지하노라 사랑하는 자여 네 영혼이 잘됨 같이 네가 범사에 잘되고 강건하기를 내가 간구하노라"(요삼 1:1-2)

　하나님의 말씀을 통해서 건강의 비결을 배워 건강하게 살자.

1. 하나님은 성도들의 건강에 관심이 많으시다.

　"평강의 하나님이 친히 너희를 온전히 거룩하게 하시고 또 너희의 온 영과 혼과 몸이 우리 주 예수 그리스도께서 강림하실 때에 흠 없게 보전되기를 원하노라"(살전 5:23)

2. 건강을 위하여 인간의 노력이 필요하다.

    1) 일찍 자고 일찍 일어나는 습관을 길러야 한다.
    2) 몸에 이로운 음식을 섭취하고, 몸에 해로운 음식을 피해야 한다.
    3) 적당한 운동을 해야 한다.
    4) 욕심을 버리고 즐겁게 살아야 한다.

3. 건강은 인간의 노력만으로 부족하고, 하나님이 정하신 원리에 따라야 한다.

    1) 하나님을 경외하고 악을 떠나야 한다.
    "스스로 지혜롭게 여기지 말지어다 여호와를 경외하며 악을 떠날지어다 이것이 네 몸에 양약이 되어 네 골수를 윤택하게 하리라"(잠 3:7-8)

    2) 하나님의 말씀을 가까이해야 한다. 하나님의 말씀에 치유의 역사가 있다.
    "그가 그의 말씀을 보내어 그들을 고치시고 위험한 지경에서 건지시는도다"(시 107:20)
    "저물매 사람들이 귀신 들린 자를 많이 데리고 예수께 오거늘 예수께서 말씀으로 귀신들을 쫓아 내시고 병든 자들을 다 고치시니"(마 8:16)
    "내 아들아 내 말에 주의하며 내가 말하는 것에 네 귀를 기울이라 그것을 네 눈에서 떠나게 하지 말며 네 마음 속에 지키라 그것은 얻는 자에게 생명이 되며 그의 온 육체의 건강이 됨이니라"(잠 4:20-22)

3) 즐겁게 사는 것이 건강의 비결 중에 하나다.
"마음의 즐거움은 양약이라도 심령의 근심은 뼈를 마르게 하느니라"(잠 17:22)

4) 언어에 조심해야 한다.
"선한 말은 꿀송이 같아서 마음에 달고 뼈에 양약이 되느니라"(잠 16:24)

5) 하나님을 섬기는 자로 살아야 한다.
"네 하나님 여호와를 섬기라 그리하면 여호와가 너희의 양식과 물에 복을 내리고 너희 중에서 병을 제하리니"(출 23:25)

4. 건강을 잃었을 때 하나님의 도우심을 바라고 기도해야 한다.

"너희 중에 고난 당하는 자가 있느냐 그는 기도할 것이요 즐거워하는 자가 있느냐 그는 찬송할지니라 너희 중에 병든 자가 있느냐 그는 교회의 장로들을 청할 것이요 그들은 주의 이름으로 기름을 바르며 그를 위하여 기도할지니라 믿음의 기도는 병든 자를 구원하리니 주께서 그를 일으키시리라 혹시 죄를 범하였을지라도 사하심을 받으리라 그러므로 너희 죄를 서로 고백하며 병이 낫기를 위하여 서로 기도하라 의인의 간구는 역사하는 힘이 큼이니라 엘리야는 우리와 성정이 같은 사람이로되 그가 비가 오지 않기를 간절히 기도한즉 삼 년 육 개월 동안 땅에 비가 오지 아니하고 (18) 다시 기도하니 하늘이 비를 주고 땅이 열매를 맺었느니라"(약 5:13-18)

5. 건강을 위하여 필요할 때는 의사의 도움과 약을 사용하는 것이 좋다.

히스기야는 기도도 했고, 약도 사용하였다.

"이사야가 이르기를 한 뭉치 무화과를 가져다가 종처에 붙이면 왕이 나으리라 하였고"(사 38:21)